基础教育改革与教师专业发展丛书

心理健康教育系列

主题班会活动设计
初中心理健康教育卷

ZHUTI BANHUI HUODONG SHEJI
CHUZHONG XINLI JIANKANG JIAOYUJUAN

方双虎　胡海燕◎编著

安徽师范大学出版社

责任编辑:李俊峰　何章艳
装帧设计:丁奕奕

图书在版编目(CIP)数据

主题班会活动设计.初中心理健康教育卷/方双虎,胡海燕编著.—芜湖:安徽师范大学出版社,2013.3
(基础教育改革与教师专业发展丛书)
ISBN 978-7-5676-0292-2
Ⅰ.①主… Ⅱ.①方… ②胡… Ⅲ.①班会-初中-教学参考资料②心理健康-健康教育-初中-教学参考资料 Ⅳ.①G635.5②G479

中国版本图书馆CIP数据核字(2012)第319349号

主题班会活动设计·初中心理健康教育卷
方双虎　胡海燕　编著

出版发行:安徽师范大学出版社
芜湖市九华南路189号安徽师范大学花津校区　　邮政编码:241002
网　　址:http://www.ahnupress.com/
发 行 部:0553-3883578　5910327　5910310(传真)　　E-mail:asdcbsfxb@126.com
经　　销:全国新华书店
印　　刷:安徽芜湖新华印务有限责任公司
版　　次:2013年3月第1版
印　　次:2013年3月第1次印刷
规　　格:787×960　1/16
印　　张:17
字　　数:270千
书　　号:ISBN 978-7-5676-0292-2
定　　价:30.00元

基础教育改革与教师专业发展丛书编委会

本书系国家社科基金项目(编号:CBA120108)资助成果、全国教育科学“十一五”教育部规划课题(编号:FBB090505)资助成果

总序

“教育改革”在当下是一个出现频率非常高的概念，这种语言现象所反映的正是教育实践的客观现实。伴随着经济全球化、信息化和网络化的迅猛发展，世界范围的教育改革正一浪高过一浪，教育改革正成为一项持续不断的教育实践活动。可以说，变革已成为当代教育的一个典型特征。

同样，改革也是我国当代基础教育领域蓬勃发展的重要驱动轴。近年来，基础教育改革正在各个层面全面展开：在课程领域，综合课程、活动课程、微型课程、模块课程等正在逐步取得与学科课程同等的地位，并对促进学生的全面发展发挥着不可替代的作用；在教学领域，诸如探究式教学、互动式教学、学生自主学习、合作学习等一系列新的教学方式和学习方式也正在逐步取代某些传统的教学方式和学习方式，被师生广泛运用于教学过程之中；在德育领域，一方面，是某些陈旧落后的德育理念和模式正在为人们所摈弃，另一方面，多种新的德育理念和模式正在受到教育理论工作者和实践工作者的广泛关注并在学校德育实践中进行尝试和经受检验；在教育评价领域，传统的评价理念和范式同样日益受到人们的质疑与批判，与此同时，各种新的评价理念和范式层出不穷并被师生普遍接受和运用。

基础教育改革不仅使学校生活、师生关系和课堂面貌等发生了重要变化，也向广大教育实践工作者提出了新的更高的要求。持续不断的基础教育改革,使每一个投身于教育实践工作的人都面临着一系列无法回避的挑战。这种挑战,既意味着教育实践工作者不得不正视和思考教育改革带来的各种新的问题,同时也意味着他们在面对不断变化的教育实践情境时,必须采取适当、合理的因应与行动。

教育大计,教师为本;有好的教师,才有好的教育。这既是基础教育改革实践的强烈诉求,同时也是理性认识基础教育改革所形成的共识。好的教师,才有可能既娴熟自如地驾驭教育教学活动,最大限度地促进学生的发展,同时又能够有效地应对社会和教育发展所带来的各种新变化、新要求,成为教育改革的参与者和“弄潮儿”。好的教师由何而来呢?也许人们对这一问题有着各自不同的认识,也许不同的教师其成长的过程和方式各有差异,但可以肯定的是,好的教师既需要经受教育实践的历练,需要教育实践给予其充分展现的机会,同时,也需要接受教育理论的滋养,需要对教育教学的本质和规律性有着正确的认知和把握。

与教育实践工作者相同的是,教育理论工作者也正在面对教改所带来的诸多挑战。基础教育改革的蓬勃展开,也必然会对教育理论工作者提出如何恰当地回应教育改革、如何研究和解决教育改革中出现的各种新问题、如何引领教育改革的发展方向等诸多问题。可以说,在教育改革持续展开的背景下,教育理论工作者正面临着双重任务:一是必须及时研究和探索教育改革中不断出现的新情况、新进展,发现制约改革的各种因素和变量,揭示和分析教育改革发生发展的特点和规律;二是必须观照教育改革参与者特别是中小学教师的实践诉求,通过对教育改革实践的理论阐述,引领他们更加理性、有效地处理改革实践中所遇到的种种现实问题。

我们欣慰地看到，当前，已有很多学者对基础教育改革的一系列重要问题进行了深入的研究和探讨，从多角度、多方位提出了诸多有关教育改革的真知灼见，展示了学者们对教育改革实践的理性认识。然而，如何将这些理性认识转变为教育改革实践的理性行动，却需要做一番综合与转化工作。所谓综合，就是要对不同的理论研究成果，根据教育实践的逻辑，重新进行组合与梳理，以形成更加适合于教育实践的知识体系；所谓转化，则是要通过对知识的再加工和再创造，将原本用于精确表达思想和观念的科学话语体系，转变成实践话语体系，从而更加适合教育改革实践的需要。而本套丛书所努力达成的，就是这样的一个目标。我们期待我们所做的综合与转化的努力，能够产生切实的实践效果。

教育改革既涉及宏观层面，也涉及微观层面。仅有宏观层面的努力而缺失微观层面的配合与行动，教育改革不可能取得成功。宏观层面的教育改革主要是由政府来决定和实施，而微观层面的改革不仅需要政府的介入，更需要教育实践工作者的实际行动。我们编写这套丛书，主要的目标是指向微观层面，指向中小学教师的教育教学实践。丛书涉及当前基础教育改革和教师专业发展的诸多领域，主要针对当前基础教育改革和教师专业发展中所遇到或将要遇到的一系列问题而编写，以问题作为研究和讨论中心。我们期望通过聚焦教育改革实践中遇到的各种实际问题，借鉴中外教育改革的研究成果和成功经验，为教育实践工作者正确地认识和把握这些具体的实际问题提供指导和帮助。

本丛书主要包括教师专业发展系列、基础教育改革与学生发展系列、新课程教学探索系列、班主任工作系列、心理健康教育系列、教师专业标准系列等，读者对象主要是广大中小学教师。丛书的定位是理论与实际有机结合、介于学术著作和通俗读物之间，既注意吸收相关学科领域的最新成果，反映教育教学研究的前沿动态，又注重贴近中小学教师的工作和生活，对目前我国基础教育的实际以及教改实施与进展的状况进行分析和探讨，注重解决读者在实践中遇到的问题或困惑，努力做到科学性、前沿性、实用性的统一。丛书内容通俗易懂，深入浅出，每册书在内容上不求大而全，不求面面俱到，而是突出重点，将关注教师的需求放在第一位，尽可能为他们提供有针对性的思想和理论的引领，给他们以实践操作的启发。

我们相信本套丛书的出版，能让广大一线中小学教师获得所需的知识和有益的启示，对学校的进步、教师的发展和学生的成长发挥建设性的指导作用，为促进教育改革和教师发展增添些许动力。我们也期待着本丛书的出版，能够为师范院校相关学科的教学与研究提供更为丰富的素材，从而推动教师教育质量的不断提升。

编委会

二〇一三年一月

前言

初中生心理健康教育，是提高初中生心理素质、促进其身心健康和谐发展的教育，是进一步加强和改进中学德育工作、全面推进素质教育的重要组成部分。初中生正处在身心发展的重要时期，随着生理、心理的发育和发展、社会阅历的扩展及思维方式的变化，他们在学习、生活、人际交往、自我意识、情绪调适、人格完善以及社会适应等方面，会遇到各种各样的心理问题。因此，开展心理健康教育，是初中生身心健康成长的需要，是全面推进素质教育的必然要求。为此，有关部门多次颁布心理健康教育相关文件，旨在加强心理健康教育工作，提升学生的心理素质。

1988年12月，《中共中央关于改革和加强中小学德育工作的通知》中提出"对学生道德情操、心理品质要进行综合培养与训练"。1993年，中共中央、国务院颁发的《中国教育改革和发展纲要》明确提出学生的心理素质是受教育者全面发展的标准之一，要求"中小学要从'应试教育'转向全面提高学生的思想道德、文化科学、劳动技能和身体心理素质，促进学生生动活泼地发展"。1994年，《中共中央关于进一步加强和改进学校德育工作的若干意见》中第一次正式使用了"心理健康教育"一词，指出"通过多种方式对不同年龄层次的学生进行心理健康教育和指导，帮助学生提高心理素质，健全人格，增强承受挫折、适应环境的能力"。1998年4月1日起实行的《中小学德育工作规程》中指出："德育即对学生进行政治、思想、道德和心理品质教育。"1998年12月，教育部制定的《面向21世纪教育振兴行动计划》，在"跨世纪素质教育工程"中指出："继续加强爱国主义、集体主义、社会主义理想教育，遵纪守法和社会公德教育，进行中华民族优秀传统和革命传统教育，实施劳动技能教育以及心理健康教育。"1999年6月，《中共中央、国务院关于深化教育改革全面推进素质教育的决定》中，再一次明确指出："针对新形势下青少年成长的特点，加强学生的心理健康教育，培养学生坚韧不拔的意志、艰苦奋斗的精神，增强青少年适应社会生活的能力。"1999年8月13日，国家教育部第一次就学生心理健康教育问题专门颁发了《关于加强中小学心理健康教育的若干意见》。2001年1月17日，中共中央办公厅、国务院办公厅颁发的《关于适应新形势进一步加强和改进中小学德育工作的意见》中指出："中小学校都要加强心理健康教育，培养学生良好的心理品质。"2001年3月15日，九届人大四次会议通过的《中华人民共和国国民经济和社会发展第十个五年计划纲要》中也明确要求："大力倡导社会公德、家庭美德和职业道德，特别是加强青少年的思想政治、道德品质、心理健康和法制教育。"这是我国第一次把青少年的心理健康教育列入国民经济和社会发展的五年计划。2001年6月14日颁发的《国务院关于基础教育改革和发展的决定》中十分明确地指出："加强中小学生的心理健康教育。"2002年8月，教育部专门颁发了《中小学心理健康教育指导纲要》。2004年，中共中央、国务院制定颁发的《关于进一步加强和改进未成年人思想道德建设的若干意见》中指出：要加强心理健康教育，培养学生良好的心理品质。2010年出台的《国家中长期教育改革和发展规划纲要(2010—2020年)》中指出：加强心理健康教育，促进学生身心健康、体魄强健、意志坚强。2012年12月7日，教育部再次出台了《中小学心理健康教育指导纲要(2012年修订)》。

《中小学心理健康教育指导纲要(2012年修订)》指出：学校应将心理健康教育贯穿于教育教学全过程……要将心理健康教育与班主任工作、班团队活动、校园文体活动、社会实践活动等有机结合，充分利用网络等现代信息技术手段，多种途径开展心理健康教育。我们正是在这个意义上开展了这本书的写作，具体来说，这本书体现了如下特点：

科学性。本书首先介绍了心理健康教育主题班会活动设计的基本原理，继之按照学习篇、认知篇、情绪篇、人格篇、交往篇、自我意识篇、社会适应篇来设计心理健康教育主题班会活动。心理健康教育主题班会活动主题和内容的设计能"帮助学生加强自我认识，客观地评价自己，认识青春期的生理特征和心理特征；适应中学阶段的学习环境和学习要求，培养正确的学习观念，发展学习能力，改善学习方法，提高学习效率；积极与老师及父母进行沟通，把握与异性交往的尺度，建立良好的人际关系；鼓励学生进行积极的情绪体验与表达，并对自己的情绪进行有效管理，正确处理厌学心理，抑制冲动行为；把握升学选择的方向，培养职业规划意识，树立早期职业发展目标；逐步适应生活和社会的各种变化，着重培养应对失败和挫折的能力。”①

系统性。本书在介绍初中生心理健康教育的基本原理和初中生心理与行为发展特点的基础上，就初中生学习、认知、情绪调节、人格完善、人际交往、自我意识、社会适应等心理健康活动课进行主题设计，每一个主题设计都包括“心事链接”、“心理宝典”、“心智训练”和“心灵启示”四个部分。“心事链接”主要介绍相关主题的两三个典型案例；“心理宝典”揭示案例背后的心理问题，并运用心理学知识予以剖析；“心智训练”运用心理问卷进行自我测试，并设计相关的活动去纠正心理问题；“心灵启示”包括名人名言、励志小故事、趣味心理实验，以及针对心理问题而列举的一些自我完善的策略。这四个部分形成了“初中生常见的心理现象或心理问题——介绍与之有关的心理学知识——探讨相关的心理训练活动——概括出需要掌握的心理学原理”的设计思路。每一个主题班会的活动设计都遵循“以学生为中心、以情境为中介、以经验为起点、以活动为核心、以过程为重心、以合作为主线”的设计理念，精心设计了形式多样的情景活动。这就使主题班会活动设计能根据初中生心理发展特点形成一个完整的体系。

可读性。本书汲取了心理学上经典的测量、实验、故事、游戏、案例、图表、图像等，每一个主题班会活动设计都根据相应的内容提供了相关的可操作的心理训练、心理实验、心理测试、角色扮演、案例分析等，既能开阔学生的视野，又增加了学生的互动性和参与性，增强了本书的趣味性、可读性和实用性。

本书是国家社科基金项目（编号：CBA120108）和全国教育科学“十一五”教育部规划课题（编号：FBB090505）的资助成果，同时也是我们多年从事心理健康教育课程教学工作的总结和概括，其中还有一些是我们长

①教育部：《中小学心理健康教育指导纲要（2012年修订）》。

期在学校开展心理健康教育实验和指导的感悟及思考。

我们在写作本书的过程中参阅了不少原始的文献资料，引用了很多案例及心理测验问卷，还引用了一些相关的研究成果。谨向所有的相关作者致以衷心的感谢！由于精力有限和个人水平所限，书中疏漏和不妥之处敬请广大师生批评指正。

方双虎

2013年1月8日

目录

第一章 心理健康教育主题班会活动设计概述

一 心理健康教育主题班会课的涵义

(一)什么是主题班会

1.主题班会的含义

主题班会是按照教育目的、教育任务的要求,在班主任精心指导下,围绕一个特定的教育主题,有目的、有计划、有组织地由学生自己组织和主持,全班同学积极参加的内容集中、针对性强、形式多样、生动形象、新颖别致、时代感强、学生自己教育自己的一种集体教育活动。主题班会既是班主任通过集体教育影响学生的一种较为普遍采用的教育形式,也是学校对学生进行德育、智育、体育、美育和劳动技术教育的综合教育形式。

2.心理健康教育活动课的含义

心理健康教育活动课是指教师根据学生心理发展的规律和特点,有目的、有计划、有组织地通过学生主体性的活动项目和方式,使学生心理品质受到实际锻炼,进而培养和提高学生心理素质的一种课程。由于它是在心理健康教育活动中培养学生良好的心理品质,有时也叫做"心理训练课"。它是学生心理健康教育整体课程体系的核心部分,这是由学生心理健康教育的特殊性以及活动课程的优点所决定。心理健康教育的教学目标、教学内容、教学组织形式以及教学效果的评价等方面都不同于其他教育,心理健康教育内容实践性强,重视学生直接经验的获得,强调学生心理素质的提高。而活动课程符合人的心理形成、发展的规律以及心理健康教育的特殊性,有利于学生心理健康教育全面地、有针对性地开展。

因此，心理健康教育活动课是学生心理健康教育的理想的、有效的载体，在学生心理健康教育整体课程体系中居于核心地位。

3.主题班会课与心理健康教育活动课的关系

(1)相同点：根据现代教育理念和时代要求，主题班会课和心理健康教育活动课在某些方面有交叉、有共性的地方。首先，都要求有活动体验、感悟分享等环节，要求教师积极参与、及时指导，点拨、激发学生内化生成。其次，都有有效期，不能期望一节课解决学生的所有问题，也不能期望一节课解决的问题永远有效。再次，课堂上、教育中都需要留白，即给学生自己多参与、多反思的时间，多给学生一些课堂上临场发挥和创造的空间。最后，有些选题可以通用。如“学会合作”、“感恩”、“我的未来”、“自信，伴我扬帆远航”等。

(2)不同点：主题班会课更注重准备过程，教师和学生都需要准备很长一段时间，准备过程就是受教育的过程，实施阶段(课堂中)就是在创设的情境中，学生汇报、交流、分享的过程，内化行为、升华延伸的过程，预设性的内容多于生成性的内容，如“党的恩情在我身边”。心理健康教育课更注重实施过程，在课堂上师生要倾情投入体验感悟，教师课前需要做好充分准备，学生不需太多准备，除非有角色扮演等，如“左手和右手”、“探寻观察的奥秘”等。

(二)什么是心理健康教育主题班会课

心理健康教育主题班会课是班主任开展心理健康教育工作的主要形式，它是班主任针对班级情况，运用心理健康教育的理念和理论，围绕心理健康教育某一主题，融团体辅导活动方法于班会中的一种主题班会形式，主要是由心理教师对班主任进行专业指导并参与策划班会的心理主题，然后由学生自己完成。

心理健康教育主题班会课是以班级为辅导单位，让班主任了解班级每一位学生的具体状况，有利于班主任更好地管理班级和教育学生。心理健康教育主题班会课的实施有助于班主任转变传统的德育观、学生观，有助于班主任认真倾听学生的心声，改变以往说教、训导、约束、惩戒等方法来处理学生消极行为的德育工作模式，使班主任从学生的心理需求及情感、态度、价值观的角度把握学生行为的实质，并以科学的方法加以引导，提高班主任工作的针对性和实效性。心理健康教育主题班会课的实施有利于班主任运用心理辅导的原理和方法来理解新课程的理念，参与新课程的改革实践，领悟中小学心理健康教育工作的真谛。心理健康教育主题班会课少了传统意义上班会课的说教，旨在帮助学生提高内省能力和自我探索能力。它的开展，促使教师从高高在上的班级管理者转变为对学生有耐心、理解并尊重学生的指导者，也促进了班主任的心灵成长。

心理健康教育主题班会课的组织要求班主任具备一定的专业知识和技能。班主任在教育教学工作中，一定要有高尚的职业道德，保护和尊重学生的人格和隐私；班主任要与学生建立良好的师生关系，尊重、理解、信任学生；班主任要有比较专业的心理学理论知识与基本技能，懂得倾听、接纳、重述、积极关注、具体化等心理辅导技术。只有这样，才能在设计与实施心理健康教育主题班会课时取得学生的信任，达到良好的教育目的。

（三）心理健康教育主题班会课的特点

1.体验性

体验性是心理健康教育主题班会课的基本特征，其课程能否取得实效很大程度上取决于主体内在是否产生真切的体验以及体验的程度。体验所指向的不是活动的结果，而是活动的过程。心理健康教育主题班会课是以学生为主体、以活动为轴心来进行的，但是学生不能为了活动而活动，它追求的不是活动本身，而是借助活动这一载体来丰富学生的心理体验。只有经历学生主体内在的心理历程，并使学生在情感交流和思维碰撞中产生深刻的情绪和情感体验的心理健康教育主题班会课，才能真正促进学生的心理品质和心理能力的发展。

心理健康教育主题班会课注重学生自身的体验性，不仅是一种学习方式，也是外在的物质力量内化为学生心理品质的基础。体验是情境陶冶与内心感悟的有机融合，是基于经验与直觉的内在提升。体验不是获取答案的手段，体验过程就蕴含着答案，心理健康教育主题班会课将体验作为心理建构的桥梁，关键在于它能激发学生心理的内化机制，在内化过程中，促进心灵成长。因此，教师应确立学生在课程中的主体地位，多营造、多创设健康的、能让学生“亲身经历”的体验活动，促使学生去体悟、琢磨、探究，从而促进其心理的反思和建构。

2.生成性

心理健康教育主题班会课否定了泰勒(Taylor)的循序渐进的直线式课程设计模式，批判预先设计好课程的行为目标，认为课程目标和内容不仅可以先于活动，而且可以在活动中产生。课程目标是教育要求的一个方向，但是在具体的课程实施中又不能不注意灵活的变通，这也就体现了心理健康教育主题班会课目标的不确定性和建构性。随着课程的进行，教师和学生之间不断地互动，学生与教材之间相互作用，在这个过程中，课程目标也得到越来越明确的诠释。教师和学生通过活动进行情感交流，使彼此思维不断地发生碰撞，这也是课程目标在活动中不断调整和完善的一个重要因素。心理健康教育主题班会课的服务对象是绝大多数正常的学生，课程的目的是帮助学生解决成长过程中遇到的各种发展性问题，充分开发学生的潜能，促进全体学生的心理在原有的基础上得到可持续的、全面的发展。

心理健康教育主题班会课强调学生主体作为一个开放的系统所具有的组织特性，把学习看做是主体对自身的心理结构的主动建构过程，主体的发展就体现在建构过程之中。所以，课程不应该是事先设定好的静止物或是一件成品，而是“一个不断前进的过程”。学生心理建构的过程就是自我不断生成的过程，自我生成又不断地促进心理建构。因此，心理健康教育主题班会课是不可以在事前借助于现存资源和答案进行“完备”设计的，教师也不能真正控制课程的进程。对于学生来说，当其进入心理健康教育过程时，也并不希望听命于某种固定的程序，而是期待着某种发现、感悟或是帮助，尽情表达心灵深处的情感。所以，心理健康教育主题班会课的设计是一个生成(而非预成)的过程，是教师与学生借助于现实活动而进行协作的过程。

3.本位性

学生对前人积累的心理知识的理解是在他们已有经验的基础上主动建构的，心理健康教育主题班会课实施的过程就是教师促进学生自己主动建构心理知识的过程。在此过程中，教师的作用在于为学生理解和建构心理知识搭起一个“脚手架”。因此，课程实施必须从学生自己的经验出发，通过建立一定的情境开展小组合作活动，促进他们的原有经验发生转化和新的理解的形成。心理健康教育主题班会课不是一种静态的课程，而是一种不断生成的动态课程。在这个意义上，它是一种“学生本位课程”①，是融学科课程与活动课程于一体的新型课程。

心理健康教育主题班会课是在学生高度自主的前提下进行的，强调学生是课程的中心。课程进行的过程就是学生主动探索和积极创造的过程，课程的结果很难有统一的答案，这就为个性化学习和个性发展提供了充分的可能性，所有这一切都是以学生的“自动自觉”为前提的。心理健康教育主题班会课的产生是对传统课程的一种变革，将人的心理作为课程设计的对象，以人的心理品质的发展作为课程发展的目标，这是与传统课程具有本质区别的新型课程，这一课程无法沿用传统学科课程的运作方式，而学生本位课程的理念正好能够适应心理健康教育的要求。在学生本位课程思想的指引下，心理健康教育主题班会课的展开充分凸显了学生的主动性和心理的自主建构，使这种课程成为直接塑造主体自身的实践活动。

4.生活性

科学世界与生活世界是既相互联系又相互区别的两个范畴。胡塞尔认为，生活世界是一个“基础性”、“直观性”的世界；在哈贝马斯看来，生活世界是交往行为的基础，他认为“在一定方式下，生活世界，即交往参与者所属的生活世界，始终是现实的，但是只是这种生活世界构成了一种现实的活动的背景”②。生活世界是我们生活于其中的心物统一的世界，也是实体世界与关系世界相统一的世界。而科学世界是植根于生活世界又超越了生活世界的超主观、超经验、超相对的客观世界，是用各种符号来表征客观世界的抽象世界。由于科学世界的抽象化，它要求人们用理智来探求世界的内在本质，并以认知限定了人的活动方式。“科学世界鄙夷人

①丁邦平，顾明远.学科课程与“活动课程”：分离还是融合——兼论“学生本位课程”及其特征[J]，教育研究，2002(10):31－35.

②哈贝马斯.交往行动理论——论功能主义理性批判[M].洪佩郁，蔺青，译.重庆：重庆出版社，1996.

的直觉，轻视人的情感，忽视人的体验，将人的生命活动机械化、刻板化，科学世界排斥激情和感悟，并将人的交往看做是一种机械化动作的规则性组合，而科学世界排斥的恰恰是生活世界所要求的人的活动方式。”①

“回归生活世界”是现代教育的走向，心理健康教育的凸显可视为教育回归生活世界的一个侧面。心理健康教育主题班会课的内容所倡导的是与传统教材完全不同的取向，它从学生的心理实际出发，在生活世界中选择适合学生心理特点的典型材料，在具有生活化的活动情境中通过学生自主的认知、体验、反省来提升心理品质。从这个意义上说，心理健康教育主题班会课是发端于生活世界又依附于生活世界的一种新型课程，其课程内容并不追求文本的知识性、学术性和结构性，而是注重心理生活场景的设计和情境的渲染，呈现具有生活气息的心理空间。

二　心理健康教育主题班会课的设计与组织

（一）心理健康教育主题班会课的设计

1.确立主题名称

主题设计是指如何针对某一具体心理健康教育内容制订实施计划，也就是说备好一个主题的课。主题设计要考虑每个主题的名称、教学目标、课时、教学场地、教学活动方式、教学前所需的准备工作、教学活动的程序等。如一个以人际沟通为主要内容的主题，可以确定以下各名称：“认识学校的环境”、“我们都是好同学”、“如何与人和睦相处”等。每个名称具体标志着活动的特定内容。

2.设定主题活动目标

这里的主题活动目标是指某一具体的活动主题所要达成的目标。每个主题都应该有一个明确的切合实际的目标。例如，对“我们都是好同学”这个主题，可以确定如下目标：①帮助学生了解、认识同学之间和睦相处的重要性；②促进同学之间的相互了解、相互认识，促进同学团结；③教

① 郭元祥.论“生活世界”的教育——兼论教育中的生活问题[J].教育研究与实验,2000(5):8－13.

育学生学习一些必要的人际交往常识。在实际工作中，许多教师在确定活动目标时贪高求全，结果是欲速则不达。例如一位教师给扩招的二年级新生上课，活动内容是每个学生用一句话介绍自己，然后玩一个“折筷子”的游戏，教学目标赫然写着：①增进对自我的了解；②学会与别人合作共处；③增强班级的凝聚力。作为一个刚组建的班级，如果教师把目标定位在促进学生间的初步相识，为形成有凝聚力的班集体做准备，显然更符合实际。还有的教师期望通过一堂课的情绪教育，让学生不仅自己能保持良好的心境，而且能帮助别人摆脱情绪困扰，或者通过气质测量、性格分析，就能塑造出良好个性，这些目标显然都不切合实际。

3.选择课时和教学场地

一个主题所需课时通常是1～3节，一般根据主题内容的多少确定课时。心理健康教育主题班会课由于应用的方式方法不同，活动不能只局限于教室，可以根据实际情况选择适当的场所，如可以在学校心理健康教育室或户外场地进行。

4.确定教学活动方式

可以根据心理健康教育活动课的教学方法选择活动方式，具体选择哪种活动方式，应综合考虑活动内容的适合性、学校具备的条件、时间、地点和精力等多方面因素。一般情况下，心理健康教育活动课的教学是以小团体（即学生小组）的活动形式进行的，因此，在活动中如何组成小组就显得十分重要了。通常可用下列方法划分小组：①可以用全班报数的方式组成小团体或小组。②每个小组的组合可以有特殊要求。例如，要求每个小组中男女各半或者同性，或者由同一月出生的人组成一个小组。③按教室的位置来划分小组。例如，可以由同一排或同一列的同学形成一组，也可以按教室的东西南北方向来分组。④在充分考察个体的参与情况后再分组。例如，可以把积极参与心理健康教育活动的同学和不积极参与心理健康教育活动的同学平均分配到某一组中去。⑤让学生依自己的意愿选择小组。每一小组一般以6～8人为宜。

5.做好课前准备工作

主题设计要做好课前准备工作，如教学所需的电教设备和材料，教学游戏所需的玩具，短剧表演用的简单道具，角色扮演所需的道具和台词等。

6.拟定教学活动程序

这是主题设计的主要部分,它规定了教学活动过程的具体步骤,从活动开始到活动结束的每一个步骤都应有具体的说明。例如,在“怎样了解我自己”这个主题中,教学活动可包括如下8个步骤:①教师讲述由于不了解自己造成不良后果的故事,以引起学习动机;②讨论了解自己的好处与重要性;③欣赏幻灯片“我是谁”,并讨论;④每位同学提出“我是谁”的问题,并自己说出5句话回答此问题;⑤每位同学就听到的答案中最感兴趣的(或最有疑问的)提出一个问题,问“我是谁”的当前回答者;⑥教师发给每位同学两张白纸,在一张白纸中写出自己的优点、缺点各三项,在另一张白纸上写出班上三位同学的优点、缺点各三项;⑦师生共同讨论自己的看法与别人的看法是否一致,就别人对自己的误解加以澄清;⑧教师归纳说明了解自己的方法和如何做自我检讨。

(二)心理健康教育主题班会课的组织

1.教学模式

(1)“问题—情境—探究”的教学模式。该教学模式是指学生在教师的指导下,围绕一定的问题,根据教师所提供的材料,通过自己的观察、思考和操作,在一定的问题情境中亲自去探索、寻求答案,并从中获得启发和感悟的一种教学模式。

(2)“活动—情境—体验”的教学模式。该教学模式是指教师在教学活动中创设一种情感和认知相互促进的教学活动情境,激发学生积极参与实践活动,让学生在轻松愉快的教学氛围中自由释放自己,投射自己的内心世界,分享同伴的经验和感情,体验和反思自己行为的一种教学模式。

(3)“示范—体验—模仿”的教学模式。该教学模式是指教师有目的地把一定的示范情境作为有效刺激,以引起学生情感和认知的共鸣,使他们通过自觉模仿,有效地获得良性的心理品质和行为习惯的一种教学模式。

2.教学方法

学校心理健康教育课程与其他课程有共同的教学方法,如讲授法、谈话法、讨论法、演示法、实验法、参观法等。但心理健康教育课程有别于其他学科,它重在活动,重在学生参与,通过师生共同活动,达到提高学生心理素质的目的,这就决定了心理健康教育课程有一些特殊的教学方法。心理健康教育课程中常用的教学方法有以下几种:

(1)讲授法。讲授法就是通过语言或借助其他手段把心理健康知识传授给学生的方法。讲授既可以是教师的口头讲解,也可以采用多媒体的教学手段,以及通过墙报、广播等形式进行;既可以采取班级的组织形式,也可以采取小组的、个别的组织形式。值得注意的是,讲授不能简单地理解为教师讲、学生听。在学校心理健康教育中,十分强调教、学双方的沟通,为此,讲授中穿插谈话、讨论等方法是非常必要的。

(2)集体讨论法。集体讨论法就是学生在教师的引导和组织下,对某一专题发表自己的看法,表述自己的意见,进行研讨的一种教学方法。通过讨论可以沟通意见、集思广益、解决问题。在心理健康教育活动中常用的讨论方法有以下几种:

小组讨论法。针对某一问题情境,教师将全班学生分成若干小组,每个小组内成员均可充分发表自己的看法,畅所欲言,然后形成小组意见;接下来小组与小组讨论或辩论,或每小组发言人相互交流,其他学生可补充,最后由老师总结。分组方式应多样化,如自愿组合、报数组合、生日组合、异质组合等。这样不仅可以扩大学生的接触面,还有利于保持学生的新鲜感,增强活动的吸引力。其中异质小组的组合,要求将学习水平、性格、气质、兴趣行为等不同层次的学生组合在一个小组,这有利于学生之间的互动和互补。

辩论式讨论。将全班学生分成两组,就一个讨论话题分成正反两方,意见对立,学生根据自己所在方的立场,与对方辩论。

配对讨论法。就某一主题,2个人先讨论,得出结论。然后与另外2个人讨论的意见磨合,形成4个人的共同意见。再与另外4个人一起协调,获得8个人的结论。之后,还可以推选出本组代表参与全班的讨论。这种讨论方法每个学生都能参与,并要求学生有独立见解,善于辩论、协商,因而讨论的效果比较好。

脑力激荡法。此方法允许学生对一个问题自由地思考可采用的方法。它利用了集体思考和讨论的方式,目的是在一种兴奋、有趣、安全及接纳的气氛下使思想观念相互激荡,发生连锁反应,以引出更多的意见或想法。教师应鼓励学生真诚地提出意见,不管有无价值,甚至类似开玩笑或引人注意的意见,也要接纳它,应特别鼓励有创意的学生。

(3)角色扮演法。角色扮演法就是通过学生扮演或模仿一些角色,重演部分场景,使学生以角色的身份,充分表露自己或角色的人格、情感、人际关系、内心冲突等心理问题,进而起到增进自我认识,减轻或消除心理问题,发展心理素质的一种教学方法。角色扮演有澄清问题、纾解情绪、塑造行为和促进心智成长的功能,角色扮演的基本过程包括准备阶段、实施角色扮演阶段和终结阶段,实施角色扮演有导演(教师)、剧本、扮演者、观众(观察扮演的学生)、舞台等五大要素。在心理健康教育活动中可应用的角色扮演方法有以下几种:

哑剧表演。此方法是要求学生不以语言或文字来表达其意见或感情,而用表情和动作来表情达意。表演可以是一人或多人,如表演“见面时”、“生气时”、“幸福时刻”、“等待”等,这种方法可以促进学生非言语沟通能力的发展。

角色互换法。角色互换有两种涵义。一是在剧中A和B交换各自的角色,通过角色交换,A理解B,B理解A,同时也理解了两人的关系,理解了自己。二是扮演一个与自己现实生活中的角色完全不同的角色。例如,现实生活中总欺负人的学生,表演一个总被欺负的学生,可以通过表演,加深对他人的了解以及自我理解,学会与他人共情,学会用他人的眼光看自己。

镜像法。这是指看别人扮演自己的方法。例如,爱说粗话、不讲礼貌、缺乏教养的A看B表演自己的所作所为,通过看别人演自己而客观了解自己生活中角色的言行,激发A改变的主动性,促进A改变不适当的行为。

空椅子表演。这种方法只需一个人表演,适合于让学生扮演内心相冲突的双方或扮演学生所不满的另一人。具体做法是将两张椅子面对面放好，让学生坐在一把椅子上，面对另一把椅子，大声说出自己某一类观点，然后再坐到另一把椅子上说出相对立的另一类观点。若是表演与他人冲突时，则在另一把椅子上扮演他人，以此来增加扮演者的自我知觉和对他人的知觉。

小品表演。这种方法是把幽默、讽刺或赞许的语言与滑稽的动作结合起来，展示学习、生活中的一些事情，告诉同学们其中的道理及处理问题的方式等。小品表演大多是由多个同学参与，以便接近生活，使情境显得较真实，富有感染力，例如表演“同学病了”、“同学来我家做客”、“给妈妈过生日”等内容。

(4)操作法。这种类型的教学方法主要是通过学生的言语和动作的操作来达到心理健康教育的目的，在心理健康教育活动中常见的操作法有以下几种：

自述法。它是通过学生自己述说事情的经过和感受，以达到情绪宣泄和增进自我认识的一种方法。在心理健康教育活动中，教师应有意识地引导学生讲述自己对某一件事情的感受，讲述自己的某一次经历，讲述自己的成长过程等。低年级学生还可以通过“自画像”认识自我。通过自述，把情绪传递给大家，容易产生情感共鸣，这不仅培养了学生个人自我认识、自我反省的能力，增强了学生的自信，还可锻炼学生的思维能力与口头表达能力，而且学生在这个人际互动的过程中，通过认识自己、了解他人，容易产生认同感，对于克服自卑、消除焦虑等有帮助。

测验法。这种方法通过让学生做智力、气质、性格、兴趣、职业能力、心理健康等各种心理测验，帮助学生了解自己的特点，分析自己的长处和不足，促进学生的自我发展。同时，这种方法还可以激发学生运用心理知识认识自己的心理、提高自己的心理素质的兴趣。

游戏法。游戏是学生普遍喜欢的活动，有益的游戏能给他们以快乐并让他们从中受到教育。游戏能尊重参与者的尊严，能宽容参与者真情的流露，能满足参与者施展自我的需要，具有欢乐性、自主性、创造性、契约性和互动性等特征。游戏法可应用在心理健康教育活动的很多内容中，如协助交往的游戏、增强团队凝聚力的游戏、促进学习效果的游戏、增强耐挫力的游戏、增强自我意识的游戏等。游戏法的实施一般可分为选择游戏、学习规则、观察行为、调节情绪、澄清讨论和再来一次等六个步骤。

以上这些方法的分类不是绝对的,不同种类的方法之间有一定的交叉或包含关系。一般说来,一节心理健康教育课,单用一种方法进行教学活动是极少数的,这是由学生心理现象的复杂性、活动方法的多样性决定的。这就要求教师根据教学目标和每种方法的特点,合理地选择和组合各种方法,以使教育活动达到最佳的效果。

3.实施程序

一般而言,学校心理健康教育课程的实施包括以下步骤:

(1)课程的引入。教师根据本节课所要解决的中心问题,运用预热方法、澄清方法、介绍方法等起始活动技术,激发学生参与活动的积极性,引导学生进入活动。

课程引入方法举例如下:

预热方法。可通过唱唱跳跳等游戏活动开始一堂课,以调动学生参与活动的积极性。在座位的安排上,可考虑圆形方式,使每个学生都能面对面、平等地交往,这将会大大有利于课程开展。

澄清方法。教师以生动有趣、简洁有力的话作一个开场白,说明课程的目的和教学活动的大致安排,解除学生的困惑,增强活动的意识性和目的性。

介绍方法。传统的自我介绍方法比较死板,往往使学生不自然地有所保留。因此,建议采用以下几种介绍方式:①先分组两两配对,互相说出自己的基本情况,先说出自己最喜欢的、最得意的、最讨厌的事物或人。然后,再回到团体介绍刚才配对的朋友。②每人自问自答10次“我是谁?我是……”,说出别人不知道的特点。这种方法可训练学生自我了解的能力。③大家轮流向一个同学提出不重复的问题,被问者不能拒绝回答。这种方法可以考验一个人的坦诚,训练其机智。

(2)课程的开展。教师说明活动的方式与要求,指导学生开展活动。教师要根据学生的活动提出学生普遍关心的热点问题,启发学生在已有心理体验的基础上思考,寻求答案。

(3)分组讨论。在激活学生思维的基础上,学生分组进行讨论,然后小组长代表发言，使学生在相互交流中获得领悟。

课程组织方法举例如下：

引导方法。在教学过程中，为了使学生在问题上能寻求较好的答案，教师在学生思考的前后，给予一些启发性的话，如“你是说……”、“你觉得……”等，引导学生思考并充分表达自己的思想感情，以促进团体内开放性的沟通。引导方法可分为间接引导和直接引导。

反馈方法。这种方法要求教师把握学生所表达的思想感情，并将其反馈给学生，使学生知道教师是理解他的，同时，也使学生更好地了解和澄清自己的思想感情。反馈就像一面镜子，能清楚地、真实地把学生的思想和情感反映出来。这面“镜子”给学生提供了自觉改造自己的机会。

明朗化。这种方法要求教师除复述学生所说的话或表明的感情外，再增添教师认为学生想要说而没说出的东西，即教师把学生模糊、隐含、未能明白表达的感觉说出来。这种方法有助于教师与学生之间的进一步沟通。

面质。学生有时会逃避自我应负的责任，或给自己不当的行为找一些合理的借口。在这种情况下，教师有必要面质学生，促使其自我思考，勇敢面对现实。在面质时，教师既要肯定学生的优点，又要明确指出学生的缺点和存在的问题。

(4)课程的升华。教师对学生活动所取得的结果进行评价，指出其成功与不足之处，同时将学生获得的感性认识上升为理性认识，升华为心理知识技能与技巧。

(5)课程的延伸。教师联系生活实际，拓展学生所获得的心理知识技能与技巧；同时，要求学生课后继续实践，从而使学生心理素质得到进一步的锻炼与提高。

以上五个程序必须紧扣活动目标，并使学生在主动活动中求发展。

课程结束方法举例如下：

回顾与检讨。教师与学生共同回顾进行过什么活动，有什么心得，有什么意见。

计划与展望。教师与学生共同探讨今后应该做些什么，对未来的学习、生活或工作有什么打算，以明确今后努力的方向、目标和具体措施。

祝福与道别。教师与学生、同学与同学之间可以用小卡片或小礼物彼此祝福、道别,以维持和发展相互间的友谊。

4.实施特点

传统课程的实施模式是一种认识与被认识、改造与被改造的“主—客”关系或“我—它”关系,是人与对象的关系。而学校心理健康教育课程的模式是交往的模式,是“主—主”或“我—你”关系,是人与人的一种精神性交往关系,这种关系以民主平等的对话为基础,不再是一种简单给予和被动接受的关系。正是基于这种关系,心理健康教育课程成为主体与主体之间的能动、互助的精神建构过程,参与者的关系成为一种交流、沟通、协作、对话的关系,心理健康教育课程所追寻的正是这样一种交往关系。

学校心理健康教育课程观摒弃了传统课程的教师中心观,强调课程是参与者交互作用、师生共同建构的结果。交互作用被理解为师生、生生间的一种平等的、真诚的“对话”。无论是教师还是学生,都需要“共情而具有批判性”地倾听对方。在这一课程理念中,教师与学生成为学习共同体中平等的成员。教师与学生之间的关系是协作关系,这种新型关系使教师“从‘独奏者’的角色过渡到‘伴奏者’的角色,从此不再主要是传授知识,而是帮助学生去发现、组织和管理知识,引导他们而非塑造他们”。

学校心理健康教育课程的实施应贯穿一个基本原则:师生双方在民主平等的基础上协作。首先,教师与学生在这一课程里要形成某种“契约”,即对课程目标、课程进程进行协商约定。学生有权根据自身需要选择适合自己的课程,勾画自己的心理发展图景,成为积极主动的求助者和发展者。教师则成为学生成长和发展的引导者。双方分别以合作者的身份,借助于课程的展开,在交互作用中完成各自的角色职责。其次,还要看到在本课程的顺利开展中,师生的有效协作,依托一种更为开放的、更为民主平等的教育人际环境。一方面,教师与学生都以主体的身份进入教育过程,教师的职责不是控制活动的进程,而是着眼于活动情境的设计,营造民主、平等、宽松、和谐的活动氛围,激发学生心理发展的动因,为双方的协作提供外在保障。另一方面,对学生的指导并非是教师单方面的责任,而是需要学生的积极投入和密切配合。随着课程的进展,师生关系越来越融洽,双方的协作也会不断向纵深方向发展。

学校心理健康教育课程的实施过程是在主体之间进行的，是参与者之间相互交往、共同建构的过程，教师和学生都是作为活动的主体参与交往进程的。心理健康教育课程提供具体的活动情境，使参与者在活动中交往，在交往中产生心理互动，在互动中增进心理发展。交往是心理健康教育课程的基本特性，缺少交往的课程无法实现心理健康教育的目标，也难以产生心理健康教育的效果。每一个人都具有独特的心理世界，有着自身的动机、目的、态度、情感和生活经验。这种独特性的本质来自交往，在交往中形成人的个性，而个性的形成又为进一步交往提供可能。交往本身来自个性发展的需要，来自个体间相互协作、参与沟通的需要。在学校心理健康教育课程实施中，进入课程的每一个个体都以其特有的心向和角色身份参与课程的进展，彼此间的壁垒和疆界在亲切、互助、坦诚、愉悦的氛围中逐步消融，做自己愿做的事，说自己想说的话，外界的控制与束缚已降到最低限度。在真切的交往情境中，参与者的外显行为与内心世界是高度契合的，在心理健康教育课程中，交往行为完全是建立在心理互动的基础上的，不带有任何功利化和说教性的色彩，更不需要伪善的面纱，在真诚、自然、质朴的课程情境中表现各自的内心世界。交往活动可以达成主体间的认同与理解，产生情绪情感的交融共振，调节主体自身的心理状态，从而使交往过程向有利于主体心理建构的方向发展。

在传统教学中，教师一直被置于前台的位置，围绕教师展开教学进程是基本模式。在学校心理健康教育课程中，师生关系的转换更为明显，教师无法“包办”学生的心理成长，心理的发展与建构只能由学生自己来进行，即心理健康教育课程要提供的是学生自主活动的“舞台”，由学生来唱主角，教师只是活动的一个“配角”。教师应该成为团队的一员，而不是教室里的焦点和核心人物。教师提供技术上的帮助以及咨询服务，儿童在需要帮助的时候会求助于教师，此时他的角色更近似于一个合作者而不是长者。

学校心理健康教育课程中，教师的权威已被弱化甚至消解。因为，该课程的性质决定了课程的实施不是通过“强迫”的手段来进行，也不是一种知识的“授受”过程，课程中的师生交往是一种“教师—学生、学生—教师、学生—学生”之间的整体互动过程。教师的人格魅力可以充分地影响每一个学生，但绝不是以权威者的身份，而是以共同参与者的身份出现的，并且，学生对教师的影响也不可忽视。建构主义认为，“教师的作用是向导，而不是知识的唯一来源。这种组织形式对教师的要求比传统课堂教学要复杂得多。教师通过组织和协作的方式促进学生学习，而不是专制地控制学生，学生则在自我引导的探究活动中主动学习。机动性是教师所担任之新角色的最重要特征，教师必须在这样的教学情境中和学生共同游戏”。

从学校心理健康教育课程的实施过程看，它是一个开放的系统，教师要给学生独立判断和选择的权利，让学生在问题的解决过程中拓展自己的思维，反思自己的感受和问题解决的步骤，从而提升自己的心理素质。“教师的作用就不会混同于一部百科全书或一个供学生利用的资料库……他更多的是一名向导和顾问，而不是机械传递知识的简单工具。”①在这种新型的师生交往中，师生对话具有自主建构的特征，学生的心理发展不是由外部力量塑造的，而是通过他们的自主活动，在与外部世界和教师的相互作用过程中能动生成和自主建构的。只有这样，才能使外在的教育要求内化成学生追求心理健康的自觉行动。

三　初中生的心理特点与活动设计

初中教育阶段相当于少年期，又称青春期或学龄中期。少年期是个体生理发育加速期，身高和体重迅速增长，性器官和性机能日趋成熟，生理的加速发展使初中生具有敏感的“身体自我”。同时，社会生活的变迁也常常使他们无所适从，产生“自我认同”的危机，心理发展呈现出明显的矛盾性和由不成熟向成熟发展的过渡性。初中生的主要特点在于：这是一个半幼稚、半成熟的时期，是独立性和依赖性、自觉性和幼稚性错综而矛盾的时期。也就是说，少年期具有过渡性。心理学家对少年期给予了不同的描述，霍尔（G. S. Hall）称之为“风雷激荡”，勒温（K. Lewin）则认为少年是充满不确定性的“边缘人”。

① S.拉塞克，G.维迪努.从现在到2000年教育发展内容的全球展望[M].马胜利，译.北京：教育科学出版社，1996.

(一)初中生思维的发展

少年期思维具有抽象逻辑性。整个初中阶段,学生抽象思维能力迅速发展,是个体思维发展的黄金时期。初中生的抽象逻辑思维仍然是经验型,在思维过程中具体形象仍然起着主要作用,经常需要具体的直观感性经验来支持。少年期思维具有独立性和批判性。少年期思维的独立性和批判性是与其自我意识的发展密切联系的。他们具有强烈的求知欲望和探索精神,喜欢别出心裁,标新立异,往往不限于课堂和教材,兴趣广泛,他们关心时事、体育、科技等。他们不轻易接受别人的意见,对他人的见解和主张甚至持过度怀疑和批评态度。少年期思维具有片面性和表面性。究其原因有:首先,初中生思维发展水平不高,虽然已经具备了完整的思维形式,但思维还不深刻,尚缺乏全面、客观、辩证地分析问题和解决问题的能力;其次,初中生虽然是抽象逻辑思维占优势,但仍然处于经验型阶段,需要感性经验的支持,他们看问题有时比较深刻,但经常不全面,缺乏逻辑性;最后,初中生的情绪容易波动,这也会明显地干扰他们的思维活动,他们盲目追赶潮流和时尚,哪怕与自己的角色很不相符。少年期思维具有自我中心性。处于少年期的初中生由于自我意识的觉醒,思维独立性和批判性的发展,他们更喜欢审视自己。他们在心理上指向假想观众,自己则像舞台上的演员,倍感压力,总是喜欢夸大自己的感受。

(二)初中生自我意识的发展

初中生开始产生强烈的成人感,渴望确立成人角色,要求独立和得到尊重。但其实际的心理发展水平仍然存在局限,有时偏执、幼稚和肤浅,这就导致家长和老师经常不能满足其成人感,时有冲突发生。进入青春期,个体自尊心表现得十分强烈。他们渴望家长和老师的尊重,自己也力图通过努力和不断地进行自我调整来获取在同伴中的地位和声誉。强烈而敏感是初中生自尊感发展的主要特点。另外,其自尊心还存在矛盾性和不稳定性,例如,他们渴望尊重但有时又不尊重别人,渴望完善自己但又掩盖自己的缺点,希望成功但却害怕挫折等。一方面,少年期自我意识的高涨促进了他们独立性的发展。另一方面,自我的独立也表现为少年期第二个反抗期的到来，其主要表现形式如下：硬抵抗，表现为态度强硬，举止粗暴；软抵抗，表现为漠不关心，冷淡相对；反抗的迁移，有时迁怒于其他人。

（三）初中生情感的发展

初中生非常重视感情也易动感情，他们热情洋溢，充满激情，活泼愉快，富有朝气。初中阶段，是一个多梦的季节，学生们对未来充满着美好的想象，显得朝气蓬勃，积极向上。他们往往把自己的丰富情感倾注到某些他认为值得崇拜的人物上去。

初中阶段学生的情感两极性明显，情绪体验强而有力，情感易从一个极端走向另一个极端。如取得了好的成绩，便容易兴高采烈，目中无人；一旦不如别人，就极端苦恼、悲观；一旦和某位同学建立了友谊，两人就好得像一个人似的，如果闹翻了脸，就发誓“一辈子不和他说话”等。初中生的情感不但具有明显的两极性，他们的情绪体验还来得快而热烈，具有强烈的冲动性和爆发性，如暴风骤雨一般，行为难以自控。这种特点一方面使他们热情奔放，豪情满怀；另一方面也使他们狂热、冲动、不理智，行为难以预测。

另外，初中生情感的内容丰富、深刻。随着初中生知识、经验的积累，生活范围的扩大，社会性情感的内容比小学生更加丰富、深刻。一是集体感的发展。初中阶段是富于集体情感的年龄阶段，他们喜欢生活在集体中，享受集体给予的关心和帮助，也乐于奉献自己，为集体出力。二是他们的友谊感发展起来。初中生有强烈的友谊的需要，这一时期建立的友谊比较纯洁，保持的时间长，甚至成为终身的朋友。三是与人的社会性需要相联系的高尚情操发展起来，即道德感、理智感和美感有了很大发展。

第二章　心理健康教育主题班会活动设计——学习篇

一 “学习习惯新观念”主题班会

【心事链接】

链接一

张某，某市中考状元，从小成绩一直十分优秀，全面发展，而且还实现了跳级学习。小学毕业以优异成绩考入某重点中学；中学期间，在省化学竞赛及英语竞赛中获过一等奖，在省物理竞赛中也取得过优异的成绩。据了解他是个会学习的学生，平时上课时总是边听边记笔记，而且笔记既详细又切中要点。同时，他还善于选用学习资料，所选的学习资料不多，却总是恰到好处。随着这些良好习惯的养成，他成了学习的主人，体验到了学习的乐趣。特别是进入初三以后，学习越来越轻松，心情也更加愉快，最后成了某市中考状元。当别人向他讨教学习窍门时，他笑笑说：“其实今天的这一切都归功于从小就养成的良好的学习习惯。”

链接二

小云，五岁开始读小学一年级，从入学的第一天起，父母就对其做出规定：必须按时作息，学习要认真，力争做品学兼优的好学生。每次寒暑假的第一天小云自己制订作息时间表，拟订学习计划，并将其贴在显眼的位置，严格按作息计划行事，当天的事当天做完，可超前，但不可拖拉，养成办事讲效率、生活有规律的习惯。正是这一良好的学习习惯，使她在中考中取得了骄人的成绩，相信她的人生也会因此而更加灿烂。

【心理宝典】

有这样一个小故事：

哲学家柏拉图有一次就一件小事毫不留情地训斥了一个小男孩，因为这个孩子总在玩一个很愚蠢的游戏。

小男孩不服气："您就为这一点小事而谴责我?!"

"你经常这样做就不是小事了。"柏拉图回答说，"你会养成一个终生受害的坏习惯。"

"习惯"是每个人非常熟悉的字眼，但却有很多人忽视了它的力量。人一旦养成某一种习惯，就会不自觉地在这个轨道上运行。如果是好习惯，则会终生受益；反之，就会在不知不觉中伤害自己的一生。同样，学习也如此，良好的学习习惯，有利于激发学习的积极性和主动性；有利于形成学习策略，提高学习效率；有利于培养自主学习能力；有利于培养创新精神和创造能力，终生受益。

良好的学习习惯应包括哪些内容？从哪些方面培养？如果从学习过程来分，可以分为预习、听课、复习、按时作业等习惯。如果从学习心理策略的层面来分，应该包括学习动机的自我监控、学习的组织与计划、学习中的记忆训练、学习中的人力与物力资源的利用、科学用脑等方面。据有关专家的调查研究发现，尖子生学习成功的奥秘恰恰是这几个方面做得很好。

(1)学习动机的自我监控。学习的成功首先要有明确的学习目标，只有当你确定了明确且可行的目标并且为实现目标而学习时，学习动机才会被激发。有了学习动机你才会坚持不懈地朝着目标努力。当你在学习道路上一步步靠近目标，你会体会到成功的喜悦，增强学习的信心。因此，只有目标明确，才能激发学习动机，才能自觉主动地组织自己的学习行为，并能自觉地监控自己顺利地完成每一阶段的任务。

(2)学习的组织与计划。学习时间的巧妙安排和学习活动的精心组织将会使学习更加有效，往往会达到事半功倍的效果。只有那些有组织、有计划地学习的人，才能在最少的时间里取得最多的收获，因此，我们应该为自己的学习制订一个科学的学习计划，每天严格按照计划完成学习。链接二中的小云就是这方面的典型。而缺乏计划习惯的人，经常在学习道路上走许多弯路。

(3)学习中的记忆训练。英国思想家培根曾说过："一切知识不过是记忆。"可见，记忆力对学生的学习非常重要。记忆力并不是天生的，其不仅与遗传因素有关，更重要的是与记忆的条件、记忆的方法有关。每个人记忆的特点不同，有的记得快、忘得慢，有的记得慢、忘得快等；各人记忆擅长不同，有的擅长视觉记忆、有的擅长听觉记忆、有的擅长形象记忆、有的擅长逻辑记忆等。了解自己记忆的特点，并根据自己的特点，扬长避短，寻找最佳的记忆方法。

(4)学习中的人力与物力资源的利用。处在信息时代，中学生有效利用人力和物力资源也是必需的一种学习素质。在学习中，我们应该与他人协作，与同学互帮互学，而不是一个人死学死记；遇到难题自己解决不了时，应该勤学好问，和同学共同讨论，一起找到问题的解法，而不是孤军奋战。其实我国古代就有"独学而无友，则孤陋而寡闻"的道理。同时，中学生应该学会很好地利用图书、报纸杂志、电视，尤其互联网等资源，及时收集信息，不断扩大自己的知识面。

(5)科学用脑。如何科学用脑、护脑和发展脑的功能，才能提高学习效率？学习要遵守高级神经活动的兴奋与抑制的规律。我们可以从这几个方面来注意用脑的卫生：劳逸结合，有张有弛，保证睡眠；积极地参加体育锻炼和文娱活动；注意营养，为了保证脑的功能，还应当从饮食上增加脑的能量。此外，保持良好的情绪对人体的健康有很大的意义。因此，健康的身体与良好的情绪是科学用脑的主要方面。

【心智训练】

活动一：一则小故事

很久以前，一个乞丐讨饭的时候遭到一条狗的攻击，他惊惧不已，因此，在第二次讨饭的时候，他把一块石头揣在身上。然而不幸的是这次他遭到两条狗的攻击，虽然有一块石头护身他还是被狗咬了。第三次讨饭的时候，他便揣着两块石头放在身上。可这次他遭到了三条狗的攻击。第四次讨饭的时候，他索性揣上了四块石头。可这一次他恰恰遭到了一群狗的攻击,他依然被狗咬了。最后,为了有效地对付狗的攻击,他不得不背着一篓子石头去讨饭。

而另一个乞丐呢,同样也遭到了狗的攻击,但他却大着胆子放下石头拿起棍子来还击,结果三下两下就能把狗打散。棍子既可以打单只狗,也可以打一群狗。

一根棍子胜过无数的石头,思维一转天地宽。如果我们始终沿着一条思维发展下去,不仅不能解脱,也许会被束缚得更紧。学习、记忆、背诵,不也是同样的道理吗?

活动二

1.举办一次学习经验交流会,请一些学习成绩好的学生现身说法,介绍一些自己的成功经验,集体讨论如何养成良好的学习习惯,每个人就目前的学习情况,谈谈今后如何调整自己的学习活动。

2.结合自己学习的实际情况,给自己制订一份学习计划。

【心灵启示】

让你走向成功的学习小习惯:

(1)随身携带一本书。随身携带一本书,无论你走到哪儿,车站、码头、甚至厕所,只要你有时间就可以阅读,每天只需花几分钟,逐渐积累,那么一年也能读不少本书。

(2)写读后感。爱因斯坦曾经说过:“任何读多思少的人都会养成懒惰思维的习惯。”只是简单地学习别人的东西,这样的智慧是不够的,你要在此之上提出自己的想法。经常就自己所看的书中某个观点、某句话写写自己的想法和思考,有话则长,无话则短,三五十个字,坚持写下去,这就是决心。

(3)制订计划。给自己的学习做个计划,既要有长远目标,也要有近期计划。凡事预则立、不预则废,要让你的学习在计划中一步步走向成功。

(4)将知识运用于实践。知识只有用于实践才能体现它的价值,如果不使用,学来的知识也是无用的。同时,通过实践我们也会对知识有更深刻的理解。

(5)结交更多明智的朋友 。结交那些善于思考的人,并不仅仅因为他们聪明,而是他们的好习惯会在你的身上摩擦出火花,并且他们也会与你分享他们的知识。

(6)虚心向别人请教。孔子曰:“三人行,必有我师焉。”这句话意思就是“人人必有长处,人人必有可学之处”,然而,在生活中我们往往很难做到。之所以难,主要由于人们常说的“面子”,要想学到别人身上真正有价值的东西,就必须放下面子,甩掉自己的虚荣心,将自己的位置放低一点,用欣赏的眼光看待别人的长处,虚心地学习别人的能够为自己所用的有价值的东西。

二 “我的学习风格”主题班会

【心事链接】

据调查,在一些学校中,每个班至少有三分之一的学生有听音乐的习惯,对他们来说如果没有MP3的陪伴,他们根本就学不下去的。

在校园里,只要稍微留心经常听到有学生如此的议论:“我做题时必须借助于线段等方法帮助理解后才能再列式计算,而我同桌则读完题就能列出算式”;“我喜欢独自一个人做作业,而她却要跟别人一起才能做下去作业”。

有位老师说:“有些学生似乎不太适合教师纯语言讲授,他们上课喜欢自己看书或做笔记,或通过电视、电脑等视觉媒体提供图像来学习;早读课中有些学生一直在读同一篇英语课文,下课时却还是背不出来……”

【心理宝典】

同学们,你在学习中遇到过类似的苦恼吗?你知道其中的原因吗?你们是否都在不停地寻找能提高自己学习成绩的最好的学习方法而忽略了自己的学习风格?

其实,了解自己的学习风格有助于优化自己的学习方法,制订适合自己特点的学习计划。什么是学习风格呢?

学习风格是指对学习者感知不同刺激并对不同刺激做出的反应这两个方面产生影响的所有心理特性。学习风格是学习者持续的带有个性特征的学习方式,是学习策略和学习倾向的总和。学习风格的特征主要有:独特性,稳定性,兼有活动和个性两种功能。学习风格的一个重要组成部分是认知风格,它指感知、记忆、思维方式的个体表现,或接受、存贮、转化、利用信息的不同方式。学习是一项艰巨的任务,对学习风格的研究有助于学生正确选择学习方法。

从对感觉通道的偏重对学习风格分类(对感觉通道的偏重是指学生在学习时对视觉、听觉和动觉的偏爱程度):视觉型的学生,习惯从视觉接受学习材料,比如书、景色、图片和电视图像等。这样的学生喜欢自己看书或做笔记,或通过电视、电脑等视觉媒体提供图像来进行学习,而教师的纯语言讲授不太适合他们。听觉型的学生,偏重听觉刺激,他们对语言、音响的接受能力和理解能力比较强,比如,他们喜欢在学习时有音乐做背景;在学习外语时,喜欢多听多说,而不关心具体单词的写法或句型结构。动觉型的学生,喜欢自己动手参与学习过程,对能够动手操作的学习和认知活动感兴趣。在对这种学生的评价中,教师用手拍拍他的肩膀表示赞许要比口头表扬效果好。

提高学习成绩和学习效率是每个学生的共同愿望,很多学生在苦苦寻求能改变自己学习现状的学习方法,但很多学生不知道好的学习方法也不一定适合自己。应该说最好的是符合自己实际的方法,如果盲目地模仿别人的学习经验还可能导致既学不到别人的经验又丢失了自己的学习风格。因此,要学会学习,就要探讨适合个人特性的学习方法。

【心智训练】

活动一:测一测

了解你的学习风格会对你的学习有所帮助。对于以下的每个问题,请您选择第一个出现在你脑海中的答案,不要花太多时间思考哦。

1.为了寻找乐趣,你喜欢阅读什么样的书?(   )

A.带有很多图片的旅游书

B.有很多对话的神秘的书

C.你能回答问题和解谜的书

2.你愿意采取哪种方式了解计算机是如何工作的?(　)

A.看一部这方面的电影

B.听老师对它的解释

C.把计算机拆开并试图自己发现规律

3.当你不能确定如何拼写一个单词时,你最有可能做什么?(　)

A.把它写出来,看它是否对

B.把它读出来

C.查字典

4.你参加了一次宴会,第二天你最有可能回忆起什么?(　)

A.参加宴会人的面孔,而不是名字

B.参加宴会人的名字而不是面孔

C.在宴会上你所做的事和说的话

5.为了准备考试,你会如何学习?(　)

A.读笔记,读标题,看图示和图解

B.让别人问你问题,或者默默地对自己复述一些事实要点

C.在索引卡片上记录并设计模型和图示

6.当你看到一个单词"d-o-g"(狗),你首先想到什么?(　)

A.想到一个特定的狗的图片

B.默默地对自己说"dog"这个单词

C.出现一种牵着狗的感觉(抚摩它,遛狗等)

7.当你想集中精力时,你觉得最让你分心的是什么?(　)

A.视觉干扰

B.噪音

C.其他一些感觉,如饿、鞋子紧或担心等

8.你喜欢用什么方式来解决问题?(　)

A.做一个清单,把每一步组织好,做完后检查

B.打几个电话,跟朋友或专家聊聊

C.设计一个问题的模型，在头脑中把所有的步骤演练一遍

9.在电影院门口排长队时，你最有可能做什么事？（ ）

A.看其他电影的广告宣传海报

B.跟站在你边上的人聊天

C.跺脚或用其他方式慢慢向前移动

10.你刚进入一家科学博物馆，你会首先做什么？（ ）

A.四下张望，找一个显示不同展位的地图

B.跟博物馆的向导询问，请教有关展览的事情

C.先走进一个看着有趣的展位，以后再看说明

11.当你生气的时候，你最有可能做什么？（ ）

A.沉着脸

B.喊叫或“大发雷霆”

C.跺着脚出去并甩门

12.当你高兴的时候，你最有可能做什么？（ ）

A.露齿而笑　　B.高兴地喊叫　　C.高兴地跳起来

13.你愿意参加什么兴趣班？（ ）

A.艺术班　　B.音乐班　　C.体操班

14.当你听音乐时你会做什么？（ ）

A.白日梦（看到伴随音乐的图像）

B.哼起来

C.随音乐活动，跺脚等

15.你会怎样来讲一个故事？（ ）

A.写出来　　B.大声讲出来　　C.把它扮演出来

16.哪种餐馆你可能不愿进？

A.灯太亮的　　B.音乐声太大的　　C.椅子不舒服的

结果与解释：

数一数你的选择吧！A.______（个）B.______（个）C.______（个）

大部分选择A的人，可能是视觉学习类型者，通过观察来学习。

大部分选择B的人，可能是听觉学习类型者，通过听来学习。

大部分选择C的人，可能是动觉学习类型者，通过触摸和行动来

学习。

你了解了自己是属于哪种学习风格的人了吗？

其实大约40%的人是属于视觉型的，大约30%的人是属于听觉型的，15%的人是属于动觉型的。每个人都有自己的学习风格，学习风格没有好坏之分。

活动二：自我反馈

我的学习风格是＿＿＿＿＿＿

我的学习特点是＿＿＿＿＿＿（“猫头鹰”型或“百灵鸟”型）

我需要克服的缺点是＿＿＿＿＿＿＿＿＿＿＿＿

【心灵启示】

七种学习风格：

Stacy提出的七种学习风格实际上是智力的七个方面。因为每个人在多元智能中可能偏重某些方面，所以将它们用来作为区分学习风格的依据应该是妥当的。其中提到的策略对学习和教学都很有启发。

第一种，语言能力型。这种类型的学习者喜欢读、写、讲故事。他们记忆时间、地点、人名或者细节方面非常轻松，能够准确地复述别人所讲的。这种类型的学习者最好的学习方式是通过说、听和读。因此，应该多鼓励他们写作。

第二种，逻辑思维型。这种类型的学习者偏向数学，喜欢解决难题，特别是与数学有关的。他们总喜欢问各种关于如何工作、什么关系等问题。这种类型的学习者最好通过分类、归类或者通过抽象的、事物之间的关系等方式来学习。在学习中，可以尝试让他们制作图表或者指出事物之间的关系。

第三种，空间能力型。这种类型的人是视觉型的人，在色彩和图画上颇有些天分，善于幻想，近乎脱离现实。如果他们看上去低落，可以让他们画一幅画，通过画画，他们可以更进一步了解到问题的核心所在，这时候可以试着告诉他们一些事情。多鼓励他们发展自己的感觉和开发艺术方面的潜能。

第四种，音乐型。如果小孩子喜欢听着音乐学习，那么他算是这种类型了。这种类型的人擅长将抽象化为具体。如果能将学习的内容和音乐性的东西结合起来,这会让他们更好地学习,比如将课文编成说唱乐。

第五种,身体型。这类孩子总是在动,比如到处走,碰这碰那的,他们在用身体语言表达他们的感受。与坐下来读书相比,他们更愿意体育运动或者动手做个手工什么的。对这种类型的学习者,可以想办法让他们在动中学。

第六种,社交型。这种类型的人总能很快适应各种社会环境,有很多朋友,并且是个很好的领导者,他们有耐心,懂得理解,感情投入,往往很受他所在的群体的喜欢。这种类型的学习者在小组环境中做得更好(比较、分享、共处、交流等)。

第七种,自我型。这种类型的人喜欢自己一个人做事情,他们对自己有较深刻的了解,追求独立和原创。无需太费劲,他们总能在人群中脱颖而出,属于坚强而沉默的类型。

三 "学习动力场"主题班会

【心事链接】

张丽是上海市一所中学的初一学生,一直是班里的前三名。当别人问她为什么学习那么好,有没有什么诀窍时,她笑着说:"其实也没什么,我就是觉得学习特别有意思,觉得学习当中有无穷的乐趣,推动着我不断去学习钻研,一点也不感觉到苦和累。我觉得像有一种动力推动着我去学习,所以我感觉到学习游刃有余。"

【心理宝典】

人的每一种活动都有相应的动机。饥饿是吃饭的动机,困倦是睡眠的动机,自尊是奋进的动机。学习活动也要有相应的动机,这个动机叫做学习动机。心理学家认为,学习动机是直接推动学生进行学习的一种内部动力。这种动力引起和维持着学生的学习活动,并使学习活动朝着教师所设定的目标进行,对学习有重要的推动作用。

那么，是不是学习动机越强就越有利于学习呢？心理学研究表明，学习动机的强度和我们学习效果的关系并不是简单成正比的，一个人的学习动机越强，他的学习效果并非越好，中等强度的学习动机才能达到最佳的学习效果，学习动机太强或太弱都会降低学习效率。一个人的动机太弱，在没有达到既定目标时，很容易灰心丧气，产生严重的挫折感；动机过强使人长期处于心理紧张状态，不仅学不好记不住，而且对自己的身体也不好，这怎么能取得好的学习效果呢？那么我们怎样才能激发适当强度的学习动机呢？

第一，调整心态，用积极的态度开始每一天每一次的学习。

不要视学习为任务，更不要单纯为考试为师长而学——让这些念头都烟消云散吧，一旦进入学习的境地，我就是我！

心理学家曾做过一个实验，证明了学习的积极态度，能促使学生在学习中积极思维，并从中培养学习兴趣。实验中，同学们根据自己的学习情况选择一门不太感兴趣的课程，在每天开始学习这门课的内容之前，完成以下两个活动：先是面带微笑，搓着双手，还可哼唱喜欢的歌曲——总之做出摩拳擦掌、跃跃欲试的样子，而且让自己感觉到这一点；同时，脑子里不断地想：下面的学习内容将是我能够理解的，它的主要内容是什么？都将从哪几方面来讲呢？

结果这个小小的实验有效地改变了同学们学习前的态度，消除了原来的苦恼，让同学们从探索知识中体会到乐趣。这个实验十分简单，而且一般只要持续10天至两周便可见效。我们为什么不来试试呢？

第二，正确认识学习目的，培养学习自觉性。

高尔基说：伟大的力量来自伟大的目的。正确认识学习目的有三层含义：首先，我们要认识学习的社会意义。社会的发展、民族的振兴，靠广大青少年发愤学习，掌握建设国家的本领。其次，不能忽视自己对学习活动本身的需要，也就是要把长远的目标和近期的目标结合起来。最后，明确各门课程的具体学习目的。中学阶段所开设的各门课程，其价值不仅是为了让我们获得某种劳动手段，或在实际中应用，更重要的是丰富我们的精神生活，获得个人的全面发展。

第三，善于运用反馈原理，强化自己的学习愿望。

学习反馈是学习过程中重要的一环,合理地应用反馈原则,对激励和强化学习的愿望有重要的作用。许多研究表明,了解自己的学习成绩,能够提高我们的学习积极性。学会正确总结失败原因,也会增强信心,提高学习动机。在我们总结考试失败的原因时,应当遵循以下几个步骤:第一步,从努力程度、注意力集中水平、学习方法是否得当这三个方面寻找主要原因。第二步,从学习基础、家庭环境等方面找出次要原因。第三步,检查自己在总结过程中有无下列错误:把次要原因当作主要原因;只重视外部原因,不重视内部原因;找出的是不存在的原因,如能力差等。第四步,根据总结制定对策。如增加学习时间,提高注意力水平,改善学习方法等。

【心智训练】

你了解自己的学习动机吗?下面有20道题,请你实事求是地在与自己情况相符的题目后打“√”,不相符的题目后打“×”。

1.如果父母不督促你,你极少主动地学习。( )

2.你只要一看书就觉得疲劳与厌烦,直想睡觉。( )

3.当你读书时,需要很长时间才能集中精力。( )

4.除了教师指定的作业外,你不想再多看书。( )

5.如有不懂的,你根本不想设法弄懂它。( )

6.你常想,自己不用花太多时间,成绩也会超过别人。( )

7.你希望自己在短时间内就能大幅度提高自己的学习成绩。( )

8.你常为短时间内成绩没能提高而烦恼不已。( )

9.你的作业还没有完成,你很想废寝忘食通宵达旦,却又担心睡不好觉,影响第二天的听课效率。( )

10.你的作业还没有完成,你很想放弃许多你感兴趣的活动,如看电影与郊游等,可又舍不得。( )

11.你觉得读书没意思,想去找个工作做。( )

12.你常认为课本上的基础知识没啥好学的,只有看高深的理论、读大部头作品才带劲。( )

13.你只在喜欢的科目上下功夫,而对不喜欢的科目放任自流。( )

14.你花在课外读物上的时间比花在教科书上的时间要多得多。(　)

15.你把自己的时间平均分配在各科上。(　)

16.你给自己定下的学习目标,多数因做不到而不得不放弃。(　)

17.你几乎毫不费劲就实现了你的学习目标。(　)

18.你总是同时为实现几个学习目标忙得焦头烂额。(　)

19.对于每天的学习任务,你已经感到力不从心。(　)

20.你为自己确定了一个大目标,却没有相应的一系列循序渐进的小目标。(　)

结果与解释:

1~5题主要测试学习动机是不是太弱,6~10题检查学习动机是不是太强,11~15题测查学习兴趣是否存在困扰,16~20题检查学习目标上是否存在困扰。

打"√"得1分,打"×"得0分。14~20分表明学习动机上有严重问题和困扰,需要调整;6~13分表明学习动机上有一定问题和困扰,可调整;0~5分表明学习动机上有时有问题,必要时可调整。

【心灵启示】

永不放弃学习的人

在美国印第安纳州的荒原上,一个小男孩步履艰难地穿过一片冬季的森林,在一所只有一间教室的学校上学。6周之后,学校关门停办了,这个孩子第一次尝到极度失望的滋味,但这仅仅是开始。他先是到处流浪,打短工。到了22岁,他与别人合作在伊利诺斯州的一个边境小村庄里开起了一个小店。后来小店亏了本,他全部的血汗钱都赔了进去。

这种学习的代价固然太大,但是他觉得自己在教训中学到了许多东西,不会再失败了。两年以后,他再次与别人合伙开店。可是不到两年的时间,又失败了,他们不得不出卖小店,可是买店的人一时付不起钱,他们只得让别人代理经营。没想到,偏偏祸不单行,那个人把全部存货卖完后携款而逃。不久,合伙人又死了,结果这个年轻人背上了似乎永远也还不清的债。

此后不久，上帝又给了他一次最残酷的打击，他最心爱的姑娘去世了。这一次他相信自己生下来就是要受苦受难的，这一次打击给他心灵上留下了非常大的创伤，他花了很长时间才恢复过来。他后来说，那时候他甚至连一把小刀都不敢带在身上，因为他不知道自己什么时候会用所带的小刀结束自己的生命。又过了10年，他终于在40岁还清了所有的债，但这时他看起来已经像一个老头了。他还在工作之余努力地学习，钻研法律。

到40岁时，在朋友的鼓励下，他参与了政治活动。虽然他几经奋斗，但还是没有被选为参议员，这时他已是50多岁的人了，他的人生道路上几乎全是失败的记录而没有成功的喜悦。就是他，在52岁时，成为美国的总统，对美国的历史乃至世界的历史产生了巨大的影响。他就是亚伯拉罕·林肯。

四 “学习策略百宝箱”主题班会

【心事链接】

链接一

在一次班会上，老师请学习成绩一直很好的王亮、李伟、周明等几位同学介绍学习经验。

王亮说：“我有一个习惯，晚上放学后不急于写作业，因为经过一天紧张的学习，大脑已经很疲劳了。于是我先睡上一觉，然后再学习，学习效率很高。”

李伟同学也有自己独特的方法，就是很少背书：英语从不背单词，只是背课文；政治不背，只重视基本理论的理解；历史、地理也不背……

周明同学的意见不同于李伟，他说自己的优异成绩正是得益于坚持不懈的“死记硬背”，尤其是英语和语文。他将6~9个单词作为一组写在一张卡片上，随身携带，每天利用零散的时间背英语单词，效果非常好……

他们的方法都有一定的道理，对同学们的启发也很大。但过了一段时间，老师发现班里有些同学总是不能完成家庭作业，调查得知他们中有的回家吃完饭倒头便睡，说是睡一会儿再学习，可一觉就睡到了天亮。英语老师也反映班上有的同学听写单词时错误太多。也有的同学抱怨说："周明不会是骗我们吧？我照他的方法背单词，前两天觉得还好，可背多了就容易混淆。"

链接二

王启明是一位学习刻苦的学生，进入中学以来，他更加发奋读书了，不仅把所有的公式、定理都背得滚瓜烂熟，还将老师课上讲过的题目做了一遍又一遍。同时，他自己还买了很多参考书，做了大量的习题。他认为，只要把所有的题型都做完了，就一定能学好。可是，无论他怎样努力，成绩就是上不去，经常是自己刚做过的题稍一变化就又不会了，刚背过的单词，出现在另一个地方又不记得了。眼看着其他同学在不断进步，王启明为此又气又急，自己并不比别人笨呀，这是为什么呢？

【心灵宝典】

链接一和链接二中的故事对于我们有几点启示：一是，要想取得好的学习成绩，必须拥有合理的、较好的学习方法。二是，每个人都会有自己独特的学习方法。不是每一种学习方法都适用于任何人，适合自己的才是最好的学习方法。三是，要学会借鉴一些好的学习方法，在运用的过程中加以体会，改变不适合自己的部分，使之变成自己的学习方法，让自己的学习事半功倍。四是，死记硬背、题海战术并不是一个有效的学习方法。

对于多种学科的学习，尤其要注意不要仅以一种学习方法来应付，学习过程中要将良好的思维习惯与学习方法结合起来，相互促进，运用多种学习策略来提高学习的效果。下面就向同学们介绍几种有利于创造性思维能力培养、有助于创造性学习的具体方法，希望能对大家有所启发，借以改进自己解决问题的策略，增加你的学习"招数"，提高你的学习效率。

第一，缺点列举法。即在解决问题的过程中，先将思考对象的缺点一一列举出来，然后针对发现的缺点，有的放矢地进行改进，从而获得解决问题的方法。30年前，日本的鬼冢喜人良就是采用了缺点列举法，对篮球运动鞋进行革新，推出了新型篮球鞋。生活如此，学习也不例外。我们不妨对自己现行的学习方法也来个缺点列举，并尝试革新不足，相信你同样会获得成功。

第二，逆向思维法。人们通常只从正面去探索问题的解决方法，有时会陷入死胡同，这时如果能够反过来，从完全相反的角度去思考问题，就有可能实现问题的解决，这就是逆向思维法。电能生磁，磁能否生电呢？法拉第通过逆向思维，造出了世界上第一台发电机。爱迪生想，谈话的声音能使短针颤动，那么反过来颤动应能发出原先说话的声音，他由此发明了第一台留声机。数学中的逆运算、几何中的逆推法等，都是逆向思维法的实际运用。同学们当你在学习过程中遇到无法解决的题目时，尝试一下从完全相反的方向思考，这也许会使你豁然开朗。

第三，质疑思维法。质疑思维法就是不惟书、不惟上，敢于向权威挑战，善于发现问题，勇于提出问题，产生新思想和新方法的一种思维方法。数学家华罗庚是自学成才者，他曾发现当时一位教授的公式推导有误，于是他便反复验证，大胆质疑。这很值得我们学习。

第四，发声思维法。这种方法就是把头脑里的思维过程说出来，使自己能清晰地知道自己是如何完成学习活动的，这样有助于练习自我监控和体验自我监控。比如：在做一道几何题时，我们可以把思考问题的过程小声地说给自己听："这道题目，归根结底是证明两线垂直"，"一般证明两线垂直的方法有几种，一是利用勾股定理，二是利用夹角等于90° 来证明，还可以……"，"再看看这道题目给的条件，用第一种方法比较好"，"用第一种方法计算起来还缺少一个数据，这和我预料的不一样，看看用第二种方法"，"对了，所给的条件恰好适用，一步一步地推理，果然是对的"，"这道题目很有意思，我差点中了它的圈套，幸亏我及时换了思考的角度"。同学们还可以再问问自己"这道题暴露了我哪方面还有不足"等。

第五，齐姆曼学习方法。

第一步：自我评价。学习中有意识地对"学得怎么样了"进行自我评价。

第二步：组织与转换。对学习的材料重新排列整合。

第三步：目标确定和计划制度。明确学习目标、学习步骤，并制订具体的计划和日程表。

第四步:寻求知识。在完成一项任务时,力求对相关的系统知识有所准备。

第五步:记录与监督。记好课堂笔记和学习日记。

第六步:自我预测后果。对学习结果进行预测,并给自己一定的奖惩。

第七步:安排环境。给自己设置有利于学习的环境。

第八步:练习和记忆。利用有效的练习方式来帮助记忆。

第九步:寻求社会帮助。有困难主动向同学、老师求得帮助。

【心智训练】

看完链接一中的小故事后,请你回答下列问题:

(1)你认为王亮、李伟、周明的学习方法有问题吗?

(2)为什么其他同学使用他们的学习方法时出现了问题?

(3)你认为有最好的学习方法吗?为什么?

试试下面两种学习方法:

(1)图表法。

第一步:通过填写下表,发现自己学习中存在的问题。

第二步:针对不同问题,为自己制订出可行的解决方案。

事实上,根据自己的学习实际,将各知识点、相关内容都列成下表,这本身也是很好的复习过程。

科目	重点	难点	练习正确率	复习后正确率	剩余问题
语文					
英语					
数学					
历史					
政治					
化学					
物理					
…					

(2)自我提问,反思自己的学习情况。

联系学习内容,你可以这样做:在今天的______课上老师讲授的重点是____________;与之相关的内容有____________。

我觉得理解起来:__________(容易、有一定难度)。理解困难的原因是:__________________________,这和我在同一学科中对________________理解困难的原因一样。

经过复习,我觉得:__________(完全懂了、尚有部分未懂、不懂)。

根据以前的经验,我认为有效的解决方法是:________________(求助老师、复习笔记并查看参考书自己弄懂等)。

我应该在________________时间内完全解决好这个问题。

【心灵启示】

SQ3R阅读法是一套世界著名的学习方法,通过大范围实验验证后,发现成效相当显著。它的具体步骤是:略读;提问题;精读;摘述;复习。

(1)略读(survey):将所要学习的内容,迅速大致地读一遍,只对学习内容获得一个大概的了解。以此为基础,再深入探究其内容。

(2)提问题(question):以自问自答的方法来自主理解学习内容,看看自己的理解或掌握程度。例如,学习的良好习惯,可以将其转化为问题方式:什么是良好的学习习惯?自己先问问自己,然后再去寻找答案。

(3)精读(read):为了寻找问题的真正答案,必须通过仔细地阅读才可获取可能的答案。所谓精读,即要辅以书中的图表、表格、统计数据、文字以及其他细节来帮助自己理解。

(4)摘述(recite):通过上面的方法读完一部分内容之后,回首反思一番,试着用自己的语言(或文字),就第二步所提的问题,将文中与问题有关的答案摘述出来。记住,尽量不要看书。摘述所花的时间,通常与阅读的教材有关。一般而言,内容较为松散的教材,如历史、地理等,大约要花阅读时间的一半。比较严谨的学科,则要花上阅读时间的十分之九。

(5)复习(revision):这也是一种略读。它和前面所提的略读的不同之处是:复习所读的是已经学过的内容,略读所读的是要学的内容。复习时首先要将每个章节的标题重新审视一遍,并试着先复述那些应记忆的重点,然后再参照自己的笔记,找出那些记忆模糊,尚未真正理解,从而难以复述的部分,对照原书,再重新阅读一遍,以求最终掌握。

SQ3R阅读法适用于各科的学习,对于人文社会科学类的学科尤为合适。同学们可在平时学习中加以运用和体会,并结合自己的学习习惯,取长补短,提高学习效率。

后来的研究者们对SQ3R阅读法进行了修改,提出了其他的一些学习方法,如PQ4R、OK5R、超级6R等。其中PQ4R是在原来的SQ3R基础上加以改进的,将略读(survey)改为预习(preview),加入了反思(reflect)这一步骤。可见,一种学习方法并不适用于所有人,你只有在使用的过程中加以体会,才有可能找到适合自己的学习方法。

五　“我会复习”主题班会

【心事链接】

唉!最近考试成绩还是毫无起色。难道我真的不是读书的“那块料”吗?要不为什么这么努力,换来的还是这不尽如人意的成绩呢?为了中考,为了不愿看父母失望的眼神,我连最喜欢的足球都放弃了。

我每天5点半起床,晚上10点半休息。利用一切可以利用的时间来学习,甚至上学路上也在背单词和公式。数理化是我的弱项,我从第一册开始重学数学,做了数不清的物理练习题,一遍又一遍地背化学中大量的符号、方程式……可数理化成绩还是刚刚及格,语文又不知为什么降了二十来分。可是以前考试,我是从来不复习语文的呀!

唉!我可能是真的变笨了,要不近来时常感到头昏,尤其一见数理化就脑袋变大,眼睛模糊,什么也做不出来。我想就我现在这种状态,就是再下多大功夫,也不会有什么提高了。可是你看人家李洋,照样踢球,可成绩却突飞猛进;还有王红平日里不紧不慢的,成绩却稳步上升……

【心理宝典】

复习的具体方法有以下几点:

第一,阅读教材的小标题或课堂笔记,回忆和默想各知识点及它们之间的相互关系,可以借此形成知识网络。

第二,化整为零。把要复习的内容分成几个段落,每次花较短时间复习,这种复习可以充分利用零散时间进行。

第三,和同学一起复习。这样可以互相对照笔记,检查复习效果,解决一些疑问,而且,大家一起复习,能够相互带动,提高复习的积极性。

第四,制作"错题集"。把作业和考试中的错误记录在一本"错题集"上,找出做错的原因,避免以后再犯同类的错误。

第五,重复复习,加深记忆和理解。一遍复习往往是不够的,可以第一遍粗略复习,有个大致印象;第二遍精细复习,逐个突破;第三遍串联复习,将前后贯通。

【心智训练】

活动一:议一议

在紧张的复习过程中,有的同学不分昼夜地抓紧时间学习,坚信"勤能补拙",认为时间就是分数,一分一秒都不能耽误,"玩"不仅是浪费时间,也是自己在"吃分数"。于是乎,他们取消了一切业余活动,"头悬梁,锥刺股",天不亮就起床,不到深夜决不休息……当然,也有的同学认为"磨刀不误砍柴工",生活很有规律,每天都和往常一样,按时起床、学习、活动、休息……你赞同哪种观点呢?

辩题:正方:玩,有利于高效学习;反方:玩,浪费学习时间。

____

____

____

活动二:想一想

细细体味、总结适合你的有效的复习方法。

活动三:做一做

木桶的故事

从前,有一只精致漂亮的木桶,主人挺喜欢他。于是,小木桶就整日摇头摆尾的,谁也瞧不起。后来,组成他的小木块有的被虫子咬了洞,有的碰裂了,还有的摔断了一小段……小木块哀求他让主人修理一下,他却毫不在意……终于有一天,他再也不能盛水装米了，主人把他扔在了一旁，小木桶哭着对所有的小木块说："对不起，现在我才明白是你们共同组成了我，你们中任何一个有残缺，都会影响到我的用途。"

同学们，如果把中考的语、数、外等各门课程比喻为组成木桶的木板，为了使木桶盛水量最大，面对中考，我们该怎么做全面复习呢？根据《木桶的故事》写出你关于复习的感受：

____

____

____

____

____

____

____

【心灵启示】

心理学家艾宾浩斯从实验中发现了遗忘曲线。它表明遗忘的规律是先快后慢，一般所学知识在一小时后遗忘55.8%，一天后遗忘66.3%，一周后遗忘74.6%，一月后遗忘78.9%。根据这个规律，所学的知识一定要及时复习。掌握几种记忆的诀窍，是复习所必备的。

(1)尝试回忆法。此法就是不看材料，而是凭自己的回忆，自己先考自己，把所学的知识在头脑中"过一次电影"。默想或默述一遍，然后再对照材料，把漏的、错的、忘的部分补记。实验证明，用于尝试回忆的时间越多，记忆的效率越高。但尝试回忆必须及时。

(2)归纳检索记忆法。首先对获得的知识要进行检索、编码，然后再合理地纳入自己的认知结构，这样既便于储存，又便于检索应用。

(3)小结记忆法。小结是一个由"厚"到"薄"的经过系统化、概括化形成自己知识体系的过程。小结的方法很多，如提纲式、提要式、图表式、关系式，也可以用公式、图像、曲线等加以说明。这些方法使知识既便于保持，又便于回忆。

(4)记忆再生法。即使忘掉了也能通过某种线索回忆起来，这就是记忆再生法（联想回忆法）。为了使联想有效，在形成记忆时要有意识地创造某些回忆线索，如接近联想法、自测复习记忆法、教学相长法（它是利用教别人知识的过程来巩固自己的记忆方法）、实践记忆法（利用一切机会及时把从书本上学到的东西付诸实践，以便加深记忆）。

六　“不做分数的奴隶”主题班会

【心事链接】

镜头一

小莉是一个聪明、自觉、听话的孩子，一个几乎每次都得“优”的学生。她一向都很努力，这段时间也不例外。因此，她正在为自己得到的“良”而感到惊愕。小莉坐立不安，在桌上敲打着自己的手指，心烦意乱地望着远方发呆，别人跟她说话她都不搭理。同学们都为小莉得到“良”的过激反应而不解，因为不管怎么说，“良”也是一个很好的评语。老师和同学都试图劝说小莉，但没有任何作用。从此以后，小莉情绪低落，甚至死气沉沉，做功课时总是显得紧张和不自信，学习兴趣和热情也似乎在一点一点地减弱……

镜头二

小华的脸色显得很苍白。很显然，他为得到的“中”而沮丧，他也知道“优”和“良”的重要性。他开始紧张地四下张望，寻找着谁比自己好，谁比自己差。最后，他痛苦地将头深深地埋在衣服里……小华很矛盾。分数对他来说很重要，但他自己是自己最大的敌人，他难以接受自己的成绩，不敢面对现实。此后，小华习惯了拖延功课。在大家看来，他宁肯找借口不学，也不愿多学一点知识。他几乎没有按时交过作业，并且总是说有太多的其他事要做。他总是到最后时刻才迫不得已做功课。最后，他甚至对一些像别人一样花点心思就可以得到好成绩的科目也不屑一顾了。

【心理宝典】

请同学们阅读以下材料,并思考分数对于学习的意义。

(1)分数高就是成绩好,成绩好的学生就是好学生。

(2)不怎么看重分数,主要看努力程度。只要尽力了,哪怕考得不好也没关系。

(3)自己就是笨,总考那么点分,太没出息了!

(4)管他考多少分呢,混一天是一天。

(5)必须考“优”,否则以后怎么上大学?

(6)分数高当然好,但总不会人人都考高分吧!低点就低点吧,红花还需绿叶配呢!

(7)高分低能的人有的是,关键看能力。只要能力强,分数低点没关系。

……

那么,分数到底是什么呢?

分数是学生在某一次考试中的卷面得分。因为考试测量的是一段时间内学生所学的知识,所以考试所得的分数可以在一定程度上反映学生在这段时间对老师所教内容的掌握水平。

但是,分数的意义绝不仅仅这样简单,它是多种因素促成的结果,主要包括以下几个方面:学生的学习态度、积极性、努力程度、学习方法、智力水平、身体健康状况,学生考试时的身体、精神状况,学生复习的好坏,老师的教学水平,考试题目的难易等。

分数仅仅表明学生德、智、体、美、劳诸方面的一个方面——智,而且只是智的一个方面——笔试的能力,它只是在一定程度上反映学生掌握知识的状况。分数仅仅是一个参考,可以在一定范围内检查学生的得失,但不能评价学生的人格,不能标示出学生的个性,更不能诠释出学生生活的全部意义。同时分数也不能完全反映学生的智力水平,更不能反映其综合能力。

小莉和小华等之所以会有以上的种种表现,主要在于他们各自对分数的错误认识。因此,我们一定要客观地、全面而正确地看待分数,有以

下几点需要注意:

第一,不要将低分与笨联系在一起。

一旦我们考了不理想的分数,不要在心里老想着“笨”、“没出息”,这样会严重地摧毁自己的信心。我们要给予自己积极的心理暗示。自信心是一个人发展的原动力,是非常宝贵的。具有坚定自信心的学生,一般来说他们的智力会得到充分发展;而一旦失去信心,学生的各方面发展都会受到影响,所以,我们要精心地呵护自己的自信心,增强对学习的兴趣和热情。正如居里夫人所说:我们要有恒心,尤其要有自信力。这里的自信力就是自信心。爱默生也说过:自信是成功的第一秘诀。因此,只要我们有自信、肯努力,都会得到很好的发展。

第二,不要过分看重一次考试分数。

有的同学一次没考好,得了个低分,就认为自己的学习退步了,于是,心里感到非常痛苦,犹如天塌下来一般,从而产生“破罐子破摔”的不良心理。而有的同学一旦得了好分数,立刻喜笑颜开,觉得“天下第一”了,从而放松了对自己的要求。这些做法都是不正确的。一次分数毕竟只是一段时间的产物,我们应该用发展的眼光,从过去、现在与将来有机的联系中去对待这次分数。分数下降了,就要寻找原因,总结教训,争取下回赶上;分数提高了,也要分析提高的原因,既要能体会成功的喜悦,也要知道成功的原因,戒骄戒躁,下次才能继续保持。

第三,要善于比较。

我们要善于利用纵向比较与横向比较来激励自己的进步,增强对成功的信心。所谓纵向比较,即把现在的成绩与以前的成绩作比较。从前后的比较中,我们可以发现自己的进步和退步,在比较中找出成功与失败的原因。所谓横向比较,即将自己与比自己成绩稍好的学生作比较。因为两人的情况比较近,对于成绩不太好的同学来说,心里容易接受。从两人的比较中,我们可以发现自己的差距和不足,也能产生努力争取赶上的动力。不要随意与学习成绩最好的同学作比较,否则容易产生悲观情绪和自卑心理,不利于自身的进步。对于成绩优秀的同学,可以和班里的第一名或别班的第一名比较,让自己有紧迫感。同时不要随便与自己差距过大的同学(即分数不太理想的学生)作比较。目标过低,容易产生懒惰的心理和自满的情绪，同样不利于自身的进步。

第四，不必强求高分。

很多同学都对自己提出“优”的要求，而且有的同学还要求每门功课都要“优”，考不到“优”就茶不思饭不想，连觉都睡不好，这同样不利于自身的发展。“优秀”应当成为我们不断进步的动力，就好比在前面设置一个目标，让自己不断地接近它，努力达到它。若能起到这个作用，“优”的价值就达到了；若过分苛求“优”，则会成为分数的奴隶。另外，我们还要知道，除了“优”，还有许多更珍贵的东西，比如自信心、意志力、正确的学习观等。学会正确地对待分数和学习比取得一两次好分数更重要。相信同学们一定能够正确地看待分数！

【心智训练】

活动一：写一写

想象一个没有分数的世界。如果废除了分数，试卷上只有“√”与“×”，而没有具体的分数，我们将得到什么？又将失去什么？请写下自己的感想，并与周围的同学进行交流。

活动二：辩一辩

采取自由报名的形式，将报名的人随机分成两组（每组三至四人，可分多次进行），进行以下讨论：

正方：考试分数高的同学代表各个方面都好。

反方：考试分数高的同学不代表各个方面都好。

【心灵启示】

四川乐山郭沫若故居完好保存着两张成绩报告单：一张系嘉定府官立中学堂于宣统元年五月二十八日所发。郭沫若时年16岁，读完了中学二年级，成绩单上的成绩是：修身35，算术100，经学96，几何85，国文55，植物78，英语98，生理98，历史87，图画35，地理92，体操85。另一张成绩单为四川官立高等中学堂所发。郭沫若当时18岁，读完了该校三年级第一学期的课程，成绩是：试验80，品行73，作文90，习字69，英文98，地理75，代数92，几何97，植物80，图画67，体操60。

从两张成绩单看，郭沫若当时显然算不上优等生。第一张成绩单平均成绩79分，包括国文、图画在内的三门功课不及格，最差的仅35分。第二张成绩单上，图画、习字的成绩也很一般，倒是理科成绩如几何、代数等反而卓尔不群。不过，郭沫若后来终究没有成为数学教授或医学教授，却成了大诗人、大书法家、大艺术鉴赏家，令那些信奉“从小看到老”者大跌眼镜。

学子试卷上分数的高低，与其日后成就的大小往往是画不上等号的，不计其数的时代骄子年轻时并无骄人的成绩单。说穿了，读书有读书的规律，学子有学子的追求，学子们还是少点功利，多些开明，顺其自然发展为好。这是历史的辩证法，也是生活对学子的考试。

七 “考试焦虑调控站”主题班会

【心事链接】

丁丁从小就是好学生，是父母心中的乖乖仔，因为他平时学习特别认真，而且成绩优异。初中前两年一直是班里的前三名，可进入初三下半年之后，一切都改变了。

为了迎接中考，班上一次又一次地进行摸底考试，各科老师一次又一次地强调摸底考试的“重大意义”，说是摸底平均成绩就等于大家的中考成绩，要同学们务必提高警惕，绝对认真对待。丁丁的父母也好像随着中考的临近而上足了发条，督促他认真复习。爸爸、妈妈就像对待国宝大熊猫似的重点照顾他，饮食起居绝对服务周到。

丁丁心里烦躁极了。最近几次摸底考试，老师刚发试卷，他就开始心跳加速，脑子里一遍遍浮现父母为他忙碌的身影，老师说“丁丁一定能上重点”的话又在耳边响起。刚拿到试卷，大脑里一片空白，好像哪个题都见过，但所需要的公式、原理和相关知识一点也想不起来，连平时轻而易举的题目也跟他作对。听着时针的“嘀嗒”声，丁丁心里非常着急，感觉手心直冒汗，心脏狂跳，脑子嗡嗡作响……

同学们，你有过丁丁这样的感受吗？

【心理宝典】

丁丁同学遇到的烦恼就是考试“怯场”，严重的情况称为“晕场”。事实上，都是考试焦虑导致的。考试焦虑是一种复杂的情绪现象，考生在考试期间心理上的紧张、不安、担心、忧虑、恐惧等在情绪上的反应都可称为考试焦虑。它可分为两大类：一类是指在考试来临前的一段时间内持续存在的焦虑；另一类是指在考试过程中产生的焦虑，如“怯场”、“晕场”等。考试焦虑产生时，会伴随一系列的生理反应和心理反应。最初的状态反应如肌肉紧张、心跳加快、血压增高、出汗、手足发凉等，也包括一系列的心理反应，如苦恼、烦躁、无助、担忧等情绪体验，有时也会产生胆怯、缺乏信心和自我否定的心理等。当考试焦虑加剧时，其状态反应也更为强烈，如眼花耳鸣、头痛脑昏、注意力无法集中、思维处于僵滞和停顿状态，严重的还可能伴发呼吸困难、尿急、尿频、呕吐、腹泻甚至昏厥等，“晕场”就是其最为典型的一种表现。

考试焦虑对学习和考试造成的影响有两方面：适度的考试焦虑有助于精力更加集中、知觉更加敏锐、思维更加灵活，对学习和考试具有积极作用；但过度的考试焦虑对学习和考试具有不利影响，它会降低学习效率、影响考试成绩，甚至形成焦虑性人格，进而对身心健康造成潜在的危害。

出现考试怯场，该怎么办呢？

(1)认知疗法。改变对考试的错误认识，淡化考试意识，将考试看成是平时的一次练习，从而解除大脑中考试的精神枷锁。

(2)自我调控法。考试刚开始，脉搏加快，呼吸短促。这时不要忙于动笔，要做几次深呼吸，使自己冷静下来，之后，把考题浏览一遍，初步掌握难易程度。另外，也可以通过鼓舞自己的士气，使紧张情绪缓解下来。

(3)自我暗示法。考试过程中，当遇到难题等引起心中慌乱时，可一边深呼吸，一边在心中对自己说：“不要慌，以我的实力是可以答出这道题来的；如果我答不出，别人也不一定能答出来。”

(4)解除疲劳法。通过伸展四肢和腰背、活动手腕和头颈、摇摇手指关节、按摩太阳穴和眼睛等方式，使全身达到放松状态。例如，如果感到手指非常紧张,甚至影响握笔、写字时,应先放下笔,活动手腕,手臂自然下垂,轻轻地摇几下,也可以双手交叉按压指关节,双手举至面部自上而下干洗脸5~6次,这样不仅手的关节会得到松弛,甚至整个身心都会有所放松。

【心智训练】

活动一:测一测

请你做下面的这个测试,共33题,每题按A(很符合)、B(较符合)、C(较不符合)或D(很不符合)如实选择。

1.在重要考试前几天,我就开始坐立不安了。( )

2.临近考试时,我就泻肚子。( )

3.想到考试即将来临,身体就会发僵。( )

4.在考试前,我总感觉到苦恼。( )

5.在考试前,我感到烦躁,脾气变坏。( )

6.在紧张的温习功课期间,常会想:"这次考试要是得个坏分数,怎么办?"( )

7.越临近考试,我的注意力越难集中。( )

8.一想到马上就要考试了,参加任何文娱活动都感到没劲。( )

9.在考试前,我总预感到这次考试将要考坏。( )

10.在考试前,我常做关于考试的梦。( )

11.到了考试那天,我就不安起来。( )

12.当听到考试铃响时,我的心马上紧张地急跳起来。( )

13.遇到重要的考试,我的脑子就变得比平时迟钝。( )

14.看到考试题目越多、越难,我越感到不安。( )

15.在考试中,我的手变得冰凉。( )

16.在考试中,我感到十分紧张不安。( )

17.一遇到很难的考试,我就担心自己考不及格。( )

18.在紧张的考试中,我却会想些与考试无关的事情,注意力集中不起来。( )

19.在考试中,我会紧张得连平时记得滚瓜烂熟的知识都回忆不起

来。( )

20.在考试中,我会沉浸在空想之中,一时忘了自己在考试。( )

21.在考试中,我想上厕所的次数比平时多些。( )

22.在考试中,即使不热,我也会浑身出汗。( )

23.在考试中,我紧张得手发僵,写字不流畅。( )

24.考试时,我经常会看错题目。( )

25.在进行重要考试时,我的头会痛起来。( )

26.发现剩下的时间来不及做完全部题目,我就急得手足无措,浑身大汗。( )

27.如果我考个坏分数,家长或老师会严厉地指责我。( )

28.在考试后出现自己懂得的题目没有答对时,就十分生自己的气。( )

29.有几次在重要的考试之后,我腹泻了。( )

30.我对考试十分厌烦。( )

31.只要考试不记成绩,我就喜欢参加考试。( )

32.考试不应当在十分紧张状态下进行。( )

33.不考试,我能学到更多的知识。( )

结果与解释:

(1)每选一个,A得3分,B得2分,C得1分,D得0分,计算总得分(总分=3×A的次数+2×B的次数+1×C的次数)。

(2)总分为0~24分者为镇定,25~29分者为轻度紧张,50~74分者为中度紧张,75~99分者为高度紧张。

活动二:做一做:

在考试怯场时,教你几招肌肉放松的方法,跟着做一做吧!

第一,三步放松法。第一步,深深吸一口气,然后迅速吐出来;第二步,不断暗示自己"放松、放松";第三步,把注意力暂时不放在考试上,停留思考几分钟。

第二,呼吸放松法。双脚与肩同宽,两手自然地放在膝盖上,双目微闭,深呼吸三四次,用腹部慢慢地吸气,吸足气后稍微屏一屏,然后渐渐地把气吐出。

第三,紧张肌肉法。让全身所有可以控制的肌肉紧张起来,可以和呼吸法结合起来。憋一口气,全身用力,皱眉,闭眼睛,咬牙,脖子用力动,胸部绷紧,大腿、小腿、腰部、臂部、胳膊、手指全部用力,直到这口气憋不住了,然后慢慢吐气,一边默念"放松、放松","额头放松"、"头皮放松"、"面部放松"、"颈部放松",全身从头到脚,经过充分紧张,最后达到全身放松。

【心灵启示】

保持最佳的应考心理状态:

(1)坦然进考场。在学习时,我们不少同学不是把眼光放在自己的进步上,而往往忧虑自己和班里其他同学相比之下所处的位置,这样的思路会降低自信心。我们在考试中应该力争发挥出自己的最佳水平,避免不必要的丢分,关键是会做的题目保证一分不丢。

(2)养精蓄锐,保持旺盛精力。临考精力充沛,遇到一般问题就驾轻就熟,遇到难题攻克的可能性也会大大提高。所以在紧张、繁重的复习后,考前要好好休息一下。适当参加一些体力劳动、体育锻炼,睡眠要充足。

(3)做好物质准备。将学习工具(钢笔、铅笔、小刀、圆规、量角器、三角板、尺子、橡皮等)同准考证一起事先放在固定的位置,随手可取。

(4)熟悉考场环境。熟悉的环境往往有助于启发思维,生疏的环境会阻碍思维。因此,有必要提前到达考场,熟悉环境,以便安定情绪。

(5)大考后不要和别人对答案。大考后和别人对答案,这会给以后各科的考试带来不良影响。不论前面考得如何,应集中精力应付下一科考试,争取下一科考好。

第三章　心理健康教育主题班会活动设计——认知篇

一　"聪明的贝都因人"主题班会

【心事链接】

链接一:福尔摩斯的魔力

大家都知道著名的大侦探福尔摩斯吧？他是柯南·道尔推理小说中的主人公,是具有突出观察力的杰出代表。

一天,大侦探福尔摩斯遇到了久未见面的老朋友华生,福尔摩斯很高兴地握住华生的手说道:"好久不见了,这是您成为医生后我们的第一次见面吗?""是呀。我早就想来找您了,可没想到隔了这么长的时间。"福尔摩斯看了看华生的脸,说道:"你新家的浴室的窗户是不是朝西？镜子是挂在北墙上的?""啊？什么？您怎么会知道?"华生听了吓一跳。

可是福尔摩斯真的从来没有到过华生的新家。

福尔摩斯于是为内心充满疑惑的华生解释说:"没有必要震惊,其实很简单。请您摸一下您的下巴,有些扎手吧？非常爱干净的您必定是每天早晨都刮脸。但是刮不好的原因是因为浴室里的光线不好,在昏暗的地方刮脸就是这样。因此,可以推测出浴室的窗户是朝向太阳升起的东方的反方向,即西方。怎么样,对不对?""这倒也是,那您又怎么知道镜子是挂在北墙上的呢?"还没有完全解除疑虑的华生摸着下巴继续问道。"请听我为您分析。仔细看一下,你的下巴右边部分的胡子要比左边的多,皮肤上还留有伤处。这是因为您在左边亮、右边暗的情况下刮脸的结果。光线照射在左脸上,说明您面朝向北边,所以我推断镜子挂在北面的墙上。”(那是没有电灯的时代。)

链接二:聪明的贝都因人

一个阿拉伯人在沙漠里与骑骆驼的同伴失散了,他找了整整一天也没有找到。傍晚,他遇到了一个贝都因人。阿拉伯人询问贝都因人是否见到自己失踪的同伴和他的骆驼。

“你的同伴不仅是胖子,而且是跛子,对吗?”贝都因人问,“他手里是不是拿一根棍子?他的骆驼只有一只眼,驮着枣子,是吗?”

阿拉伯人高兴地回答说:“对!对!这就是我的同伴和他的骆驼。你是什么时候看见的?他往哪个方向走?”

贝都因人回答说:“我没有看见他。”

阿拉伯人生气地说:“你刚才详细地说出我的同伴和骆驼的样子,现在怎么又说没有见到过呢?”

“我没有骗你,我确实没有看见过他。”贝都因人平静地说,“不过,我还知道,他在这棵棕榈树下休息了很长时间,然后向叙利亚方向走去了。这一切发生在三个小时前。”

“你既然没有看见过他,那么,又是怎么知道这一切的呢?”

“我确实没有看见过他。我是从他的脚印里看出来的。你看这个人的脚印:左脚印要比右脚印大且深,这不是说明,走过这里的人是个跛子吗?现在再比一比他和我的脚印,你会发现,他的脚印比我的深,这不是表明他比我胖?你看,骆驼只吃它身体右边的草,这就说明,骆驼只有一只眼,它只看到路的一边。你看,这些蚂蚁都聚在一起,难道你没有看清它们都在吸吮枣汁吗?”

“你怎么确定他在三个小时前离开这里的呢?”

贝都因人解释说:“你看棕榈树的影子。在这样的大热天,你总不会认为一个人不要凉快而坐在太阳光下吧!所以,可以肯定,你的同伴曾经是在树荫下休息过。可以推算出,阴影从他躺下的地方移到现在我们站的地方,需要三个小时左右。”

听罢之后,阿拉伯人急忙朝叙利亚方向去找,果然找到了他的同伴。事实证明,贝都因人说的一切都是正确的。

【心理宝典】

观察是一种有目的、有计划、有思维参与的知觉活动，它是认知活动的基础。观察力就是指人进行观察活动的能力。观察力是一个人所有精神活动中最基本和最重要的能力。如果没有正确的观察是不可能得出正确想法的。事实上，观察力敏锐同头脑灵活是一致的。观察力不仅仅是指通过眼睛看，因为我们在观察某个物体的时候，不单单只使用眼睛，还要用鼻子闻、用手摸。观察力敏锐的人看到事物时，就会对那个事物的模样、颜色、气味、声音、感觉、状态和整体构造等有着深刻的印象，并在头脑中产生正确的理解，甚至于能看到别人看不到的东西。天才和常人一样每天面对着同样的事物，但是他们能够观察到别人所看不到的独特的东西。

人的观察力并非与生俱来，而是在学习中培养，在实践中锻炼起来的。特别是对学习自然科学的人来说，观察力尤其重要。我们要从小养成自觉地、认真地观察各种自然现象的习惯、兴趣和能力，通过直接体验，积累对自然现象的感性认识，培养对事物进行科学观察的能力和习惯。为了有效地进行观察，更好地锻炼观察力，掌握良好的观察方法是必要的。

明确观察目的。对一个事物进行观察时，要明确观察什么，怎样观察，达到什么目的，做到有的放矢，这样才能把观察的注意力集中到事物的主要方面，以抓住其本质特征。目的性是观察力的最显著的特点，有目的才会对自己的观察提出要求，获得一定深度和广度的锻炼。反之，如果东张西望，左顾右盼，对事物熟视无睹，你的观察力就得不到锻炼。例如，你想要开一个商店，需要从别的商店获得一些商品陈列的经验，此时，你去观察一定带着目的性。只有带着目的性的观察才是有效的观察，才能尽快提高自己的观察力。

制订观察计划。在观察前，对观察的内容做出安排，制订周密的计划。如果在观察时毫无计划，漫无条理，那就不会有什么收获。因此，我们进行观察前就要打算好，先观察什么，后观察什么，按部就班，系统地进行。观察的计划，可以写成书面的，也可以记在脑子里。

培养浓厚的观察兴趣。每个人由于观察敏锐性的差异，在同一件事物的观察上出现不同的兴趣，注意到不同事物或同一事物的不同特点。因此，培养浓厚的观察兴趣是培养观察能力的重要前提条件。同时，还要有中心兴趣。有了中心兴趣，就会全神贯注地对某一领域进行深入地观察。有的同学喜欢观察星空，特别是对银河、火星、月亮等观察兴趣很浓，能长期坚持并写出观察日记，这样就可以增长知识，打开思路。有的同学对植物很有兴趣，注意观察植物的生长过程，从播种、发芽到发育、成熟，并做了大量观察日记。教师也要经常给以指导，辅助以必要的知识。这样做不仅极大地培养了学生们的观察兴趣和持久的观察力，也提高了他们对事物发展全过程的表达能力。

观察现象，探寻本质。观察力是思维的触角，要培养同学们的观察力，就要善于把观察的任务具体化，善于引导他们从现象乃至隐蔽的细节中探索事物的本质。

培养良好的观察方法。大多数同学缺乏生活经验和独立、系统的观察能力，在观察事物时，往往抓不住事物的本质，或者看得粗心、笼统，甚至观察的顺序杂乱无章。一个良好的观察者必须具备观察事物的技巧，掌握适当的观察方法。观察方法很多，这里介绍主要的几种：①自然观察方法。就是对大自然中所存在的东西进行观察，如在田野或植物园里观察植物的生长情况，在森林和动物园里观察动物的活动情况，等等。自然观察应注意选好观察点和观察对象，做好记录，并进行多次原地或异地观察。②实验观察法。就是通过做实验的方式进行观察，如解剖观察或化学实验观察等。③长期观察法。就是在较长的时期内，对某种事物或现象进行系统观察，如气象观察、天文观察等。进行这类观察时要耐心细致，观察点一经确定，不能随意变更。④全面观察法。就是对某一事物的各个方面都进行观察，求得对该事物全面了解。⑤定期观察法。就是在某一特定时间内对某事物或现象进行观察。⑥重点观察法。就是按照某种特殊目的和要求对事物的某一点或几个方面做重点观察。

掌握丰富的知识经验。知识经验和良好的观察是辩证统一、互为因果的。一方面，良好的观察力是我们获得丰富的知识和经验的前提条件；另一方面，丰富的知识和经验又是我们提高观察力的重要因素。一个人的观察总是与自己已有的知识经验联系在一起的。因此，在观察过程中，我们必须充分利用自己已有的知识和经验，这不仅有利于观察的顺利进行，同时也有利于观察力的不断提高。

【心智训练】

1.测测你的观察力。以下每一题中都包含两组字母或数字符号，如果这两组是相同的，写S；如果不同，写D。请在5分钟内完成。

（1）Pschvozoatechnmonochromite
pschyozoatechnimonachromite

（2）8 6 2 7 4 1 8 0 6 3 5 1
8 6 2 7 4 1 8 0 6 3 5 1

（3）Charles B.　Fortescue & Sons
Charles B.　Fortiscue & Sons

（4）8 7 5 6 4 5 3 7 0 9 8 5 7 4 3 2 2
8 7 5 6 4 5 3 7 0 9 8 5 7 4 3 2 2

（5）b46dhet78f7f0f9f81krjht
b46dhet78f7f0f9f8ikrjht

（6）Gunnar Cael Galbaird，Jr
Gunnar Gael Galbaird Jr

（7）agt. . . . . .　56，q. . . . . .　oaglips. . . . . .　1496321
agt. . . . . .　56，q. . . . . .　oaglips. . . . . .　1496321

（8）HEXATRIXIMENIA
HEXATRIXIMENIA

（9）2 3 5 5 6 5 4 5 5 3 5 7 5 8 5 6 3 8 2
2 3 5 5 6 5 5 4 5 5 3 5 7 5 8 5 6 3 8 2

（10）agglutinated tintinabulation
agglutingated tintinnabulation

（11）HEMISPHERIC URANIUMATING POWER CORP
HEMISPHERIC URANIUMATING POWER CORP

(12)aaiiuuuiiiauuiiaiiiaiuiaiiaaiuua

aaiiuuuiiiauuiiaiiiaiuiaiiaaiuuia

(13)INCH PIPELINING AGGRANDITING COMPANY INC

INCH PIPELININGAGGRANDITINC COMPANY,INC

(14)tetrahydrobetanapthylamine

tetrahydrobetanapthaylamine

(15)A P T R. . . . . P Y T R A. . . . . T R A Y P

A P T R. . . . . P Y T R A. . . . . T Y A R P

(16)A R T R C R Y R T O R Y R A C Q P T R

A R T R C R Y R T O R Y A R C Q P T R

(17)Jonathan Algernon Pensitrone

Jonathan A1gernon Penistrong

(18)2acetophenoneorthooxy-quinoline

2acetophenoneorthooxy:quinoline

(19)Brandwine,Goerck & Lars,Inc & Son

Brandywine,Goerck & Lars,Inc,& Son

(20)WKopertszxxsjjshwbajjsiIIIIIITLLLILLLI

WKopertszxxjjshwbajjsIIIIIILTLLILLLI

结果与解释:

做对一题得5分。总分数就是你的成绩。平均成绩为35分。85~100分为优秀,78~84分为良好,34~77分为一般,0~33分为不佳。

2.你的观察力如何?能否成为现实生活中的福尔摩斯?下面这些小测验有助于你做出判断。

(1)请在b图中找到a图,用红笔画出。(时限30秒)

a

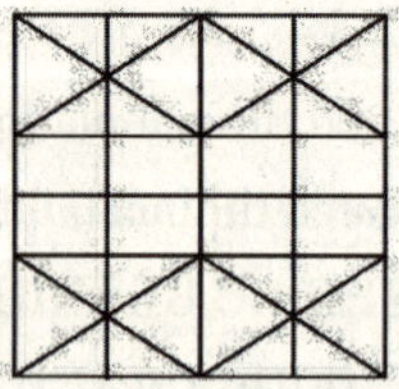

b

(2)找出下面四个图形中与众不同的一个。(时限1分钟)

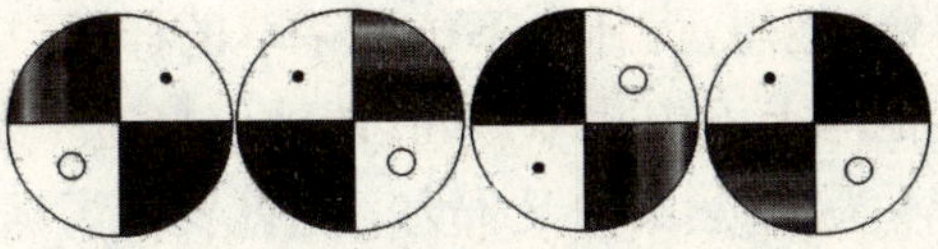

a　b　c　d

(3)数一数下图中有几个三角形?(时限30秒)

3.公车的方向。这是美国智力趣题专家奇尔出的一道观察力测试题。你能解开来吗?

图中有一辆公共汽车,有A和B两个公共汽车站。

问:公共汽车现在正驶往的是A车站还是B车站?

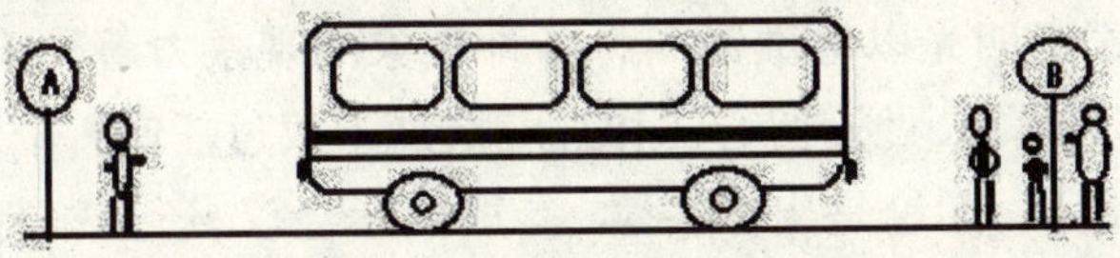

4.伟大的生物学家达尔文曾说:“我既没有突出的理解力,也没有过人的机智,只是在觉察那些稍纵即逝的事物并对其进行观察的能力上,我可能在众人之上。”

如果一个人被堵住观察的大门,老是把信息拒之门外,那么他的智力就会枯竭。换句话说,没有观察却不停地“采购”,智力活动这座工厂也就没有了生产的原材料。

如何理解达尔文的这句话?

【心灵启示】

传说鲁班为了建造一座宫殿,带人到一座险峻的山上去砍木材。正在他上山的时候,忽然觉得胳膊被划了一下,细看胳膊已被一棵茅草拉开了一道口子,血不断地往外流。鲁班纳闷:一棵茅草为什么这么厉害?他顾不得伤口疼痛,对茅草仔细观察,发现它的边缘上长着又密又锋利的东西。他试着用茅草再往手臂上划了一下,又是一道口子。鲁班高兴极了,那时伐木工程进度很慢,他想:为什么不仿照茅草的样子,打造一条有齿的铁条来拉木头呢?他马上下山找来铁匠,请他们打造一条边缘有齿的铁条。做好后用它锯木头,果然又快又省力。这就发明了锯子。

观察是智慧的重要来源,能帮助你发现自然界的种种关系,为理论知识的获得建立了基础。

曾经有一位美国学生终于如愿以偿地考上了他向往已久的哈佛大学生物系某位著名导师的研究生。第一节课他被带到了实验室,桌子上放了一条鱼。"观察它!"导师说完就走了。兴奋的他拿着鱼左看右看,可没过多久他就觉得厌烦了,"这不过是一条普通的鱼",他想。可是第二天、第三天导师仍就让它观察这条鱼,直到一星期后,当他将这条鱼观察得十分仔细后,导师又在那条鱼的旁边放上了另外一条相似但不完全相同的鱼,一个星期以后又有了第三条鱼……后来这位研究生在物种分类学方面获得了突出成绩,他的成功与那位刻意培养他的观察力的导师是分不开的。

我国著名科学家李四光以他敏锐洞悉各种现象的观察力著称于世。他走到哪里,就观察到哪里,处处留心,时时注意,从不放过任何一个微小的观察机会和意外情况,无论是出国讲学、参加国际会议,还是旅行、散步,他都要找机会进行地质观察。1936年他出国讲学取道美国回国,在横跨美洲大陆时,停下六七次,专门爬山考察地质。1949年以后,他从英国回国途中,经过意大利和瑞士,也进行了野外地质考察。长期的野外考察和地质实践,练就了他对祖国山川大地的敏锐观察力。中国著名历史学家司马迁也将学习与观察结合起来,积累了丰富的历史知识,并写出了千古不朽的《史记》。

二 "记忆万花筒"主题班会

【心事链接】

快到考试了,小敏非常着急——前几天背过的课文已经不记得多少了,重背又要花很长的时间,效果也未必能保证。翻开其他课本,学过的东西也没有什么印象。她十分想寻找一种灵丹妙药，让自己记过的东西永不再忘记。亲爱的同学，你是否也曾有过像小敏一样的经历？

【心理宝典】

下面给大家介绍几种有效的记忆方法：

(1)合理安排学习内容与时间。①可以将不同类型的学习内容安排在邻近的学习活动中，中间要有一定的休息时间。②注意排除记忆内容之间的干扰，如不把相似科目的内容放在一起记。记忆材料的中间部分受头尾干扰容易遗忘，要多复习几次。③早上与晚上记忆效果比较好。

(2)选择适当的识记方法。整体识记是对整篇材料完整地阅读，能加强记忆的理解性，但一次记忆内容较多，效果不是很好；部分识记一次复习内容较少，便于记忆，但不利于对材料内容的理解。可将两者结合起来，运用综合记忆，先整体记忆，对材料有所理解，后进行部分识记，每次复习的数量比较少，达到较好的记忆效果。

(3)反复阅读和尝试回忆相结合。先反复阅读，然后在尚未完全记住所学材料之前就尝试回忆，回忆不起来时再阅读。研究发现，在复习时，用40%~80%的时间进行尝试重现（回忆），可以获得最理想的记忆效果。

(4)及时复习。根据遗忘呈现先快后慢的规律，复习要赶在遗忘大量发生之前（最好是学习之后的24小时以内）进行，所以我们每晚都应对当天的功课进行复习。

(5)运用多种感官记忆。心理学研究表明，视听结合获得的知识远比只用耳朵听或只用眼睛看所获得的知识记得要牢，因此，同时运用视觉、听觉、动觉等多种感官可以大大提高记忆效果。

(6)把握联系，理解记忆。知识之间存在着必然的内在联系，只要我们理解了知识之间的这种联系，并把握住这些联系，纵然知识是千头万绪，我们也会记忆得一清二楚。

【心智训练】

活动一：说一说

除了上述介绍的几种记忆方法，你在学习中还有什么比较有效的记忆方法？不妨说出来和大家一起分享。

活动二:想一想

不管你目前的记忆效果是好是坏,你一定想进一步提高它,希望以最少的时间获得最佳的记忆效果。记忆效果是受很多因素影响的,只有认清了这些因素,我们才能有效地、有针对性的采取最好的方法。

第一个因素就是记忆的时间。它决定着你大脑的兴奋水平,你不可能在昏昏欲睡的时候有效地进行记忆。因此,在记忆时,让你的大脑处于一个良好的状态是十分重要的。

心理学研究表明,记忆的高峰一般出现在上午10:30左右,整个下午都在下降。当然,这只是一般情况,每个人的具体情况会有所不同。想一想,你的记忆高峰通常出现在____________________。

第二个因素是注意的集中程度。注意是具有选择性的,只有当我们把注意力集中在一件事情上,有意识地进行记忆时,才能达到较好的效果。

想一想,你的注意力最集中的时候是在____________,那里的环境_____,你采用的姿势是__________,你同时还在__________。

第三个因素是编码策略。也就是说,在你进行记忆时,涉及声音、形状、意义和动作。一般来说,记忆一件东西时,所采用的编码方式越多,记忆就越牢固。你觉得自己在对一个单词进行记忆时,同时采用__________、__________、__________、__________,效果最好。

另外,我们记忆时所采用的线索也是影响记忆效果的一个因素。这些线索是多种多样的,比如利用时间、空间、意义、联想等线索进行记忆,能够使记忆内容保存在一个固定的地方,从而容易回想起来。你通常习惯利用________________线索进行回忆,觉得效果______________。

活动三:写一写

不同的记忆方法可能适合不同的记忆内容,也就是说,我们在学习的时候,要根据不同的学习科目运用不同的记忆方法。有时候,在同一个科目中,针对不同的单元或材料,也需要运用不同的记忆方法。请同学们根据自己的亲身体验,一起讨论:各门功课中经常需要记忆的内容有哪几类,每一类学习内容最有效果的记忆方法是什么?

科目	内容类别	记忆方法
语文		
英语		
数学		
历史		
政治		
化学		
物理		
…		

【心灵启示】

记忆的对立面是遗忘,也就是不能记住原来识记的东西。因此,只要我们努力克服遗忘现象,尽力减少遗忘的东西,也就解决了记忆的问题。那么遗忘有什么心理学规律呢?

(1)遗忘的先快后慢规律。许多心理学的实验研究表明,对识记过的东西的遗忘有先快后慢的规律,也就是说,在识记后的短时间内遗忘特别迅速,然后逐渐缓慢下来。因此,我们在记忆学习内容的时候,新教的内容要及时复习,复习的频率要先密集、后稀疏。

(2)遗忘的选择性规律。遗忘的内容具有一定的选择性,那些与自己现在的需要、兴趣和任务有关的东西忘得较少较慢;那些与自己现在的需要、兴趣和任务关系较小的东西则忘得较多较快;那些与个体原来的知识结构紧密联系的、有意义的材料忘得较少较慢;那些与个体原来的知识经验没有发生联系的、无意义的材料忘得较多较快。

我们都知道遗忘,也都会遗忘,那么为什么会遗忘呢?遗忘的原因又是什么呢?第一,遗忘是"用进废退"的结果。学习的东西不应用,自然就会忘记。如学习了一个新的英语单词,如果在以后的课文中再次出现或在媒体中经常碰到,就非常容易记住;如果单词比较生僻,不太常用,就会很快忘记。第二,遗忘是其他学习材料干扰的结果。一种是后来的学习材料对先前学习材料的干扰(这称为"后摄抑制"),另一种是先前学习材料对后来学习材料的干扰(这称为"前摄抑制"),这与前后两种学习材料的相似性、学习的巩固程度、学习时间的间隔长短等都有密切关系。第三,遗忘是新的学习材料没有被纳入个体原来的知识和经验结构中的结果。因此,要及时地把新的学习内容和原来的内容放在一起进行整合加工,形成一个整体框架结构。

三 “插上想象的翅膀”主题班会

【心事链接】

被尊为“科幻小说之父”的儒勒·凡尔纳是科幻小说最重要的代表人物。他的作品题材广泛、想象丰富、故事惊险、情节曲折、文笔清新、描绘形象,并且带有惊人的预言性。他的想象力是毫无束缚的,他以自由的精神突破了现实的桎梏,带领读者乘着想象的翅膀遨游在大洋深处,探索着宇宙中心,穿越了地球之核,扬起人们心中幻想的风帆。凡尔纳不仅是科幻小说这种文学形式的开山鼻祖,更重要的是他的作品激发了人类无尽的想象力,极大地推动了科学和文明的进步。

【心理宝典】

凡尔纳的成功得益于他非凡的想象能力,那到底什么是想象呢?

想象是人脑的一种思维活动。它以客观现实作为基础和源泉,对头脑中已有的事物形象进行分解和加工,经过新的组合和联想,再重新创造出新的形象。

人类通过想象不仅可以再造出未曾感知过的事物形象,而且可以创造出不曾存在过的事物形象。按照想象的目的性,可将想象分为无意想象和有意想象。无意想象是没有预定目的、不自觉地产生的想象,如看到天空飘浮的白云,不由自主地将其想象成各种奇景异兽。梦是在睡眠状态下发生的无意想象的极端情况。有意想象是根据预定目的、自觉地进行的想象,是意识活动的一种形式,有一定的预见性、方向性和组织性,人在想象过程中始终控制着想象的方向和内容。有意想象在人的学习、工作、生活、娱乐中都具有重要意义。

根据想象的创造性程度不同,有意想象又可分为再造想象和创造想象。再造想象是依据一定的言语描述、图形示意,在头脑中形成相应的新形象的过程,如阅读小说时想象有关的人物和情节。创造想象是不依据现成的描述而独立地创造出新形象的过程,如作家创造小说时对人物形象和情节的构思。创造想象有助于开拓思路,描述事物发展的各种新的可能性,是一切创造性活动的必要条件。创造想象是人类最高级的一种思维活动,科学上的创造发明和文艺创作,都离不开创造想象。所以想象力的丰富与否在一定程度上体现了一个人的创新思维的高低。丰富的想象也是有助于学习的非常重要的心理品质。

既然想象力这么重要,那么如何培养自己的想象力呢?我们可以从以下几个方面做起:

(1)扩大知识领域。爱迪生10岁时读了《美国史》、《罗马兴亡史》、《大英百科全书》,以后又读了牛顿和法拉第的著作,为他的2 000多项科学发明打下了基础。

(2)练习比喻、类比和联想。比喻、类比和联想是想象力的花朵。经常打比方,可使想象活跃。读小说时,可以有意识地在关键地方停下来,自己设想一则故事的多种发展趋向,然后比较小说的写法,从中受到启迪。看电视连续剧更易于逐集练习。

(3)丰富感性形象。要在社会实践中开阔视野,尽量扩大对自然界和人类社会各种形象的储备。社会调查、参观、游览、欣赏影视歌舞、读书,都可以扩大形象储备。

(4)培养多种爱好,变换思考角度。具有多方面知识和广泛兴趣,可使各种知识相互补充、启发。同时,当你思考某一问题百思不得其解而感到“山穷水尽”时,只要能变换一个角度,兴许就能柳暗花明,豁然开朗。

(5)用假想推测法。假想推测法是指在一般情况下对不会发生的事情的后果进行假设性的自由猜测。比如你将某种事物减少或增加某些特征,如变小、浓缩、袖珍化、放低、变短、变粗,或换色、分裂、减轻,或变强、变高、变长、变厚,或改变序列、速度、时间,或互换位置、倒过来。无论哪种结果,都会改变形象。

此外,培养和提高想象力,还可以多参与有益想象的活动。比如猜谜语、说歇后语、做智力游戏等,从这些有趣的事情中引发自己的想象。

【心智训练】

想象力测试:下面测查想象力的题目,请如实回答,并将选择的答案记在纸上,根据所得分数查阅相应的评价。

1.你不得已要说一个谎话时( )

A.总是慌乱,结果让对方听出你是在说谎

B.编造得过于详细,结果引起对方的怀疑

C.话讲得恰到好处,令人信服

2.你相信自己的谎言吗?( )

A.相信　B.不相信　C.差不多相信

3.你来的时候,人们突然不说话了,你认为( )

A.他们准是在谈论你

B.这是谈话中的正常间断

C.他们是在与你打招呼

4.你对别人倒霉、失意的经历的反应是( )

A.流眼泪　B.同情　C.厌烦

5.你受到批评时( )

A.你完全拒绝批评

B.你认为这些批评是合理的,正当的

C.你觉得做的事情总是不对的

6.在你盼望什么人来时,而他却迟迟不到( )

A.你担心他出了什么交通事故

B.你会假定他被什么事情耽搁了

C.你至少在一小时之内不会担心

7.你在剧院或影院看演出时哭过吗?( )

A.哭过　B.没有哭过　C.已经有几年不哭了

8.如果你晚上孤身一人( )

A.你觉得害怕　B.觉得不烦恼　C.有点怕,但是又能够消除

9.听鬼神故事时( )

A.会使你发笑　B.会令你感到毛骨悚然

C.会使你对超自然的事情感兴趣

10.你在一处陌生地方睡觉被奇怪的声音弄醒时(　)

A.会想起鬼　　B.会想到盗窃　　C.会想到是热水管

11.当你在看一篇熟悉的小说改编成的影片时(　)

A.你通常想到看电影更能够享受其中的乐趣

B.你通常觉得自己很失望

C.你发现这个故事由于电影的特点而改变了

12.你空闲时(　)

A.能够以思考为自娱

B.要是能够找到事情做会觉得很快活

C.要是有特别感兴趣的事情考虑,觉得很高兴

13.你对一本书或一部电影还有什么更好的主意吗?(　)

A.经常有　　B.有时有　　C.实际上从来没有

14.你在心里改写过小说或电影的结局吗?(　)

A.只是这个故事给你很深印象时才会想过

B.经常如此　　C.从来没有

15.在讲述你自己的经历时(　)

A.总是夸大其词以便把自己的经历说得更好

B.坦率地叙述自己的经历　　C.只修饰某些细节

16.你幻想吗?(　)

A.经常　　B.有时　　C.很少

17.你幻想的时候(　)

A.能够虚构出大量详细的错综复杂的事情

B.只能模糊地想出一些中意、合乎需要的情节

C.偶尔能够把某些细节安插进去

18.你能在想象中与别人交谈吗?(　)

A.只是在辩论之后才能　　B.不能　　C.经常这样

19.你认为自己(　)

A.对于冒险很有经验　　B.对冒险不感兴趣

C.对冒险感兴趣,但不总是很有信心

20.当你心里想着一首你喜欢的歌曲时( )

A.你能完全清楚地听到这首歌

B.你只能断断续续地听到一些

C.你得小声唱才能想起来

计分标准:

题号	A	B	C	题号	A	B	C
1	1	3	5	11	1	5	3
2	5	1	3	12	5	1	3
3	5	1	3	13	5	3	1
4	5	3	1	14	3	5	1
5	1	3	5	15	5	1	3
6	5	1	3	16	5	3	1
7	5	1	3	17	5	1	3
8	5	1	3	18	3	1	5
9	1	5	3	19	5	1	3
10	5	3	1	20	5	3	1

结果与解释:

(1)总分为20~100分,总的来说是分数越高,想象力就越强;

(2)20~25分,你的想象力是弱型,令人十分遗憾,你似乎一点都不能进入想象的世界。

(3)26~50分,你具有一定的想象能力,但似乎不太喜欢想象,总是尽力消除幻想,同时也失去了想象本可以给你带来的乐趣;

(4)51~70分,你具有想象力,从而给你带来了一定的好处。但你的想象力还为你的见识所限制,所以应该努力扩大你的视野,向高度想象迈进;

(5)71~90分,你具有很强的想象力,但一方面,有时你的想象过于丰富,对周围的事物过分敏感,另一方面,你可能具有较高的艺术天才,每当设法利用自己的想象力时,便产生一系列丰富的想象;

(6)91~100分,你具有相当强的或者说过于丰富的想象力,拥有一个非常复杂的内心世界,因此,你必须勇敢地面对日常生活中的许多现实问题。

【心灵启示】

一名初中生的未来畅想

今年是3009,我又活了一百年,这世界已经发生了翻天覆地的变化。中国早已成为了经济与科技最发达的国家了。

我用200亿人民币买了一架时空机,我将要到时空中去旅游了。可法律上规定只允许穿越到以前,不允许去未来时空。我开始穿越了,由于我不精通驾驶技术,一下子就到了几百万年前。我看到的全是高山、大树,火山不停地喷发。我有一种不祥的预感,我觉得后面有许多眼睛盯着我,他们在议论:“唉,这家伙应该活烤呢,还是煮呢?”我一听吓坏了,把马力拉到最高,飞速行驶。也就这样,我不小心撞了一颗星星,使它偏离了运转轨道,直向地球飞去,这造成了恐龙的灭绝,也许这就是想吃我的报应。

我又向古代飞去。在机上,我随意打开了我用二十元钱买来的《三国演义》。由于刚才我把机上的窗子撞坏,不小心把这本书掉下去了,最后被一个叫诸葛亮的人拾到了。他把这本书全背出了,这使他成了有名的军师,百战百胜,因为他早已知道未来的一切。我又飞往别国,路上我肚子饿了,打开包,看见里面一个苹果腐烂了,我便把它扔下去,这打扰了正在用心看书的牛顿,苹果掉在他的头上,使他大发灵感,发表了“地球引力学说”。

我这次穿越时空中,已做错了三件事,这是法律不允许的。地球时空站把我告上了法庭,处罚我来到了21世纪的2009,来到这所初中学习,希望我在这里能够进行深刻的反省。

名人名言

想象力比知识更重要,因为知识是有限的,而想象力则概括着世界的一切,推动着进步,并且是知识进化的源泉。

——爱因斯坦

思维缺乏了浪漫,也就缺乏了想象,缺乏了突破性的意识流动，缺乏了宏阔的视野，缺乏了人生理想境界之美的追求，就有可能导致人生目标的过分现实化和功利性，形成致命的短视和由此而引起的人生的被动……

——金马

四 “打开思维之窗”主题班会

【心事链接】

镜头一

20世纪中期，美国和苏联都已具备了把火箭送上天的条件，相比之下当时美国在这方面实力更强一些，但双方都存在一个关键问题无法解决，即火箭的推动力不够，摆脱不了地心的引力，不能把人造卫星送入轨道。当时大家都认为最好的办法是再增加所串联的火箭的数量，以进一步增强推动力。两国专家都各自设法一个又一个地不断增加火箭的数量，尽管火箭增加了不少，但还是解决不了问题。后来苏联的一位青年科学家改变思路，只串联上面两个，下面的火箭改为二十个发动机并联。终于，在1957年苏联抢在美国的前面将卫星送入了太空。

镜头二

日本东芝公司1952年前后曾一度积压了大量电扇，几万职工面临失业的危险。一个职员向当时的董事长石坂先生提出改变电扇颜色的建议。在当时，全世界的电扇都是黑色的，东芝公司也不例外。第二年夏天，东芝生产了一批浅蓝色的电扇，几个月之内就卖出了几十万台。从此，在日本以及全世界电扇就不是一副统一的“黑色面孔”了。

【心理宝典】

在我们的生活和学习中经常会遇到许多新问题，其中一些用我们已有的知识和经验就可以解决，可是有些问题用原来的方法就行不通。这是什么原因？我们又该怎么办呢？

在解决问题的思维过程中，有些心理因素能够促进思维对问题的解决，而有些心理因素则妨碍思维对问题的解决，这些妨碍因素主要有思维定势和功能固着。

什么是思维定势？它是指在过去已有知识的影响下，我们倾向于以最熟悉的方式作出反应。人们常常不由自主地依靠已有的知识按固定思路思考问题，这种定势有时会帮助我们迅速而顺利地解决问题。比如，对于同一类型的数学题目，我们可以很快地解决，而不需要考虑太多的东西。但有时它又对人们解决问题的思路进行误导，使人们不仅不能顺利地解决问题，而且还可能导致人们得出错误的结论。比如看魔术表演，打开柜子站进去一个人，关上柜门再打开，人就不见了。这不是魔术师有什么神奇的地方，而是由于我们按照正常的思维想不到。他可以把柜子后面的背板设计成活动的，而不像我们家里柜子的背板都是固定的。当人站进去的时候，背板放在人的后面，再打开时背板被放在了人的前面，这样我们就真以为人不见了。这种思维定势对我们的学习也有很大的影响，为什么有时我们的作文都像一个模子刻出来的？为什么我们写不出有创意的文章？为什么遇到有公式可套的物理题时我们都会，而当题目变化一下，变得不那么熟悉时我们就束手无策了？这都是思维定势带来的消极影响。

我们再来看看什么是功能固着。它是指一个人看到一个东西的常见用途后，就很难看出它的其他用途。多数物品都有特定的功能，比如小刀是用来切东西的，杯子是用来喝水的，等等。如果给你一盒火柴，几个图钉，一只小蜡烛，要求用这些道具把点燃的蜡烛放在墙上，你会怎么办？

通常我们只想到火柴盒是用来装火柴的，所以很难解决这个问题。其实，把火柴倒出来，把点燃的蜡烛放到火柴盒上，再把火柴盒钉在墙上就可以了。当你想睡觉却没有枕头时，你非要找一个枕头吗？你是否想到使用几件衣服甚至几本书呢？我们有时不能解决某些问题，是由于我们很少考虑到那些具有特定功能的物品的不常见用途。这种功能固着使我们倾向于用习惯的方式使用物品，从而妨碍了我们用新的思路来解决问题。

既然知道了思维定势和功能固着会束缚我们的思维，我们有没有办法克服呢？回答是肯定的。

首先，在遇到问题时，不要轻易地将新问题归类到以前遇到过的问题中去，要对问题认真辨别、仔细分析，遇事多动脑筋，选择适合这个问题的最佳解决途径。

其次，要掌握好基础知识、基本原理，不能一味地死记硬背，而是要真正理解概念、定义、公式的含义和由来。问题虽然千变万化，但万变不离其宗。这个“宗”就是我们必须把握的基础知识和基本原理。

再次，要多角度考虑问题，做到一题多问、一题多解、一题多变。主动放弃习惯的做法，寻找与众不同的思路，从新的角度去思考同一个问题，锻炼自己的发散性思维。

最后，要有意识地培养自己创新的习惯，要敢于怀疑权威，敢于向大多数人的答案发出挑战。

习惯的思维方式是很难改变的，因此，我们从现在开始就要注意锻炼自己思维的灵活性，充分发挥自己的创造力，拓展我们的思维空间。从古至今那些大有作为的人都是勇于打破常规思维的，如新中国成立初期李四光先生提出自己的理论，否定了外国专家关于中国没有石油的断言。缺少了那些勇于突破思维框框的人，世界就不会进步，人类就不会发展。同学们，让我们努力去做一个勇于突破、勇于创新的人吧！

【心智训练】

活动一：想一想

由两个阿拉伯数字“1”所能组成的最大数字是11；由三个阿拉伯数字“1”所能组成的最大数字是111；那么由四个阿拉伯数字“1”所能组成的最大数字是多少呢？

活动二：思维训练

1.接项链。

你面前有A、B、C、D四个小链子，每个链子有三个环。打开一个环要花两分钟，封合一个环要花三分钟。开始时所有的环都是封合的。请你将这十二个环全部连接成一个大链子，但时间不能超过十五分钟。

2.究竟是怎么回事？

一艘船驶到海上后就慢慢地沉下去了，但是，船上所有的乘客都很镇静，既没有人去穿救生衣，也没有人跳海逃跑。你知道这究竟发生了什么事吗?

3.你先想想下面这些东西的用处,再与同学们讨论一下它们还可以做什么。

物品	主要用途	其他用途	
		你的答案	其他人的答案
一条毛巾			
一根跳绳			
两节弹簧			
一个夹子			
一盒回形针			

活动三:我有办法

雨下了一上午,好不容易在放学的时候雨停了,可是地上到处都是积水,小韵看着自己新买的白色运动鞋可犯愁了:走回家肯定会把鞋弄脏了,怎么办才好呢?同学们,你们有什么好办法让她走回家又不弄脏她的新鞋呢?

活动一的参考答案:11"。

活动二"究竟是怎么回事?"的参考答案:乘客在潜水艇里。

【心灵启示】

小实验:思维定势的妨碍作用可以明显地从下面这个心理实验中看出来。在实验中,有A、B、C三个杯子,它们的容量各不相同,要求参加实验的同学利用这三个杯子量出给定量的水。如下表:

	三个杯子的容量(ml)			要求量出的水的容量(ml)	所用方法
	A	B	C		
第1组	21	127	3	100	127–21–2×3
第2组	14	163	25	99	163–14–2×25
第3组	18	43	10	5	43–18–2×10
第4组	9	42	6	21	42–9–2×6
第5组	20	59	4	31	59–20–2×4
第6组	23	49	3	20	?
第7组	15	39	3	18	?

例如第一组:三个杯子的容量分别是A:21 ml,B:127 ml,C:3 ml,要求量出100 ml的水。如此,要127–21–2×3。利用这个方法做后面的几

组实验，通过第一组至第五组的实验，参加实验的大多数同学形成了利用公式"B-A-2×C"的定势，因此，对第六组、第七组也用了同样的公式去解决。其实，这两组我们用简单得多的方法（A-C和A+C）就能解决。

五 "我也可以创造"主题班会

【心灵启示】

镜头一

我们每个人都吃过苹果，都曾很多次将一只苹果切成两半分着吃，但是，你是否知道苹果里面藏着一颗五角星？

有一个6岁的孩子放学回家，拿起一只苹果就要切开。但他不是像我们通常那样竖直着切，而是把苹果横躺着切。爸爸刚要提醒他"切错了"，他已经一刀切了下去。只见孩子放下刀，拿起苹果兴奋地喊起来："看，好漂亮的一颗五角星！"原来，在苹果剖面的中心，果核的轮廓构成了一颗十分规则的五角星！

美国的一位创造学家也曾看到自己儿子横切苹果而发现其中的五角星。那位创造学家感慨道："一个人的错误，可能会成为另一个人的发现。"而笔者看到这个故事，总是在心里问："为什么我们没有想过苹果可以横过来切呢？"

镜头二

有这样几道题，很多人都说不可能得出这样的答案。聪明的同学们可能已经猜到了。只要给这些数字加上适当的单位名称，其结果就可以成立，而且完全正确。请看：

1（里）+1（里）=1（公里）

2（月）+1（月）=1（季度）

3（天）+4（天）=1（星期）

4（点）+9（点）=1（点）（13点即下午1点）

5（月）+7（月）=1（年）

6（小时）+18（小时）=1（天）

【心理宝典】

简单的数字游戏告诉我们，生活和学习中那些看似不可思议的东西，只要调整一下思维方式，换一个角度思考，跳出习惯的思想圈圈，就会得到异乎寻常的答案，使不可能变为可能。

所以，记住了，不要轻易说不可能。

说起发明创造，总会给人一种神秘的感觉。我们会认为那是聪明人的专利。然而，心理学家却认为，在人类中除严重低能与严重病患者外，我们几乎人人都有创造的潜能。

这里有一个心理学的研究。美国斯坦福大学的推孟教授曾追踪1 500多个高智商的儿童进行研究。从婴儿时期开始，追踪了35年之久。35年以后他们都已经是大人了，都有了自己的工作。这些人都有着很高的智商，都受到过很优越的教育，也有适当的工作机会，但是，在这1 500多个所谓“天才”中，竟然找不出一个像牛顿、达尔文、爱迪生，或者像马克·吐温或奥尼尔（美国戏剧家）等这样具有高创造力的人物来。虽然这些人在事业方面都有所成就，但都是比较平凡的。由此可见，高智商的儿童未必有很高的创造能力。

只要智力达到了正常水平，智商高低与创造力大小就不存在必然的联系了。而一个人能否具有很高的创造能力，更多的是看他能否做到以下几点：

第一，在考虑问题时能否突破定势心理。

定势是由先前的活动造成的一种特殊的心理准备状态。就像前面的镜头二，如果你的思维只是定势在“1 + 1 = 2”，“2 + 1 = 3”上，那么，你就一定会认为那几道题是错误的。其实，很多创造往往就在你打破习惯思维的那一瞬间产生了。

第二，培养良好的心理品质。

创造性高的人往往都是充满活力的人。他们有着崇高的理想，有着坚定的信念，有着对生活的无比热情，还有顽强的意志品质。这些都是创造的动力因素。没有对理想的追求就会失去前进的动力，没有对生活的热情就会变成一个安于现状、墨守成规的人，不愿去改变，自然就不会想到要去创造。而如果没有信念和意志的支持，在一次次的失败和困难面前你也许早已经退缩。所以，要想成为一名未来的发明家，请从现在开始让自己变成一个有理想、有信念、充满热情并会顽强拼搏的人吧。良好的心理品质是助你成功的坚强动力。

第三，积极参加各种课外科技活动，重在积累。

任何一个创造都不会是坐在那儿凭空就能想出来的。创造是一个由量变到质变的过程。参加课外科技活动不仅会扩大你的知识面，还可以锻炼你的动手实践能力。伟大的发明家爱迪生的每一个发明都是在经过无数次失败，又从无数次失败中总结教训而诞生的。经验来源于你的亲手实践。你有了一些与众不同的奇思妙想吗？那还等什么呢？在它偷偷溜走之前赶紧动手去试试吧！你会发现，发明真的就这么简单！

第四，掌握一些创造的技法。

其实，创造也是有它自身的独特的方法的，就像我们做数学题一样。至于一些具体的方法，我们在后面“心灵启示”小板块里向大家做详细的介绍。只要你是个爱动脑、爱动手的人，你就已经具备了发明家所需具备的基本素质了。不要再垂头丧气，赶紧加入我们的创造队伍中来吧！其实创造真的是件简单而有趣的事情。

【心智训练】

活动一：拼一拼

请你用6根粉笔或牙签、火柴拼出4个正三角形；如果不会拼，就找伙伴们商量一下，拿出对策来。

活动二：小设计比赛

公园的一大块平地要建7个亭子，请你来设计一下该怎么摆放这些亭子以及道路。要尽可能使亭子的布局和道路的安排既美观又实用。亭子用小圆圈表示，道路用单线条表示。开动一下脑筋吧。想出多少就画多少。未来的设计师可能就是你哦！

【心灵启示】

现在世界各国研究者通过对许多科学家、艺术家的发明创作过程的研究，找出了200多种创造性思维的方法，下面介绍几种常见的创造性思维的方法。

(1)核查表法：在发明创造中，参照创造方法核查表去解决问题的方法。

(2)添加法：在原有的东西的基础上添加某些因素进行创造的方法。如，录音机加上了收音机成为收录机，铅笔和橡皮的组合出现了带橡皮的铅笔。

(3)扩展法：在原有东西的基础上加以扩展和扩大的方法。例如，教学中用的大算盘就是普通算盘的扩大。另外，放大镜、显微镜、望远镜都是对人视觉的扩展。

(4)缩减法：在原有东西的基础上缩小或减少一些因素的方法。例如，《辞海》体积大，有人用缩减法把体积缩小，发明缩印本。第一台电子计算机有篮球场那么大，经过研究改进，体积大大缩小，逐步微型化。再有，压缩饼干、保温杯也是利用缩减法发明的。

(5)改变法：对原有事物的不足之处予以改变的方法。可以在形状上、特点上改变，也可以在结构上、程序上改变。例如，雨伞太长不易收藏，把它改成折叠伞。战国时，田忌赛马采用的就是顺序改变法。

(6)代替法：用一个事物代替另一个事物的方法。例如，战士在前方打仗，在没有房子的地方，就用帐篷代替房屋作为住处。古代的曹冲称象用的也是代替法。

(7)颠倒法：用相反的思路解决问题的方法。在创造过程中，当问题百思不得其解的时候可以颠倒过来想想。司马光砸缸的故事，就是颠倒法的事例。

(8)移植法：把已知的新道理和新方法移植到别的事物上去的方法。有人把理发用的电吹风的技术应用到了宾馆和医院，发明了被褥烘干机。有人把汽车上的自动雨刷的原理用在了眼镜上，这样戴眼镜的人下雨天就方便多了。在科学技术越来越互相渗透的今天，从理论到实践都可以通过移植得到发展。移植法对于创造活动具有重要意义。

(9)类比法：在创造性思维过程中，先从两个对象的某些方面找出相同、相似点，进而推测在其他方面也有相同、相似点的方法。

(10)拟人类比法:把创造对象与人体的结构和功能相类比的方法。挖土机就是模拟人的手臂动作而设计的。同时,不少劳动工具都是模拟人手的,扫帚、锤子、钳子、镊子等都是对手的特定动作的模拟,电脑是对人脑思维功能的模拟。

(11)仿生类比法:把创造的对象与生物的结构和功能相类比的方法。例如,模拟鱼的体形而设计潜艇,模拟蝙蝠定向而设计雷达,等等。

(12)因果类比法:在人的创造法思维中,根据某一个事物的因果关系而推出另一事物的因果关系。例如,蚌内有砂,砂被黏液包围而形成珍珠。有人据此因果关系,在橡胶中加入发泡剂,制成海绵橡胶。

(13)联想法:由一个事物想到另一事物的发明方法。联想不仅是记忆问题,也是属于思维想象方面的活动。联想有两种:一种是自由联想,可以海阔天空、无拘无束地去想,可以大大开拓人的思路;另一种是控制联想,即有方向、有控制的联想。

(14)缺点列举法:在创造活动中列举出某事物的缺点,然后加以改进的思维方法。日常生活中所使用的东西,不可能是十全十美的,总会有这样或那样的毛病和缺点,人们抓住主要缺点加以改进,就实现了创新。

六 “让知识动起来”主题班会

【心事链接】

小强是一位成绩比较优秀的学生,语文、数学、物理、化学、政治、历史科目的成绩比较好,唯独英语比较差,他单词写了不少,课文也背了很多,可成绩就是提高不上去。一次在听听力的时候,他对照着答案,想象出对话中的情景,突然之间有了对听力的另一番认识,觉得听力内容其实就在他的身边,就在他的生活当中。经过反复练习,他把每个对话都想象成一个场景,这样,在考听力的时候他很容易就将听力内容和生活中的片段联系在一起,这样,他的英语听力成绩逐渐地提高了。

【心理宝典】

学习是一个连续的过程,任何学习都是在学习者已经具有的知识经验和认知结构,已经获得的动作技能,习得的态度等基础上进行的,而新的学习过程及其结果又会对学习者原有知识经验、技能和态度甚至学习策略产生影响,这种新旧学习之间的相互影响就是学习迁移。

学习迁移是指已经获得的知识、动作技能、情感和态度对新的学习的影响。例如,利用所学的加减乘除以及四则运算知识去解决生活中的运算问题;学习了弹钢琴有利于弹手风琴,会骑自行车的人较容易掌握摩托车技术;飞行员利用模拟训练时习得的动作技能有利于驾驶真正的飞机;学习了函数,再学习三角函数,就能用函数的一般知识来理解三角函数。“心事链接”中的小强学习英语听力,是把生活中的知识迁移到听力当中,从而使学习听力更加容易。

一旦我们掌握了学习迁移的技巧,就可以达到举一反三、灵活运用的效果。那么,怎么提高学习迁移的能力呢?

第一,弄清学习迁移的实质。

关于学习迁移的实质,许多心理学家都有过相关的阐述。桑代克认为当情境中的刺激相似而且其反应也相似时,迁移才会发生,而且一个情境与另一个情境中相同的元素越多,迁移越大;格式塔心理学家苛勒认为情景中的关系对迁移有作用,关系的顿悟是获得训练的真正手段;布鲁纳认为人是将新的信息归入某一类别,然后根据这一类别以及相关的类别做出推理,以此超越所给的信息,而迁移则是将习得的编码系统用于新的事例。

第二,明白影响迁移的因素。

(1)客观因素。①材料的性质。那些包含了正确的原理、原则,具有良好的组织结构的知识以及易于概括总结的学习材料,有利于在学习新知识或解决新问题时的积极迁移。②教师的指导有利于积极迁移的发生。③学习情境的相似性,有利于学习者利用有关线索,提高学习中的积极迁移。④迁移的媒介。有时,两个学习情境并不能直接发生联系,需要借助于能使这二者发生联系的媒介。

(2)个人因素。①智力。智力较高的人能较容易地发现两种学习情境之间的相同要素及其关系,易于总结学习内容的原理、原则,能较好地将以前习得的学习策略和方法运用到后来的学习中去。②年龄。根据皮亚杰的认知发展阶段论,具体运算阶段(即7~11岁)的学生,其学习迁移的发生有赖于具体事物支持和协助,形式运算阶段(即11~16岁)的学生已经具备抽象思维能力,不必依赖于两种学习情境间的具体的相同要素的支持。③认知结构。知识经验的准确性、知识经验间联系的丰富性和组织性等影响学生学习新知识。④学生对学习和学校的态度。如果学生能认识到所学知识对以后生活的重要意义并联想到当前知识可能的应用情境,会有助于以后在具体的情境中运用已有知识。另外,学生如果感觉学校是一个令人愉快的地方,且与教师和同学建立了融洽的关系,将对学习迁移有良好的影响。⑤学习心向和定势。心向是一种心理准备状态,具有利用已有知识去学习新知识的心理准备状态比没有这种准备状态更有利于已有知识对新知识学习的迁移。学习定势是一种特殊的心理准备状态,是由先前学习引起的对以后的学习活动能产生影响的心理准备状态,学习者要具体地分析当前的学习情境,从中找出哪些是可以利用已有知识和策略来学习和解决的,哪些是需要打破已经形成的反应定势,灵活处理、创造性地解决问题的。

第三,通过训练强化学习迁移的能力。

学习迁移作为一种能力,是可以通过训练来提高的。具体的训练将在“心智训练”中展开。

【心智训练】

活动一:想一想

看过电视剧《西游记》之后,在我们看《西游记》文章片段的时候,就可以想象出电视上的画面,这将有利于我们对文章的理解。下面请你根据这段内容进行想象:巨灵神逞强好胜,被大圣打得丢盔弃甲。哪吒上阵后,变作三头六臂,孙悟空把金箍棒变作三条,和哪吒厮杀起来,水帘洞前刀光剑影,枪来棍去。

活动二：写一写

1.找一道关于一元二次方程的题目，看看能用到一元一次方程的哪些知识。

2.将电的知识迁移到自行车上，形成了什么？你还能把电的知识迁移到其他地方去吗？

3.其实，你可以发现，迁移就在我们身边，只要我们用心去发现，仔细分析，就能感受到迁移的力量之伟大，就能体验到迁移带给我们的惊喜和成长的感觉。

那么，你还能做些什么迁移呢？

【心灵启示】

和迁移有关的成语：

举一反三：从一件事情类推而知道其他许多事情，比喻善于学习，能够由此及彼。出自《论语·述而》："举一隅不以三隅反，则不复也。"后来，大家就把孔子说的这段话概括为了"举一反三"。

触类旁通：掌握了某一事物的知识或规律，进而推知同类事物的知识或规律。出自《周易·系辞上》："引而伸之，触类而长之，天下之能事毕矣。"

闻一知十：听到一点就能理解很多，形容善于类推。出自《论语·公冶长》："赐也何敢望回？回也闻一以知十，赐也闻一以知二。"故事发生在战国时期，有一次，鲁国受到齐国的武力威胁。孔子的学生中有很多人想去游说齐国，劝说齐王不要攻打鲁国。最后，孔子只同意了子贡的请求。子贡不但去了齐国，还到了南方的吴国、越国，北方的晋国。子贡"挑唆"起这几个大国间的混战，小小的鲁国就免去了一场浩劫。虽然子贡这么能干，但孔子还是认为他比颜回要差一些。一天，孔子问子贡："你和颜回两人哪一个强？"子贡答道："我怎么能和颜回比呢？他听到一件事就能想到其他的十件，而我只能想到两件。"孔子听后，也同意子贡的话，并感叹道："你是不如他，而我也不如他呀！"知道了一个道理，就能由此推论而知道十个道理，叫做"闻一知十"。

七 “测测你的智商”主题班会

【心事链接】

有一位实业家因工作关系访问了非洲的某个部落。在他遇上当地的孩子时，他在自己的手掌上放了若干枚日本的10元硬币和100元硬币，并对孩子说：“你们想要哪个？想要哪个就送给你们哪个。”尽管这么说，每一个小孩都捡10元硬币拿。怎么回事？这位实业家以为在这个国家铜币是很稀罕的硬币（日本10元硬币为铜制的）。他感到很有趣，接连试了多次，最后，他告诉孩子们：“在日本，100元硬币可比10元的有用得多啊，以后再遇到日本人，从他手里拿到100元硬币的话，要赚得多啦！”不久他回国了。

一年以后，这位实业家又去非洲访问，他马上回到去年遇到过的孩子们那里，做同样的实验，与他期待的相反，孩子们还是只捡10元的硬币。这是怎么回事？难道都忘掉了我说的话了吗？于是他问孩子们，孩子们齐答道：“我们都记着呢！”

【心理宝典】

智商（Intellingence Quotient，简写成IQ）就是智力商数，用来表示人的智力水平，是测量智力水平常用的方法，也是人的理性能力的主要表现。智商包括人的认知能力、思维能力、语言能力、观察能力、计算能力等。智商的高低反映着智力水平的高低，智商是人重要的心理品质，对于个体更好地认识事物，在优化思维品质、增强学习能力、拓宽认识领域等方面具有重要的作用。智商一般有两种，一种是比率智商，智力年龄÷实足年龄×100=智力商数。如果某人智龄与实龄相等，他的智商即为100，表示其智力中等。另一种是离差智商，把一个人的测验分数与同龄组正常人的智力平均数之比作为智商。

研究表明，智商只能测出学生在校学习成绩的35%~45%，一半以上的成绩是不能用智商来解释的。心理学家对智商作了严格的区别和规定,可以看出智商的区界和占人口的百分比。设定主体人口的平均智商为100,则根据一定的统计原理,一半人口的智商为90~110,其中智商在90~100和100~110的人各占25%,智商在110~120的人占14.5%,智商在120~130的人占7%,智商在130~140的人占3%,其余0.5%的人智商在140分以上,另有25%的人智商在100分以下。英国的高尔顿最早指出智商呈正态分布的特点,他认为,全体人口有一半人的智商属于正常,1/4高于正常,1/4低于正常。因此,大多人的智商都处于中等水平,只要不断努力,都有发展的潜能和成功的希望。

智商并不是决定学生学业成绩的唯一标准。心理学家E·保罗·托伦斯说道:"如果仅仅依据智力测验来选拔有才能的孩子的话,我们就埋没了大约70%的非常有创造力的人才。"可以通过以下途径发展个体的智力:①接纳影响智力发展的先天遗传因素,正视自己的现实水平,针对自身能力倾向,发展智力潜能;②克服自身马虎、粗心等缺点,开展独立的观察活动,培养自己观察兴趣和能力;③针对自身的心理特点,应明确努力的方向和目标,使学习和生活有章可循;④学会对知识进行分类比较,增强对其的理解和记忆;⑤学会把握知识的重难点,培养独立思考和解决问题的能力。

联合国教科文组织在"21世纪全球开智计划"中明确指出:"智力并非一个单向度的概念,除了基本智力(IQ),它包含了人的更多能力:成就智商(AQ)、道德智商(MQ)、情感智商(EQ)、体能智高(PQ)……"据研究表明,人对自身大脑的开发仅仅占其总能力的近30%,因此,我们要通过各种途径去训练我们的智力,提高我们的智商水平。

【心智训练】

活动:测一测

智力测试的控制非常严格,必须到正规的心理咨询机构,在专门的测试人员指导下进行。下面提供一套智力行为水平测试题,仅供参考。

本测验用于检测12~18岁青少年的智力水平。整个测验由33道题目组成,要求被试者在30分钟内一次性完成,并且要严格遵守所规定的答题时间;若超过所规定的时间完成,则检测无效。

注意事项:①应选择一个较安静的答题环境,尽可能地减少外界因素的干扰,以保证检测的可信度和效果;②不要在一个题目耽搁太久,如果回答不出,就猜一个答案,猜错不扣分,不要留下未回答的题目;③如果一个题目看起来有一个以上的正确答案或没有正确答案,选一个你认为最好的答案;④全部完成后,对照题后的标准答案,准确记录好自己的分数。请在30分钟以内,回答1~33题。祝你成功。

1.本题后列出三个单词,哪个与其他两个单词不类同。(　　)

A.蛇　　B.大树　　C.老虎

2.本题后列出的三个分数,哪一个分数与其他两个分数不类同。(　　)

A.3/5　B.3/7　C.3/9

3.男孩对男子而言,正如女孩对(　　)而言。

A.青年　B.孩子　C.夫人　D.姑娘　E.女子

4.笔是用来写字的,书是用来(　　)的。

A.娱乐　B.阅读　C.学文化　D.解除疲劳

5.马之于马厩,正如人之于(　　)。

A.牛棚　B.马车　C.房屋　D.农场　E.楼房

6.下面数列中,紧接着出现的应是哪个数字?(　　)

2、8、14、20……

7.下面四个词可以组成一个句子。如果组成的句子是对的,在括号里填上"是";如果错,则填"否"。(　　)

生活　水里　鱼　在

8.下面的六个词可以组成一个句子。如果组成的句子是对的,在括号里填上"是";如果错,则填"否"。(　　)

球棒　的　用来　是　棒球　打

9.动物学家与社会学家相对应,正如动物与(　　)相对。

A.人类　B.问题　C.社会　D.社会学

10.如果所有的妇女都有大衣,那么漂亮的妇女会有:(　　)

A.更多的大衣　B.时髦的大衣

C.大衣　D.昂贵的大衣

11.找出与"确信"意义相同或意义最相近的词:(　　)

A.正确　B.明确　C.信心　D.肯定　E.真实

12.南之于西北,正如西之于(　　)。

A.东北　B.西南　C.西北　D.东南

13.找到与其他三个词不成一组的一个。(　　)

A.铁锅　B.小勺　C.米饭　D.碟子

14.女儿对于父亲相当于侄女对于(　　)

A.侄子　B.表兄　C.叔叔　D.母亲　E.哥哥

15.找出与其他三个词不成组的一个。(　　)

A.写字台　B.沙发　C.电视　D.桌布

16.填上空缺的数字(如下图)(　　)。

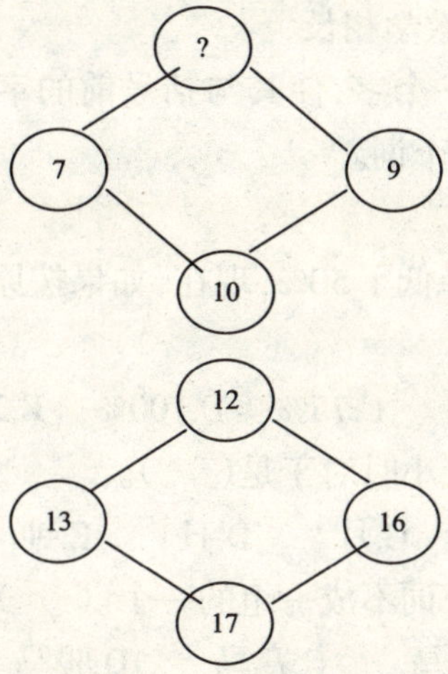

17.哥哥今年15岁,他的年龄是妹妹年龄的3倍。当哥哥的年龄是妹妹年龄的2倍时,哥哥几岁?(　　)

A.18　B.20　C.24　D.26　E.30

18.本题后面的哪一项应接在"×OOOO××OOO×××"的后面。(　　)

A.×OO　B.OO×　C.O××

19.打满水缸要11桶水。王林每次只能提两桶水,要打满水缸他需要走几趟?(　　)

A.5　B.5.5　C.6　D. 6.5　E.7

20.填空缺的词。

金黄的头发(黄山)刀山火海

赞美人生(　　)卫国战争

21.找出与众不同的一个。

A.鸡　　B.鸽　　C.鸭　　D.鹤　　E.鹅

22.全班学生排成一行,从左数和从右数小明都是第15名,问全班学生共有多少人?(　)

A.15人　B.25人　C.29人　D.30人　E.31人

23.填上空缺的词。

罄竹难书(书 法)无法无天

作奸犯科(　　)教学相长

24.在括号内填上一个字,使其与括号前的字组成一个词,同时又与括号后的字也能组成一个词。

款(　　)样

25.一本书的价格降低了50%,现在,如果按原价出售,提高了百分之几?(　)

A.25%　B.50%　C.75%　D.100%　E.200%

26.角对于元相当于小时对于是(　　)。

A.分　　B.秒　　C.月　　D.日　　E.钟

27.找出与其他四个词不成一组的一个。(　　)

A.斑马　　B.军马　　C.赛马　　D.骏马　　E.驸马

28.在括号内填入一个字,使之与括号前的一个字组成一个词,同时又与括号后的一个字也组成一个词。

祭(　　)定

29.水对于水龙头相当于电对于(　　)。

A.光线　　B.开关　　C.电话　　D.危险　　E.电线

30.樱桃对于红相当于牛奶对于(　　)。

A.湿　　B.冷　　C.白　　D.甜　　E.热

31.如果所有的甲都是乙,所有的乙都是丙,那么,一定所有的甲都是丙。这句话是(　　)。

A.对的　　B.错的　　C.既不对也不错

32.从标有序号的图形中，选出正确的一个（如下图）。

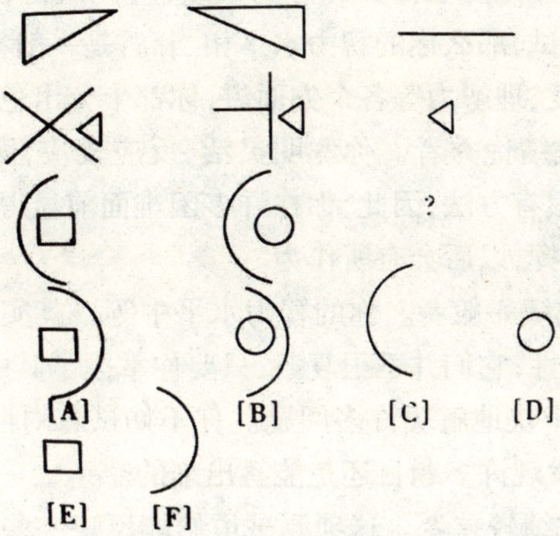

33.填上空缺的字母。

C　　F　　I

D　　H　　L

E　　J　（　　）

计分标准：

题号	正确答案	得分	题号	正确答案	得分
1	B	1	18	B	1
2	C	1	19	C	1
3	E	1	20	美国	2
4	B	1	21	D	2
5	C	1	22	C	2
6	26	1	23	科学	2
7	是	1	24	式	1
8	是	1	25	D	1
9	C	1	26	D	1
10	C	1	27	E	1
11	D	1	28	莫	1
12	D	1	29	B	1
13	C	1	30	C	1
14	C	1	31	A	2
15	C	1	32	C	2
16	6	1	33	O	2
17	C	1	计算总分		

结果与解释：

36~40分：成绩优异者。首先应该祝贺你，因为你的智力水平如此惊人，在短短的30分钟内取得如此好的成绩，应该值得自豪。如果你是第一次接触这种测试，那么你的智力水平相当高，是一般人不能比的。无论从灵活性、反应度、理解力等各个方面讲，你都十分出色，再次祝贺你。

30~35分：成绩优秀者。你聪明灵活，反应较快，而且知识面广。你办事很有技巧，很有方法，因此，你在许多困难面前显得从容不迫，希望你在此方面继续发挥，以后会有所作为。

21~29分：成绩一般者。你的智力水平中等。其实，世界上的万物都是有一定的规律性，它们并不很复杂，只要你掌握了其中的关键的规律性的东西，你就能很快地解决许多问题。你不妨试着对照答案再看一看这套测试题，你会发现许多题目还是能答出来的。

15~20分：成绩较差者。这项测试虽然能反映一些问题，但也并不说明你由此就会一无所成。也许由于你的知识水平和其他外界因素等原因，有些题目对你来讲，超过你现有的能力。如果你今后能用文化知识来武装自己的话，你还是有潜力达到比较高的智力水平的。只要你肯努力，这并不是很难的。

0~14分：智力水平迟钝者。也许你的年龄还太小，不适合这套测试题；也许你在测试过程中没有用心。总之你应该会更好！

注：得分在5分以下者，请将此套测试题重新做一次之后，再重新计分评定。如果再测试后仍得5分以下，则不属于此测试范围。

在使用智力测验特别是理解和解释测验的结果时，必须注意以下几个问题：

(1)不要轻信提供测验服务的人。进行智力测验，千万不要忘了先确认提供测验服务的人的资格。一个没有资格、不负责任的施测者，就像江湖庸医一样有害。因此，心理学家的建议是，要么使用简易测验了解自己的智力(如本课所提供的智力自测题)，对照书中的说明分析自己的测验结果，要么就到能提供测验服务的专门学术机构、科研单位或医院去寻求服务。

(2)不能靠一次测验来确定智力水平。首先，测验是有误差的。特别是首次接受心理测试时,有人会感到紧张,有人会因不熟悉测试方式而产生抵触,出现不应有的失误,这些都会影响测验的分数。因此,应以几次测验的平均数,作为最后的测验结果。其次,人的智力发展有"早熟"和"晚熟"之别。大科学家爱因斯坦就是典型的智力晚熟型,他在3岁时还不会讲话,而控制论的创立者维纳则是早熟型,他4岁时已能读书,14岁时已大学毕业了。所以,绝不能因为一个儿童的早期测验分数不高就对他丧失信心,因为他很可能是一个晚熟型的儿童,就像爱因斯坦一样。

(3)测验的内容可能是不全面的。智力测验的题目不可能包罗万象、对每个儿童都适用。因为智力测验毕竟只能用有限的题目来考查受测人的一部分能力。智力测验完全可能没有测出某人在某些方面的能力。一般说来,现行的智力测验主要测量"左脑智力",那些倾向于用右脑思维的人则很难在测验中有好成绩。因而,在一般学校中感到学习困难的儿童,不一定是迟钝者,他们很可能是不适应以读写为主、多用左脑的学习过程和测验,而更倾向于通过视觉——空间形象来进行整体性的学习。

更应该指出的是,智力测验测不出人格特征,也测不出道德品质。假使一个儿童智力很高,也不等于他在各方面都优秀。研究表明,某些智力超常的儿童往往在社会环境中适应困难。智力低不等于不努力,只能说明儿童在学习上难以取得优势,而不应受到责难。一个儿童的价值不能单纯由智力的高低来决定,其他的品质,如诚实、勇敢、善良、富于爱心、充满活力和幽默感等,同样也是重要的。

【心灵启示】

无言的斗智

一位罗马教廷的学者访问土耳其皇帝提摩尔的庭院。皇帝让一名毛拉的智者,安排一场与来访学者的斗智活动。毛拉做的第一件事就是让他的驴子驮上一堆题目不知所云的书。在斗智的那天,毛拉和他的驴子一起出现在皇家庭院里,尽管他们之间语言不通,但毛拉以其当地人的非凡仪表和过人智力,在气势上压倒了罗马学者。这位学者最终决定考考毛拉的理论修养。他举起一个手指,毛拉以两个手指作答。罗马人举起三个手指,毛拉以四个手指。学者挥动他张开的手掌，毛拉的回答是握紧拳头伸进他的手掌。然后，学者打开他的公事包，拿出一个鸡蛋。毛拉从兜里掏出一个洋葱作答。罗马人问："你的证据是什么？"毛拉向他的书打了一个莫名其妙的手势。罗马人看了看，对那些书名非常震惊，就低头认输。

谁也不懂他们之间的较量。在茶点上过之后，皇帝悄悄地问罗马学者，这究竟是什么含义。"这位毛拉是一个才华横溢的人，"罗马人解释说，"当我举起一个手指时，表示世上只有一个上帝，他举起两个手指是说上帝创造了天地。我举起了三个手指，表示人怀胎时处于生死间循环，毛拉以四个手指作答，象征人的躯体是由土、气、水、火四种元素组成。我挥动张开的手掌，意味着上帝无处不在，而他用握紧的拳伸进他的掌心，是补充说上帝同样也在这里，在我们中间。""好吧，那么鸡蛋和洋葱是怎么回事？"皇帝紧追着问。"鸡蛋是地（蛋黄）被天包围的象征。毛拉拿出一个洋葱表示地周围的天有很多层。我问他，他用什么证明天的层数和洋葱皮的层数一样多，结果他指给我看那么高深的书。唉，那些都是我所不知道的。您的毛拉真是一个非常博学的人。"然后沮丧的罗马人就离开了。

与毛拉讲同一种语言的皇帝，下一步就是问毛拉关于这场辩论的情况。毛拉回答说："这很容易，陛下。当他举起一个手指向我挑衅时，我举起了两个，意思是我会挖出他的两只眼珠。当他举起三个手指时，我确信他打算踢我三下。我就以牙还牙，要回敬他四下。他扬起整个手掌，毫无疑问，是要扇我一个耳光。那样我就会回他一记重拳。他看到我是认真的，就开始变得友好起来，送我一个鸡蛋，我就送他一个洋葱。"

第四章　心理健康教育主题班会活动设计——情绪篇

一　“情绪彩虹”主题班会

【心事链接】

我是一名初二的男孩，以前同学们都说我是个老好人，因为我总是喜欢帮助别人，而且脾气特别好，几乎没有发过火。但是最近我不知道自己怎么了，一旦有点什么不顺心的事我马上就想发火，同学们都说我成了“火药桶”。那天我弟弟哭着来找我说同学打他了，我的火气立马窜了上来，我找到那个家伙狠狠地打了一顿。事后，我意识到自己的错误，很快又向那个同学道了歉，这件事情算是解决了。但是这样的事情经常发生，火气上来了，怎么都压不下去，我觉得自己快要爆炸了，像头好斗的雄狮，连我自己都感到害怕。怎么办啊？

【心理宝典】

人非草木，孰能无情。情绪是人对客观事物是否符合或满足自己需要而产生的一种主观体验，是人类一种复杂的心理现象之一。一般说来，凡符合、满足自己需要的客观事物，往往使人产生满意、愉快、喜爱等情绪；反之，不符合、不能满足自己需要的客观事物，则会使人产生不满意、不愉快、憎恨、忧愁等情绪。比如，受到老师的表扬我们会很高兴，考试考砸了我们会很不开心。

可别小看情绪，它的功能可多着呢：

(1)适应功能。通过各种情绪，我们可以了解自身或他人的情况，从而适应环境和社会,求得更好的生存和发展。例如,我们通过高兴表示情况良好;通过痛苦表示处境不佳;用微笑表示友好等。

(2)动机功能。情绪是动机的源泉之一,它对我们的活动具有直接的动力作用,可以提高我们的活动效率。例如,适度的紧张与焦虑能促使我们积极思考和解决问题。

(3)调节功能。情绪有积极和消极之分。积极情绪包括愉快、满足、自在等,它使人感到精神振奋,乐观向上,对人的行为起到促进作用,可以提高人的活动能力,使人能够体验到生活的美好与可爱,坚定克服困难的决心。例如,心情愉快时我们的学习效率会提高,遇到难题时也不会轻易放弃。消极情绪包括焦虑、气愤、痛苦、紧张等,它使人有不愉快的体验,悲观消沉,丧失信心,减弱人的活动能力,使人的自制力下降,甚至做出一些不该做的事。例如,我们在心情不好的时候容易发脾气。

(4)信号功能。我们的情绪能通过表情外显而具有信息传递的功能。这种功能是通过情绪的外部表现,即表情实现的。心理学家研究发现,在日常生活中,55%的信息是靠非言语表情传递的,38%的信息是靠言语表情传递的,只有7%的信息是靠言语传递的。可见,非言语表情是言语交流的重要补充。情绪的适应功能也是通过信号交流作用来完成的。

情绪不仅能影响人的行为、人的活动能力,而且还会对人的身体健康产生影响,俗话说:“笑一笑,十年少;愁一愁,白了头。”愉快、轻松、乐观是健康长寿的重要因素。反之,抑郁、忧愁、焦虑、苦闷、悲伤、愤怒、怨恨等消极情绪都会给人的身体带来不同程度的影响,严重时还会导致生理疾病。所以我们要保持愉快积极的情绪,避免消极悲观的情绪。

在不同的气候下,大海表现出不同的特点,有时很平静,有时却汹涌澎湃。而我们的情绪也像大海一样,有时心平如镜,有时热血沸腾。青少年正处于心理发展上的“疾风暴雨”时期,情绪极易受到困扰,并常常表现出以下几个特点:

第一,情绪波动比较大,具有两极性。

人的情绪活动具有两极性,诸如高兴与痛苦、激动与平静等等。青少年情绪的两极性表现极为强烈,而且转化迅速,使原来就充满热情的情绪活动，呈现出丰富生动、不容易控制的特点。就像小孩，一分钟之前还在有说有笑，一分钟之后就生气了。情绪的两极性，还表现为对同一事物，同时出现两种对立的内心体验。例如，面临考试时，我们感到既兴奋又不安，兴奋是带有跃跃欲试的心情，不安可能就是有一些担心。一旦考试完毕，又感到一阵轻松，而在轻松的同时，难免又对成绩好坏产生担忧。

第二，情绪活动过程迅速。

大多数青少年学生的情绪来得快，平息得也快，维持的时间相对较短。在有的同学身上，还经常可以看到像儿童那样"破涕为笑"的现象。学生的情绪活动过程迅速，还表现在情绪反应很快就达到激烈的程度。当然，由于个别差异，各人的情绪反应强度会有差别。激烈的情绪往往会使学生更容易冲动，也更容易丧失理智。

第三，情绪表现容易外露。

青少年的情绪活动，相比之下还是外露的占多数。处于青春期的中学生敞开心扉接受大千世界带给他们无穷无尽的信息，像海绵吸水似的吮吸着出现在周围的各种各样的知识，纯洁、天真、单一是他们情绪活动的基本特点。有的学生高兴时便毫不掩饰，一脸灿烂，开口大笑；发愁、伤心时便双眉紧锁，面部表情沮丧。这就是情绪活动的外露性。

在人的心理活动中，情绪是最为敏感、最为活跃的心理因素。情绪不好，常常使人表现出紧张、抑郁、浮躁不安、沮丧，影响个人的生活、学习乃至身心健康。积极的情绪状态是青少年心理健康的重要标志之一。

什么是积极、健康的情绪？可用六个字来表述：平和、稳定、愉悦。平和，是指心境宁静，不浮躁；稳定，是指情绪平稳，不大起大落；愉悦，是指心情快乐。如果一个人的情绪经常能够体现出这"六字方针"，那么，他就是一个心理健康的人。

【心智训练】

1.你最近一周（或半个月）的"情绪天气图"是怎样的？请挑选最符合你情绪体验的那些词，并根据实际情况绘出你自己的"情绪天气图"。

2.你的"情绪天气图"上画了些什么？多云？阴天？雨天？还是晴天有阳光？

3.参加小组讨论。

(1)告诉同学:我的“情绪天气图”是这样的。(每人发言,说明自己的情绪状况。)

(2)自我小结。

【心灵启示】

被誉为人类出版史上第二大畅销书的卡耐基《快乐的人生》为我们提供了培养快乐心理的秘诀。他认为“有了快乐的思想和行为,你就能感到快乐”,并提出了《只为今天》的忠告:

(1)只为今天,我要很快乐。假如林肯所说的“大部分的人只要下定决心都能很快乐”这句话是对的,那么快乐是来自内心的,而不是存在于外在。

(2)只为今天,我要让自己适应一切,而不去试着调整一切来适应我的欲望。我要以这种态度接受我的家庭、我的事业和我的运气。

(3)只为今天,我要爱护我的身体。我要多运动,善自照顾,善自珍惜;不损伤它、不忽视它;使它能成为我争取成功的好基础。

(4)只为今天,我要加强我的思想。我要学一些有用的东西,我决不做一个胡思乱想的人。我要看一些需要思考、需要集中精神的书。

(5)只为今天,我要用三件事来锻炼我的灵魂:我要为别人做一件好事,但不让人家知道;我还要做两件我并不想做的事,就像威廉·詹姆斯所建议的,是为了锻炼。

(6)只为今天,我要做个讨人喜欢的人,外表要尽量修饰,衣着要尽量得体,说话低声,行动优雅,丝毫不在乎别人的毁誉。对任何事都不挑毛病,也不干涉或教训别人。

(7)只为今天,我要试着只考虑怎么度过今天,而不把我一生的问题都在一次解决。因为,我虽然能连续十二个钟点做一件事,但若要我一辈子都这样做下去的话,就会吓坏我。

(8)只为今天,我要订下一个计划。我要写下每一个钟点该做些什么事;也许我不会完全照着做,但还要订下这个计划,这样至少可以免除两种缺点,过分仓促和犹豫不决。

(9)只为今天,我要为自己留下安静的半个钟点,轻松一番。在这半个钟点里,我想做什么就做什么,什么都不用管。

(10)只为今天,我要心中毫无惧怕。尤其是,我不要怕快乐,我要去欣赏美的一切,去爱,去相信我爱的那些人会爱我。

二 "我的情绪我做主"主题班会

【心事链接】

镜头一

强强原先是个积极向上的初中生,在课堂上每次老师提问他都举手,可老师一次也没有叫到他。强强不满地想,老师一定是看不起我。于是强强很生气。以后老师上课提问,他都不举手了,渐渐的他的成绩也退步了。

镜头二

晶晶本来是个活泼的女孩子,但自从上了初中后,她越长越胖了,同学们都取笑她,说她是小肥猪。晶晶很不开心,她看着班上好几个女孩子亭亭玉立,还参加了学校的舞蹈队,她心里很不是滋味。上小学的时候,她也没这么胖,还上台表演呢。晶晶慢慢地不爱和同学们说话了,而且好像越来越讨厌班上比较瘦的女孩。她觉得学习和生活都很不开心。

【心理宝典】

自卑、厌烦、紧张、急躁、忧虑、沮丧、冷漠、消沉、嫉妒、抑郁、悲观、孤独、焦虑、恐惧、愤怒、生气、憎恨、情绪不稳定等都是消极情绪。这些不良情绪会使人有不愉快的体验,减弱人的活动能力,使人的自制力下降,并且对人的心理健康产生不良的影响。

在人的一生中,不管是昨天、今天、还是明天,都会有顺境也有逆境,有欢乐也有忧伤,遇到挫折是正常的现象。因此,我们不仅需要保持积极、乐观的精神,还要学会善于调节、控制自己的情绪。那么如何调节和控制自己的不良情绪呢?不妨从以下几个方面去试试:

(1)学会放松。当你在赛场、考场或其他场所,过分紧张、烦恼、惧怕时,可采用深呼吸的方法。如,反复默念:我现在放松了,我的全身处于自然而然的轻松状态,我完全可以取得活动的成功……还可用胜利者的形象鼓舞自己,并回忆过去成功的体验。

(2)转移注意力。当你不愉快时,不要再去想那些让你苦恼、烦闷的事,应多从积极方面着想,将注意力转移到你感兴趣的活动中。例如看看幽默短剧,听听音乐,想想那些曾经令你幸福、高兴的事或者去公园散散步等等。

(3)参加文体活动。经常参加生动活泼的文体活动,如踢足球、打篮球、唱歌等,不仅可以使郁积的怒气和其他不愉快的情绪得到发泄,还可以丰富你的精神生活,开阔你的胸襟。

(4)向他人倾诉。要学会将自己的忧伤、痛苦用适当的方式发泄出来。"一份快乐,两个人分享,就变成了两份快乐;一个痛苦,两个人承担,就变成了半个痛苦。"有了不良情绪可以向老师或父母倾诉,也可以和最要好的朋友谈心,诉说委屈、发发牢骚;如果你实在不愿意向别人倾诉,也可以采用写日记、写信等方式自我宣泄。

(5)学会安慰自己。当一个人某种需要得不到满足时,为了减少内心的失望,会为失败找一个冠冕堂皇的理由,用以安慰自己,就像狐狸吃不到葡萄说葡萄酸的童话一样,这被称作"酸葡萄心理"。与此相反的是"甜柠檬心理",即用各种理由强调自己所有的东西都是好的,以此冲淡内心的不安与痛苦。这种自欺欺人的方法,偶尔用一下作为缓解情绪的权宜之计,对于帮助人们在极大的挫折面前接受现实,接受自己,避免精神崩溃不无益处。但用得过多,使之成为个人的主要防卫手段,则是一种病态,会妨碍自己去追求真正需要的东西。

(6)学会幽默。幽默感是一种特殊的情绪表现,也是人们适应环境的工具。具有幽默感,可使人们对生活保持积极乐观的态度。许多看来令人烦恼厌恶的事物,用幽默的办法对付,往往使人们的不快情绪荡然无存,立即变得轻松起来。

(7)哭。在情绪不好时,哭也是一种有效的解决办法,在悲伤、不快时,不哭是有害健康的。因为不通过哭泣,人在不良情绪时体内所产生的

“毒素”就无法排出体外。

(8)宽容。雨果说过“世界上最广阔的是海洋，比海洋更广阔的是天空，比天空更宽广的是人的胸怀”。只要胸怀宽广，顾全大局，不斤斤计较，则必然会对打击、挫折等消极情绪表现出足够容忍力。

【心智训练】

活动一：情绪疗养院

当你不开心、闷闷不乐、非常烦恼时，请到“情绪疗养院”，试着找出控制情绪的方法来。

“情绪疗养院”自我诊断测试表

起因	控制方法
当我产生愤怒情绪时	例：(1)分析一下发怒的后果。(2)怎样使自己不过分激动。(3)试试推迟自己发怒的时间。
当我产生内疚情绪时	(1) (2) (3)
当我产生厌恶情绪时	(1) (2) (3)
当我产生恐惧情绪时	(1) (2) (3)

活动二：情绪稳定性测试

情绪稳定一般被看做一个人心理成熟的重要标志，如果现在你已经能够积极地调节和控制自己的情绪，那么将有助于你以平稳的心态从容面对人生的挑战。你的情绪是稳定的吗？如果你希望知道结果，不妨完成下面的题目。

1.我有能力克服各种困难(　　)

A.是的　　B.不一定　　C.不是的

2.猛兽即使是关在铁笼里，我见了也会惴惴不安(　　)

A.是的　B.不一定　C.不是的

3.如果我能到一个新环境,我要(　)

A.把生活安排得和从前不一样　B.不确定　C.和从前相仿

4.整个一生中,我一直觉得我能达到所预期的目标(　)

A.是的　B.不一定　C.不是的

5.我在小学时敬佩的老师,到现在仍然令我敬佩(　)

A.是的　B.不一定　C.不是的

6.不知为什么,有些人总是回避我或对我比较冷淡(　)

A.是的　B.不一定　C.不是的

7.我虽善意待人,却常常得不到好报(　)

A.是的　B.不一定　C.不是的

8.在大街上,我常常避开我所不愿意打招呼的人(　)

A.极少如此　B.偶尔如此　C.有时如此

9.当我聚精会神地欣赏音乐时,如果有人在旁高谈阔论我会(　)

A.仍能专心听音乐　B.不能专心并感到恼怒　C.介于AB之间

10.我不论到什么地方,都能清楚地辨别方向(　)

A.是的　B.不一定　C.不是的

11.我热爱我所学的知识(　)

A.是的　B.不一定　C.不是的

12.生动的梦境常常干扰我的睡眠(　)

A.经常如此　B.偶尔如此　C.从不如此

13.季节气候的变化一般不影响我的情绪(　)

A.是的　B.不是的　C.介于AB之间

计分标准：

序号	得分	序号	得分
1	A.2　B.1　C.0	8	A.2　B.1　C.0
2	A.0　B.1　C.2	9	A.2　B.0　C.1
3	A.0　B.1　C.2	10	A.2　B.1　C.0
4	A.2　B.1　C.0	11	A.2　B.1　C.0
5	A.2　B.1　C.0	12	A.0　B.1　C.2
6	A.0　B.1　C.2	13	A.2　B.0　C.1
7	A.0　B.1　C.2	总分	

结果与解释：

17~26分：情绪稳定。你的情绪稳定，性格成熟，能面对现实；通常能以沉着的态度应付现实中出现的各种问题；行动充满魅力，有勇气，有维护团结的精神。

13~16分：情绪基本稳定。你的情绪有变化，但不大，能沉着应付现实中出现的一般性问题。然而在大事面前，有时会急躁不安，受环境影响。

0~12分：情绪激动。你情绪较易激动，容易产生烦恼；容易受环境支配而心神动摇；不容易应付生活中遇到的各种阻挠和挫折；不能面对现实，常常急躁不安，身心疲乏，甚至失眠等。要注意控制和调节自己的心境，使自己的情绪保持稳定。

【心灵启示】

我们做的事情，有许多都受到情绪的影响。因为我们的情绪可为我们带来伟大的成就，也可能使我们失败，所以，我们必须了解情绪。要控制自己的情绪，首先应该做的是，了解对我们有刺激作用的情绪有哪些？我们可将这些情绪分为七种消极的和七种积极的。

七种消极情绪为：①恐惧，②仇恨，③愤怒，④贪婪，⑤嫉妒，⑥报复，⑦迷信。

七种积极情绪为：①爱，②感谢，③希望，④信心，⑤同情 ⑥乐观，⑦忠诚。

以上14种情绪，正是你人生计划成功或失败的关键，它们的组合，既能意义非凡，又能杂乱无章，完全由你决定。

上面每一种情绪都和心态有关,这也就是为什么笔者一直强调心态的原因。这些情绪实际上就是个人心态的反映,而心态是你可以组织、引导和完全掌控的对象。

你必须控制你的思想,你必须对思想中产生的各种情绪保持警觉性,并且视其对心态的影响是好是坏而接受或拒绝。

乐观会增强你的信心和弹性,而仇恨会使你失去宽容和正义感。如果你无法控制自己情绪,你的一生将会因为不时的情绪冲动而受害。

如果你正在努力控制情绪的话,可准备一张图表,写下你每天体验并且控制情绪的次数,这种方法可使你了解情绪发作的频繁性和它的力量。一旦你发现刺激情绪的因素时,便可采取行动除掉这些因素,或把它们找出来充分利用。

将你追求成功的欲望,转变成一股强烈的执著意念,并且着手实现你的明确目标,这是使你学会情绪控制能力的两个基本要件,这两个基本要件之间具有相辅相成的关系,而其中一个要件获得进展时,另一要件也会有所进展。

三 "天天好心情"主题班会

【心事链接】

镜头一

三国时期,吴国青年军事家周瑜是大将之才,年仅22岁就率军破曹,取得赤壁之战的辉煌胜利。然而,他的气量相当狭窄,总想高人一筹,害人不成反害己、赔了夫人又折兵。在诸葛亮的三气之下,三次金疮破裂,含恨而死。

镜头二

一位老太太有两个儿子,大儿子卖伞,二儿子卖盐。为了两个儿子老太太几乎天天愁,每逢晴天,老太太叹息:"这大晴天伞可不好卖哟!"于是为大儿子愁;每逢阴雨天,老太太又嘀咕:"这阴雨天,盐咋晒?"于是为二儿子愁。终于积忧成疾,卧病在床,真是可怜天下父母心。两个儿子倒也孝顺，四处访医问药，访得一智者，口授一计曰：“晴天好晒盐，老太太应为二儿子高兴；阴天好卖伞，老太太应为大儿子高兴。这么转念一想，保你没愁头。”老太太依计而行，果真变愁苦为欢乐，日渐心宽体胖起来。

【心理宝典】

看完了前面两个故事，我们不得不深思这样的问题：“为什么像周瑜这样聪明的人也会被气死？为什么老太太能变愁苦为欢乐？”答案是很清楚的，是不同的情绪在起作用。

就对人的作用而言，情绪又有积极和消极之分。积极情绪对人的行为起到促进作用，能提高人的活动能力，使人体验到生活的美好和可爱，坚定人们克服困难的决心。如心情愉快时我们的学习效率会提高，遇到难题也不会轻易放弃。消极情绪对人的行为起到削弱作用，会抑制人的活动能力，使人的自制力下降，甚至做出一些不该做的事情。如人们在愤怒时不但思维能力下降，还可能因冲动而违法犯罪。积极情绪才能使人愉快、振作，可以提高人的活动能力，使人能够体验到生活的美好与可爱，如愉快、快乐、自在、满足等。

情绪不仅能影响人的行为、人的活动能力，而且还会对人的身体健康产生影响，俗话说：“笑一笑，十年少；愁一愁，白了头。”愉快、轻松、乐观是健康长寿的重要因素；反之，抑郁、忧愁、焦虑、苦闷、悲伤、愤怒、怨恨等消极情绪都会给人的身体带来不同程度的影响。所以我们要保持愉快积极的情绪，避免消极悲观的情绪。

有一份好的心情是多么重要啊！下面的好心情十一例，有助于你时时刻刻保持一个好心情：

(1)当你面对他人的批评或责难时，不要选择痛苦，选择一个好心情，并认真对待这一批评或责难。

(2)当你和同学闹矛盾时，不要选择伤心，选择一个好心情，并想想如何改善关系。

(3)当你和家人有误会时，不要选择难过，选择一个好心情，并设法消除误解。

(4)当有人对你不满时，不要选择生气，选择一个好心情，并设法使他理解。

(5)当你对他人的表现不满时,不要选择愤怒,选择一个好心情,并尽量理解他人。

(6)当你有很多事情没有做完时,不要着急,选择一个好心情,并努力完成。

(7)当你做错事时,不要选择内疚,选择一个好心情,并冷静思考,寻找解决的办法。

(8)当你在众人面前说错话时,不要自责,选择一个好心情,并告诉自己人无完人。

(9)当你对新环境不适应时,不要焦虑,选择一个好心情,并采取主动的方式适应它。

(10)当你遇到难以解决的问题时,不要灰心,选择一个好心情,并求助他人或把问题放一放。

(11)当你遇到自己不喜欢的人时,不要厌恶,选择一个好心情,并提醒自己宽容是美德。

【心智训练】

活动一:写一写

我们不可能时时刻刻都遇到开心的事,但我们应该努力保持一份好的心情。你有什么保持好心情的小秘诀吗?请写下来,和你的同学一起分享。

活动二:测一测

情绪心理自测

1.看到最近一次拍摄的照片,你感觉:( )

A.不称心　　B.很好　　C.还可以

2.你是否会想起若干年后会发生什么使自己极为不安的事?( )

A.时常　　B.没有　　C.偶然

3.你曾被同学起绰号挖苦吗?( )

A.时常　　B.没有　　C.偶然

4.你上床以后是否必须再看一次窗是否关好再睡?( )

A.时常 B.没有 C.偶然

5.你对与你关系密切的人是否感到满意?( )

A.不满意 B.非常满意 C.偶然

6.你在半夜时分是否觉得害怕?( )

A.时常 B.没有 C.偶然

7.你会梦见什么可怕的事情而惊醒吗?( )

A.时常 B.没有 C.偶然

8.你是否经常做梦?( )

A.是 B.不是 C.不知道

9.有没有一种食物吃了会使你呕吐?( )

A.不 B.没有 C.不知道

10.你心里有没有去另一个世界的想法?( )

A.有 B.没有 C.不清楚

11.你心里是否偶尔怀疑自己不是现在父母亲生的呢?( )

A.时常 B.没有 C.偶然。

12.你曾经觉得没有一个人关心或尊重你吗?( )

A.是 B.不曾觉得 C.记不清

13.你是否常常觉得家人对你不好?( )

A.时常 B.没有 C.偶然。

14.你觉得没有人完全了解你吗?( )

A.是 B.不是 C.不肯定

15.早晨起来,你最常有的感觉是什么?( )

A.忧郁 B.快乐 C.记不清楚

16.每年秋天,你经常有的感觉是什么?( )

A.枯叶遍地 B.秋高气爽 C.没感觉

17.你站在高处时,总觉得站不稳吗?( )

A.是 B.不是 C.有时

18.你觉得自己身体强健吗?( )

A.不强健 B.强健 C:不清楚

19.你一回到家就立即把房门关上吗?( )

A.是 B.不是 C.没留意

20.你在关上门的小房内会觉得不安吗?( )

A.是 B.不是 C.偶然

21.你在做某件事时总觉得很难下决心吗?( )

A.是 B.不是 C.偶然

22.你常用抛硬币、占牌或抽签预测命运吗?( )

A.时常 B.不会 C.偶然

23.你会因为碰到东西而跌倒吗?( )

A.时常 B.不会 C.偶然

24.你是否要用一个小时以上才能入睡?( )

A.时常 B.从未试过 C.偶然

25.你是否感觉到别人感觉不到的东西?( )

A.时常 B.从未 C.偶然

26.你是否认为自己有超越常人的能力?( )

A.是 B.没有 C.在某些方面

27.你曾经觉得有人跟你走而感到不安吗?( )

A.是 B.没有 C.不清楚

28.你是否觉得有人在注意你的言行举动?( )

A.是 B.没有 C.不清楚

29.当你一个人夜行时,是否觉得前面潜藏危机?( )

A.是 B.不是 C.偶然

30.你对别人自杀的态度是:( )

A.可以理解 B.不可思议 C.不清楚

结果与解释:

评分原则:答案A为2分;B为0分;C为1分。将所选择的答案的对应分数累计,算出总得分。

评定:计算出总得分后,可按下述三种情况进行对照,判定你的情绪。

少于20分,表示你的情绪稳定,自信心强,具有较高的审美能力、道德感和理性。你有一定的社交能力,能理解周围人的心情,顾全大局,是个性格爽朗、受人欢迎的人。

20~40分，表示你的情绪基本稳定，但较为低沉，对事情的考虑过于冷静，处事冷漠消极，易丧失发挥自己个性的良机。你的自信心受到压抑，容易瞻前顾后，犹豫不决。

40分以上，表示你情绪极不稳定。日常烦恼太多，使自己心情处于紧张和矛盾之中。如果你的得分在50分以上，则是一种危险的情绪不稳定信号，请尽快找心理老师予以解决。

【心灵启示】

最近美国一些心理学家做了一项实验，他们把生气人的血液中所含的物质提取出来注射到小老鼠身上，观察其反应。初期这些小老鼠表现呆滞、胃口尽失，整天不思饮食，数天后，小老鼠默默地死去了。美国生理学家爱尔马不久前也做过实验，他收集了人们在不同情况下的"气水"，即把悲痛、悔恨、生气和心平气和时呼出的"气水"作对比实验。结果又一次证实，生气对人体危害极大。他在心平气和时呼出的"气水"中放入有关化验水沉淀后，无杂无色，清澈透明；悲痛时呼出的"气水"沉淀后呈白色；悔恨时呼出的"气水"沉淀后为蛋白色；而生气时呼出的"气水"沉淀后为紫色。把"生气水"注射在大白鼠身上，几分钟后，大白鼠死了。由此，爱尔马分析："人生气（10分钟）会耗费大量人体精力，其程度不亚于参加一次3 000米赛跑；生气时的生理反应十分剧烈，分泌物比其他任何情绪时都复杂，都更具有毒性。"因此，动辄生气的人很难健康，很难长寿，很多人其实是"气死的"。

四 "情绪管理站"主题班会

【心事链接】

下午老师发试卷，锋锋的数学测验得了一百分，而同桌源源却没有及格。锋锋一下午都沉浸在喜悦中，眉飞色舞，特别兴奋，而源源却一直闷闷不乐。他俩每天放学后都会去踢会球，今天放学后，锋锋又叫源源去踢球。源源还在为没有考好而难过，回了句“不去”。锋锋继续喊他，他生硬地说：“都说过不去了，你烦不烦？”锋锋也不高兴了，对源源喊：“不就是没考好吗，你干吗把气撒我身上！”两个人就这样吵起来了……

【心理宝典】

源源因为考试不理想而心情不好，对锋锋的火气大了些，这是源源的不对。但锋锋当时如果能设身处地地体会一下源源的心情，平静地面对源源，并安慰他、鼓励他，争吵就不会发生。

在日常的学习生活中，我们应该重视和他人在情绪上的沟通。我们应该正确、合理、适当地表达自己的情绪和情感，并善于理解他人的情绪与情感；既能让别人分享我们的情绪、情感，又能客观地理解、分析他人的情绪、情感，对他人的处境感同身受。那么，人们怎样表达自己的情绪呢？一般说来，可以通过面部表情、言语声调，以及身体姿势等来表现，其中以面部表情最为明显。如高兴时眉飞色舞，哈哈大笑，手舞足蹈；忧愁时眉头紧锁，唉声叹气，无精打采；害怕时面色苍白，浑身发抖，吞吞吐吐……

表情是表达情感状态的身体各部分的动作变化模式。表情动作是一种独具特色的情绪语言，它以有形的方式表现出感情的内在体验，成为人际间感情交流和相互理解的工具之一，也是了解感情的主观体验的客观指标之一。

表情一般分为面部表情、体态表情和言语表情。心理学研究认为人的面部表情基本上反映在嘴唇、眉毛以及眼睛光泽的变化上。如喜悦、愉快、欢乐时嘴角向后伸，上唇略提，两眼闪光，两眉舒展，所谓“眉开眼笑”；惊奇时张嘴、瞪眼、两眉竖起，所谓“目瞪口呆”。因为面部表情模式能最精细地区分出不同性质的情绪，所以是鉴别情绪的主要标志。

体态表情是借全身姿态和四肢活动表达情绪。如欢乐时的手舞足蹈，捧腹大笑；悲恸时的捶胸顿足；痛恨时的咬牙切齿等。其中手势是一种重要的体态表情，它协同或补充表达言语内容的情绪信息。手势表情是后天习得的，由于社会文化、传统习惯的影响而往往具有民族或团体的差异。

言语表情是指情绪发生时在语言的声调、节奏和速度等方面的变化。如喜悦时音调稍高，言语速度快，语音高低差别大；愤怒时声音高而尖且带颤抖；悲哀时音调低沉，言语缓慢无力等。此外，感叹、烦闷、讥讽、鄙视等也都有一定的音调变化。语言是交流思想的工具，言语中音调的高低、强弱，节奏的快慢等所表达的情绪，则成为言语交际的重要辅助手段。

另外，人的情绪和情感的外部表现是可以控制的，如不喜欢也可以装出笑脸来，真正气愤也可以在表现为心平气和，“喜而不乐，打而不怒”等情况亦是常见的。因此，要正确了解人的情感也很不容易，单凭外部表现有时还是很不够的。

【心智训练】

活动一：猜猜他有什么情绪

目标：使我们更深刻地认识情绪的表现，同时也更深刻地了解别人的情绪，做一个善解人意的人。

1.同桌互相以不同的方式来表现自己的情绪，让对方来猜，猜对了就换猜，猜不对继续猜。可以把你猜的过程写下来。

2.全班或是小组开展上述活动。

活动二：哑剧表演

要求：由老师缓慢说明情景，学生做出相应的情绪反应，进行非语言的表演，亲自体验不同的情绪，感知情绪带来的身体感受，并体验情绪的表现方式。

1.自己最喜欢的书丢失了。

2.一道难题经过刻苦钻研终于解出来了。

3.看见一个小朋友摔倒了，伸手去扶，他妈妈却以为是你碰倒的，你有口难辩。

4.汶川地震的情景和惨状。

5.晚上一个人在家看恐怖片。

6.朋友请你去他家看刚买的电脑。

7.老师在检查作业的时候，你没有做完。

8.今天你过生日,得到一件渴望已久的礼物。

9.你提前把寒假作业做完了。

10.你发现不知是哪位同学把你的铅笔盒打翻在地。

活动三:情绪小档案

1.以一周或十天为间隔为自己建立一份情绪小档案。

在上周7天中你有:

_____天是愉快的,

_____天是消沉的,

_____天是愤怒的,

_____天是恐惧的,

_____天是焦虑的。

2.分析各种不同情绪的来源:

因为_______________,我愉快;

因为_______________,我愤怒……

3.说出当时自己的感受:

当时,我感到:_______________。

4.写出这种情绪给自己的学习和生活带来的影响。

表现在:_______________。

5.回想一下,自己是怎样对待这种情绪的?

6.以后遇到类似的事情,我将这样做:____________________。

【心灵启示】

情绪是人内心世界的一个奇妙的窗口,透过这个窗口我们就可以了解人的内心世界。情绪是人心理活动的重要表现,它产生于人的内心需要是否得到满足。生活是丰富多彩的,因此,我们的情绪也是丰富多样的。生活中产生一定的情绪是正常的,只是情绪有好坏之分,也会产生积极和消极的作用,我们应该学会控制自己的情绪,做情绪的主人。

五 "战胜羞怯"主题班会

【心事链接】

链接一:战胜羞怯

一个中学生胆怯、害羞,上课不敢回答问题,老师给他做了心理工作以后,他下决心要战胜自己,心想这回上课一定举手回答,豁出去了。可是上课时,一回头,看到"黑压压"的一片人,决心又被吓跑了,心里又犯嘀咕:"万一回答错了怎么办?"这节课又没敢发言。

第二节课,自己又下决心:"这回说什么也得发言了。"当他站起来说话时,眼睛哪儿也不瞧,紧盯着黑板一角,声音在抖,腿在抖,手也在抖,但他终于发言了,虽然不太成功,但是完成了战胜自己的一次尝试。

第三节课,他的勇气更大了,再站起来发言,抖得没有那么厉害了,他的行动得到老师的赞扬,同学们还为他鼓了掌,他这时才真正尝到战胜自己的滋味,觉得上课发言也没什么可怕的。

链接二:羞怯调查

美国斯坦福大学心理学家菲利普·津巴多在20世纪70至80年代对近万人的调查中发现,大约有40%的人认为自己羞怯、腼腆。另一项调查由心理学家伯纳多·卡达西组织进行的,对1 600人的测试表明:羞怯者竟占了48%的比例。根据津巴多的研究,其中约有15%的人属于"情景性胆怯",即在诸如当众发言的紧张环境中,感到憷场。研究表明,在这个问题上,男女的敏感度相同。即使成年人当中,胆怯也是广泛存在的。

【心理宝典】

羞怯又叫怕羞,是自我意识的一种表现。自我意识是指人对自己以及自己周围关系的一种认识。中学生的自我意识很强,他们希望从别人对自己的态度、评价中了解自己,关心自己在别人心目中的形象。正因为如此,他们对周围环境特别敏感,他们常担心自己的行为在旁人面前是不是丢丑了,这种坦白,加上缺乏经验,于是造成了自我抑制的心理现象,这便是羞怯。

每个人都有害羞的时候，对青少年来说更为普遍。美国俄亥俄州州立大学的一项统计结果表明，97%的学生认为做公开演说是世界上两件最可怕的事情之一（另一件是核武器）。学生羞怯有多种表现形式，大多数羞怯的学生都怕见陌生人，不善于与他人往，不愿与同龄学生在一起玩；与人交谈面红耳赤、语无伦次；逃避课堂讨论，不主动发言，不愿在公开的场合抛头露面；做事情希望由父母或他人陪伴，不愿单独外出，说话办事都爱在别人后面等等。

从心理学角度看，羞怯是一种情绪，是内心深处的胆怯或自卑的一种外在表现形式。人为什么会羞怯，其成因并不太复杂，主要是由以下原因造成的：

（1）气质因素。有些人生来性格就内向，这种人生来就属内向气质。他们的性格比较沉静，说话低声细语，见到生人就脸红，甚至常怀有一点胆怯的心理。他们举手投足、寻路问津也思前想后、顾虑重重。属于这种气质的学生为数较少。

（2）家庭与学校因素。过分保护型与粗暴型的家庭教育方式都可能造成子女怯懦的性格。过分保护型的家长代替了子女的思想和行为，子女缺乏经验，生活办事能力差，思想单纯幼稚，遇事便紧张、恐惧、焦虑。过分粗暴型的家长剥夺了子女思维和行动机会，子女时常担心遭到批评和斥责，遇事便会紧张、焦虑、消极、被动。有些家长对儿童的胆小不加引导，孩子见到生人或到了陌生的地方，便习惯性地害羞、躲避，没有自信心。此外，父母经常在孩子面前吵架，甚至离异，会使孩子缺乏温暖、依靠、交流和亲情的抚爱，孩子从小就觉得不如别人，也会形成羞怯自卑的心理。

在学校，学习好的学生经常受到老师和同学的表扬，其心境感觉良好，故常表现得很自信。而学习成绩不突出的学生总觉得低人一等，在人在事面前表现得畏缩，用一种消极退缩的方式来保护自己受伤的心灵，久而久之形成羞怯心理。

（3）认识因素。造成这种羞怯的原因是过分注重"自我"，过分关注自己的外表和举止，敏感于别人对自己的评价，患得患失心太重，生怕自己的言行被人耻笑，总是希望自己有一个“光辉形象”留在别人的心目中。在他们脑海中经常盘旋这样的问题：我给人留下的是什么样的印象？他们喜欢我吗？我讲话傻里傻气吗？我长得难看吗……他们说话做事强调“把握性”，要有绝对的把握才去做，不敢冒一点风险，缺乏主动性。长期的谨小慎微不仅使他们体验不到成功的喜悦，而且使他们更加不相信自己的能力。久而久之，便羞于和人接触，更羞于在公开场合讲话。

(4)挫折因素。据统计，约有25%害羞的成人在儿童时期并不害羞，但是在长大后却变得害羞了。这可能与遭受过挫折有关。这种人以前一般性格开朗大方，与人交往积极主动，但由于种种原因，在身体上或心理上经历了一连串的挫折，屡屡受挫使他们变得胆怯畏缩、消极被动。

公允地说，羞怯对青少年来说，有利也有弊。这是因为作为人类情感的一种隐含流露，羞怯如同电影中的潜台词一样，会给人留下无穷的韵味，平添几分可爱，从而使青少年(尤其是女性)更具魅力，而且羞怯的人大多都谦虚、谨慎，做事认真。另外，羞怯也会成为我们生活中的绊脚石，这是因为羞怯会阻碍他们与人进行积极的交往，妨碍友谊的发展；羞怯会影响人才的成长，使一个人的才能不能在所有的场合中都得到正常发挥；羞怯还会导致沮丧、抑郁、焦虑等不良情绪和孤独感，导致性格上的软弱和冷漠。羞怯的人在为人处事时，往往不能果断地做出决定，消极地应付、躲避，不愿负责任；在处理问题时极度紧张，犹豫不决，经常和成功的机会失之交臂。因此，多数人都把羞怯看成是消极的，是一种较普遍的人际交往问题。

一个人有点羞怯心理是正常的，只要不影响正常的交往就不过分。有些人的羞怯是短时间的，比如未成年的孩子，他们在来到一个陌生环境时，总免不了“老实”或“安静”一会儿，待混熟以后，便会与其他人像老朋友一样相处了。一些青年女子，在异性面前说话面带羞涩之色，不但不伤大雅，还有些招人喜爱。但有些人在多数时间和场合下都有羞怯心理，他们不愿与人交往，不敢与人交往，这就需要加以克服和改变。下面给大家提供一些改变的方法。

(1)认清自己的优缺点。世界上没有完美的人，每个人既有优点又有缺点，不苛求自己完美。随着对自我的不断认同，羞怯感就会慢慢消失。

(2)确定合理的目标。例如,你在聚会时和一群陌生人待在一起,不要认为你必须和每个人交谈。集中精力,仅和一两个人交谈,你会感到更自在些。

(3)勇于表达自己的想法。很多问题都有许多解决办法,很少有完全正确或完全错误的意见,要敢于大胆地表达自己的观点。

(4)理性地接受批评。不要把批评理解为人身攻击。例如一位朋友抱怨你的烹饪,把这当成对你的烹饪而不是对你本人的评价接受下来,确信你们还是好朋友,但是也许你的烹饪确实有待改进。

(5)不要消极地评价自己。千万别把自己描述为愚蠢的、丑陋的失败者,这是自我否定的一种形式,要强调积极的方面。切记不要说否定你自己的话,如果你认为自己哪儿做错了就改正,这才是最明智的。

(6)记住每个人都会经历一些失败和挫折。把它们作为长见识的经历,从中受益。挫折往往会成为一个转机,随之而来的将是一段美妙绝伦的经历。例如,你可能被你所选择的重点中学拒之门外,然而,在你实际就读的中学里,你可能发现这里的教师更负责,同学关系更融洽。

(7)不要使自己陷入相形见绌的境地。和你相形见绌的人在一起,容易引起你的自卑与羞怯,设法脱离那种关系。

(8)多在社交场合中锻炼。不要把自己同他人隔离开来,设法一次结识一位朋友,最终你将能够熟练自信地与众人交流。

(9)留点时间休息、消遣。让自己的精神处于放松状态,利用这个时间反思自己近期的所作所为,这可帮助你更好地了解自己。记住这要定期地重新审定你的目标。

(10)静下心来读些书。一些人之所以害怕与陌生人接触,是因为交流的话题十分有限。平日应多读些书,努力丰富自己,当你感到自己成为一个有所知的人时,就不会因为没有谈资而感到窘迫了。

(11)我们每个人都是一个独特的、有价值的个体。我们自有吸引人的地方,我们对自己了解得越多,就越容易充分发挥自己的潜力。不要让羞怯成为我们多姿多彩的生活和成功的绊脚石。

【心智训练】

活动一：小调查，你容易产生羞怯情绪吗？

1.你知道朋友的家就在这条街的某一段上，可是门牌号记不清了，这时你(　　)

A.按响一家门铃打听清楚，说不定就碰对了

B.找电话亭给朋友打电话询问一下

C.在街口慢慢一家一家找

2.如果你的上级要你对他直呼其名而不是称呼其职衔，你会感到(　　)

A.很高兴

B.无关紧要

C.有点不习惯

3.进入一个全是陌生人的房间时，你会(　　)

A.犹豫半天才跨进去

B.一直等到有其他人才随着一起进去

C.毫不犹豫地走进去

4.在日常例会上，你有个不同的想法想谈，你会(　　)

A.站起来侃侃而谈

B.会后向有关人员私下提出

C.希望会场中有人代你提出

5.你和家人去餐馆吃饭，无意发现邻座坐着那位大名鼎鼎的钢琴家，你(　　)

A.极想上去请他签名，但只是局促地坐着不动

B.在家人的撺掇、鼓动下，鼓足勇气上前提出你的请求

C.自自然然走到他桌前搭讪

6.一次小型聚会上，你看见一位吸引你的异性，你(　　)

A.希望他(她)能够注意自己

B.请朋友引见

C.走上前去来一番自我介绍

7.国庆节单位搞联欢会,领导委托你当节目主持人,这时你(　　)

A.欣然接受

B.答应试试,心中有点打鼓

C.觉得不可想象,坚决推掉

8.家里来了一位你从未晤面的客人,你(　　)

A.轻松地进行攀谈

B.开始有点紧张,后来就好了

C.一直担心自己举止失当

9.从店里买回一件新的服装,你何时开始穿(　　)

A.买回来先放着,直到家人催促才穿,或有限的小范围试穿

B.一直看到周围有人穿上同款的,才穿出去

C.回家就换上

10.一年一度的业余合唱节到了,你是合唱队成员之一,指挥给队员排位置,你希望被安排在(　　)

A.第一排中间观众视线的焦点上

B.随便哪儿,只要不是中间就行

C.旁边都有队员遮挡的后排位置

11.上司派你去码头接客人,告诉了你那人的姓名及外貌特征。你在上岸的人流中看到这样一个人,这时你会(　　)

A.大步上前加以证实

B.把写"接××"的牌子在他的视线内晃动希望引起他的注意

C.站在一边,直到其他旅客走光,确定他也在等人才去招呼

12.在舞会上,有位你并不相识的异性一直凝视你,你会(　　)

A.以同样的方式看他(她)

B.扫对方一眼,又装作未察觉掩饰过去

C.微微低头或将脸扭开

结果与解释:

其中第1、2、4、7、8、10、11、12题选A得1分,B得3分,C得5分;第3、5、6、9题选A得5分,B得3分,C得1分。计算总分。

2~22分:你是个十分自信的人,很少拘谨,这使你能捕捉到更多施展

才华的机会。你必须注意分寸感,以维护自己的尊严。

23~46分:你是个羞怯度中等的人,这会给你的行事造成一些障碍,但多数情形下事情会发生转机。如果处理得当,它反而会成为你惹人喜爱的因素之一。

47~60分:一方面,你的羞怯心理较重,对自己缺乏信心,不喜欢公开亮相,无意与他人竞争,遇事犹豫不决,很不善于交际;另一方面,你勤于思考,机敏睿智,为人谨慎,凡事多为人着想,不飞短流长,这是你的长处。不必对自己过分苛刻,也不必把周围的人看得太高。事实上每个人都有其所长,有其所短,你也拥有别人所缺乏的东西。关键是善于鼓励自己,善于扬长避短,你也许不适于领导他人但却是很好的合作伙伴。

活动二:自我训练的方法

(1)理直气壮地迎着别人走去。

(2)训练自己盯住对方的鼻梁,让人感到你正在正视他的眼睛。

(3)两人见面时,首先伸出手握住对方的手。

(4)两人相遇时,首先开口说话。

(5)大声讲话。

(6)尝试与陌生人进行一次谈话。

(7)每天准备对全班同学说一句话。

【心灵启示】

人的羞怯情绪似乎是一种与生俱来的品质,从某些领域来看,羞怯并不一定是一个完全贬义的词,有人甚至认为"适当的羞怯是一种美德"。在现实生活中我们确实能遇到十分害羞的人,他们一方面对自己缺乏信心,不喜欢公开亮相,无意与他人竞争,遇事犹豫不决,表现得很不善于交际,但另一方面又往往勤于思考,凡事多为人着想。我们也会遇到一些不太羞怯的人,一方面,他们往往对自己十分自信,很少拘谨,能够捕捉到较多施展自己才华的机会,另一方面,也可能太过冒失,容易与人争执,从而得罪和伤害别人。因此,羞怯与不羞怯究竟是好是坏,不能一概而论。但它们都不能超过一个有限的"度",过度的羞怯会使人消极保守、沉溺在自我的小圈子里,不利于一个人的成功,甚至有可能造成心理障碍。

很多羞怯程度很高的人都希望能使自己有些改变，变得乐观而外向一些，以适应现代社会。要想改变这一点，当然我们首先要弄清造成羞怯的原因。一般来讲，羞怯是由先天和后天因素的双重影响所致。有人认为后天的抚养环境以及长期以来形成的行为习惯对羞怯的影响更大些。据观察，有些羞怯的人在自己的孩提时代并不羞怯，只是进入学校以后，由于学习、身体等方面的原因，受到学校和家庭方面的压力，加之自己十分在意别人的看法与评说，久而久之，才形成羞怯的；也有一部分是由于在自己童年的时候家庭的抚养环境导致的，有些家长不鼓励自己的孩子和同年龄的孩子玩耍或是周围没有同龄儿童，长期下来也会形成一种内向而羞怯的性格。以上两种情况在羞怯的人里占了很大比例。

针对造成羞怯的原因，笔者认为要想克服羞怯，应主要从以下几个方面做起：

(1)提高认识。要明确性格是在生活过程中逐渐形成的，如果你已形成羞怯的性格，不要刻意追求奔放和外向，因为羞怯的人也有很多优点。要避免羞怯关键是要少考虑自我，多考虑他人，多考虑社会价值，多考虑如何与人交往。此外，还要正确认识自己，承认“羞怯”是自己的弱项，承认他人的长处，这样当别人注意到你的这方面时，你才不会紧张或刻意地掩饰自己，才能采取随和的态度，也只有这样，你同别人的关系才能更加密切而友好。

(2)坦诚自我。首先，必须学会尊重别人，不要给别人一种傲视一切、高高在上的印象，这样，别人才会喜欢你并乐意与你交往。否则，整日孤芳自赏，尽管主观上想克服羞怯，但终因客观上的碰壁而走回羞怯的老路上去。其次，为人要热情、开朗，做出乐于与人交往的表示。否则，终日沉默不语，别人便不愿打扰你了。只有善于并乐于表达，并使别人在与你的交谈中获得乐趣，别人才愿意与你交谈，你也才能从羞怯的阴影中摆脱出来。

(3)关注他人。平时，要留心他人的行动和爱好，了解对方对什么样的话题、行为最感兴趣。这样，与人交往时就能投其所好，使人觉得你容易接近，容易成为好朋友。

六 “压力调频台”主题班会

【心事链接】

2008年8月北京奥运会上，埃蒙斯以资格赛第二名的身份进入男子50米步枪三种姿势决赛。在资格赛中，他在雅典奥运会的“克星”贾占波发挥不佳，仅列第24位被淘汰。而另一名中国选手邱健则排在资格赛第四位，顺利进入决赛。

决赛中，埃蒙斯发挥相当出色，9枪中有7枪打在10环以上，以至于在最后一轮还没发枪时，他领先第二名乌克兰选手尤里高达3.3环之多——还是像4年前那样，只要正常发挥，就稳获冠军。

最后一枪，邱健打了10环，尤里打了9.8环，邱健关键时刻反超0.1环，所有观众都想，好歹拿到块银牌了。但这时候，戏剧性的一幕发生了：埃蒙斯开枪，屏幕上显示的靶子一片空白。全场惊叫声响成一片——难道又脱靶了？随后，眼尖的观众率先在4环左右发现了一个小点：4.4环！几乎和脱靶无异！

这位悉尼奥运会的冠军，继雅典奥运会上演“离奇脱靶”后，再一次将到手的金牌拱手让给中国选手邱健。

同学们，为何埃蒙斯屡次将唾手可得的金牌拱手让给了别人？

【心理宝典】

学习压力就是个体在学习过程中因受内外部因素的影响所产生的情绪状态。学生的学习压力来自于内外两方面，尤其以外部因素为主。适度的心理压力会成为学生自我进步的内驱力，促进学生主动发展，但如果压力过大，则会使学生处于比较高的亢奋和紧张状态，这种状态长时间得不到缓解，容易引起神经抑制，造成认识和思维的闭合，甚至产生厌学情绪。

从健康的角度看，高压力的生活不利于身心发展，它会导致躯体性疾病，也会给个性发展打上抑郁、焦虑不安的色彩，同时也会降低学习能力，产生厌学情绪，从而降低学习效率。

然而并不是毫无压力的人就容易获得成功。俗话说：水无压力扬不高，人无压力轻飘飘。中学生要学会合理地给自己施压，并善于将各种压力转化成动力。焦虑水平和学习效率的关系十分复杂，因为它是受到各种因素的影响，比如任务的难度、动机水平、学习情境等。从学习情境的压力与焦虑水平的关系看，一般是低焦虑者因情境压力而提高学习效率，高焦虑者因情境压力而降低学习效率，学生掌握好适度的压力，就会促进学习效率的提高。下面提供两条消除学习压力的建议，供同学们参考：

(1)不同时候、不同原因都会让人们体验到压力，压力会干扰正常的学习和生活，会让人生气发怒，不能自制。一旦出现这些压力的症状，就要寻求解决方法消除压力。通过向别人倾诉和宣泄的方式会帮助你缓解学习压力，特别是将压力全盘倒空后，别人虽不能解决你的问题，但能指出方法。

(2)不要等待，赶紧采取措施。一是认识到你已有的压力；二是寻找压力的诱因；三是通过大睡或好好吃一顿等方式解决烦恼；四是告诉别人你的处境和感受，不要隐瞒什么；五是不要指望时间会消磨你的不快，鼓起勇气找人谈谈。

【心智训练】

活动一：测一测

心理压力影响着学生的学习效率，对于刺激性强、威胁大的学习任务，产生压力是一件正常的事情，请你对照下面的量表，检测你的学习压力状况。每道题有四个选项。按照“很符合自己的情况、较符合自己的情况、较不符合自己的情况、很不符合自己的情况”分别得“3分、2分、1分、0分”的标准评判各题。

1.考试前几天，坐立不安。

2.到考试那天，变得不安起来。

3.临近考试时，我就泻肚子。

4.铃声一响，心里就很紧张。

5.想到考试来临，身体就发僵。

6.考试时，反应比平时迟钝。

7.在考试前，我总感到苦恼，看到难题，感到不安。

8.在考试前，我脾气变坏。

9.考试时，手脚冰凉。

10.复习阶段，常害怕考不好。

11.在考试时，我感到十分紧张。

12.临考时，注意力越难集中。

13.考题很难，我担心不及格。

14.想到考试，不愿参加文娱活动。

15.考试中，常想与考试无关的事。

16.考前，常想：考差怎么办。

17.考试中，不会做最简单的题目。

18.在考试前，常做考试的梦。

19.我沉浸在空想中。

20.即使不热，也会出汗。

21.上厕所的次数较多。

22.我常会看错题目。

23.手脚发僵，写字不流畅。

24.头痛。

25.题目没做完，手足无措。

26.家长批评我考得差。

27.十分讨厌考试。

28.会的题目做错了，很生气。

29.重要考试过后，腹泻。

30.喜欢考试不记成绩。

31.不喜欢考试紧张的气氛。

32.没有考试，能学很多东西。

结果与解释：

分数为0~24分，表明你很镇静；25~49分，表明你有轻度的学习压力；50~74分，表明你有中度的学习压力；75~99分，表明你的学习压力较为严重,需要进行适当的调整。

活动二:想一想

在以下压力情境下,你会建议他们怎么做呢?

1.成绩很好的A同学人缘却很差,班里几乎没有人和她一起玩。当她看到别的同学三五成群,一起玩笑打闹时,心里很难受,睡不着觉,上课也不能集中注意力。她该怎么办呢?

2.B同学是班级的多面手,学习不错,又是学生干部,平时对自己要求很严格。最近他为班级合唱的事发愁,同学们怕耽误学习都不愿意参加,他为此焦虑不安,常莫名其妙地发火。他该怎么办呢?

3.C同学的物理成绩一直波动很大。快考试了,父母每天都会叮嘱他好好看物理,他自己也在拼命抓。可最近经常注意力集中不起来,还时常做噩梦,梦见自己物理考试不及格。他该怎么办呢?

【心灵启示】

国王与紫罗兰

一天,一个国王走进皇家花园,发现所有的花木都快要枯萎了。门口一株橡树对国王说,它不想活下去了,因为它不像松树那样高大挺拔。

松树也很灰心,因为它不像桃树那样能结出可口的果实。桃树则恨自己不能像针叶树一样发出芳香。

但是国王走到一株紫罗兰面前,却看见它生机蓬勃地绽开笑脸,国王问它,为什么在这个大家都很消沉的环境里却能这样高兴?

它说:"陛下,我知道,我不过是一株小花,但是我也知道你需要一株紫罗兰,才把我种在这里,不然你会在这儿种橡树或松树;我还知道,紫罗兰是变不成松树的,所以我决定做我自己——一株最好的紫罗兰。"

人们常说期望越大,失望就越大,调整期望值,适当给自己"降压",你将会有意想不到的收获!

七 “EQ的奥秘”主题班会

【心事链接】

1965年9月7日，世界台球冠军争夺赛在纽约举行。路易斯·福克斯十分得意，因为他远远领先对手，只要再得几分便可登上冠军宝座了。然而，正当他全力以赴拿下比赛时，发生了令他想象不到的小事：一只苍蝇落在台球上。这时的路易斯本没注意，一挥手赶走了苍蝇，俯下身准备击球。可当他目光落到主球上，这只可恶的苍蝇又落到了主球上。在观众的笑声中，路易斯又去赶苍蝇，情绪也受到了影响。然而，这只苍蝇好像故意要和他作对，他一回到台盘，它也跟着飞了回来，惹得在场的观众开怀大笑。路易斯的情绪恶劣到了极点，终于失去了冷静和理智，愤怒地用球杆去击打苍蝇，不小心球杆碰动台球，被裁判判为击球，从而失去了一轮机会。本以为败局已定的竞争对手约翰·迪锐见状勇气大增，信心十足，最终赶上并超过路易斯，夺得冠军。路易斯沮丧地离开后，第二天早上，有人在河里发现了他的尸体。他投水自杀了。

请思考一下路易斯失败的原因是什么？

【心理宝典】

情商，全称为情绪智力（EQ），它是非理性的情感商数，是人的一种涵养、一种社会智力、一种心灵力量和人的另一种形式的智慧的总称。包括自我知觉、管理自我、自我激励、认识他人、处理人际关系等五方面。情商的高低反映了一个人智商品质的高低，也反映着一个人准确、有效地加工情绪信息的水平，并揭示一个人由情绪引起、激发和促进心智良好循环的潜能。情绪智力对构建健康的心理，准确表达情绪信息，调节自身的情感，促进个体心理健康能力都具有重要作用。

1990年，美国耶鲁大学的学者萨洛维和新罕布什尔大学的梅耶教授提出情绪智力的概念，1995年，美国哈佛大学的心理学教授戈尔曼将情绪智商推向了一个巅峰。随着社会的发展,情绪智力对防止家庭悲剧的发生,提高企业生产效率和促进医疗事业的健康发展都具有重要的作用。但是,由于传统思想的限制,还存在情商和智商的对立,对青少年的情绪智商采取无视型、放任型和处罚型,因而造成青少年缺少自主和自信能力,难以认识自己和控制自己,缺乏语言的交际和沟通能力。

【心智训练】

活动一:写一写

果汁软糖效应:研究者让一群4岁的孩子们挨个进入一间空旷的屋子,并对每一个孩子说:"瞧,这颗糖是给你的,你一定非常想吃吧!喏,慢着,我还没说完呢!现在我要出去办点事,嗯,要是你等我回来之后再吃,我就再给你一颗,你看怎么样?"说完,研究者立即离去。孩子们对待软糖的态度可谓千差万别:有迫不及待就吃下去的;有稍作犹豫但终于克制住没吃的;但也有铁下心来坚持等待的。这些希望得到第二颗软糖的孩子们通过种种方法来转移自己的注意力,或微闭双目,或低垂脑袋,抑或自我吟唱、自我游戏,乃至假装瞌睡。当然,他们的艰辛得到了补偿。

请你预测一下两类孩子今后的发展情况。

活动二:测一测

根据你的实际情况进行选择,看看你的情商如何。

1.与父母争吵后,能掩饰住自己的沮丧(　　)

A.是　　B.否

2.当学习效果不佳时,你能预感到结果可能不妙(　　)

A.否　　B.是

3.遇到好朋友,马上能看出他(她)的情绪状况(　　)

A.是　　B.否

4.常常为一些忧心事夜不能眠(　　)

A.是　　B.否

5.常会受浪漫爱情片或伤感片感染(　　)

A.是　　B.否

6.情况不妙时,能及时检讨并改变自己的看法或做法(　　)

A.是　　B.否

7.如果你忘了父母或好朋友的生日,更可能是因为自己太忙,而不是不善于记别人的生日(　　)

A.否　　B.是

8.你经常想知道别人是怎样看待或评价自己的(　　)

A.否　　B.是

9.你为能让与自己打交道的人高兴而自豪(　　)

A.是　　B.否

10.尽管讨价还价能省钱,但你觉得厌烦(　　)

A.否　　B.是

11.你相信直率的说话能使事情变得容易解决(　　)

A.否　　B.是

12.在讨论中,你不愿为自我感觉是正确的答案与对方争论(　　)

A.否　　B.是

13.在生活中你经常对做出的决策进行反省(　　)

A.否　　B.是

14.你对自己适应环境的能力抱有信心(　　)

A.是　　B.否

15.在群体性的娱乐中,你往往能提出好的建议(　　)

A.是　　B.否

16.若你有一根魔棒,你将用它改变自己(　　)

A.否　　B.是

17.尽管你学习很努力,但你的父母总是在催促着你(　　)

A.否　　B.是

18.你觉得父母和亲友的对你的厚望给自己带来压力(　　)

A.否　　B.是

19.你认为小小一点压力也会伤害到别人(　　)

A.否　　B.是

20.你会把个人隐私告诉你最好的朋友(　　)

A.是　　B.否

21.你会对合作者发火,如果他(她)总是唠叨的话(　　)

A.否　　B.是

22.你的锻炼无效是因为方法不对,而不是因为锻炼无益(　　)

A.是　　B.否

23.你打球输了,是环境不好,而不是球打得不好(　　)

A.是　　B.否

24.如果你的朋友说了伤你感情的话,你会认为他是个以自己为中心、言行不考虑别人的人(　　)

A.否　　B.是

25.如果失败,往往是因为你根本就不想做,而不是你没有这个能力(　　)

A.是　　B.否

结果与解释:

评分方法:选A得1分,B得0分,计算累积总分。

20~25分:你对自己的才能极有信心,与他人融洽相处,善于控制自己的情感,不会轻易被情绪击倒。但如果过于自信,可能会成为一个失败者。

9~19分:你能意识到自己与他人的情感,但显得关注不够。应对自己不断提出要求和目标,分析与理解别人的情感和需求,不怕挫折、吸取教训、扬长避短。

0~8分:你太注重自己而漠视他人了。粗鲁的行为方式也许能帮你一时,但失大于得。应学会尊重别人,不损害别人利益。关注一下自己的情商,亡羊补牢,为时未晚。

3.船长的决断。

你被任命为一艘豪华游览客轮的船长。在一个晴朗的日子,游览客轮载着300名乘客和船上50名乘务人员,向北方一个风景独特的游览观光胜地驶去。海面上风平浪静,客轮静静地行使着。黄昏时分,夕阳西沉,从北面吹来一阵凛冽的寒风,海面上起了浓雾,航行的视野变得模糊。当雷达发现从北方飘来的巨大冰块时,已经错过了适当的避行时机,客轮与巨大的冰块发生了冲撞,船体遭到了严重的破损。船上的乘客发生了极大的恐慌,尖叫声、哭喊声四起。人们的情绪一片混乱,局面岌岌可危。此时,你作为船长,必须迅速、果断地做出判断和处理,控制局面。

以下是15个处理事项。请你在你认为其中最重要、最需要迅速处理的事项上标上“1”,次重要的事项上标上“2”,依此类推,顺次标到“15”为止。

A.命令乘务员立即放下救生艇。

B.在船上播放让乘客镇静的音乐。

C.让船员检查船上的预备发电机,准备运转。

D.收集和准备好航海图和附近海面的地图。

E.给各救生艇发放防范、求助用的信号枪和绳索。

F.给各救生艇分配救急医疗用品。

G.将事故紧急记录到“船长日志”中去。

H.立即派人检查船体的破损程度和确认事故的状况。

I.向全体乘客广播紧急通知。

J.向各救生艇发放救生衣。

K.整顿船上旅客的秩序。

L.将船体破损部位或区域的防水闸关上。

M.按小孩、妇女、老人和成年男人的次序,让乘客分批登上救生艇。

N.拿出手提无线传呼机,准备使用。

O.向附近海上航行的其他船只发出“SOS”求救信号。

排列顺序为:____________________。排序后,请告诉全班同学你为什么这样排。

【心灵启示】

巴恩斯是美国的一位杰出的商业界代表,也是一位有名的百万富翁。这不仅因为他是世界著名的发明家爱迪生的商业伙伴,还因为他发现人们可以运用自己的智慧致富聚财,特别是运用自己的情绪智力来获得事业的成功。他并没有受到良好的高等教育,智力并不高,而且身无分文,但他有良好的心理素质和自我意识。当他渴望成为爱迪生的商业伙伴时,他的心中就只有这个目标。

他的外貌像一个流浪汉,但充满了乐观和自信,表情俨然像一位国王。他从火车站走向爱迪生的办公室途中,内心控制着自己的情绪。他不断地自我暗示,“我不是去说服爱迪生随便给我一个工作”、“我一定要见到爱迪生,了解他的需要和情感,我要让他知道我是来参与他的事业的”、“我必须充满自信,以获得我所需求之物”。爱迪生终于和巴恩斯见面了,第一次的印象非常好,爱迪生接受了巴恩斯的请求。刚开始,他并不顺利,因为第一次交谈,只是获得爱迪生的肯定,并没有获得爱迪生对他的才能的赏识,仅仅获得一个工作的机会。但他并没有感到受到挫折,情绪没有沮丧,而是以巨大的耐心默默地学习和观察。在工作中,他懂得如何克服自己焦虑的情绪和冲动的行为,仍然充满了乐观和自信。五年以后,爱迪生完成了一种“爱迪生记录器”。推销商对这种器材毫无兴趣,但巴恩斯认为自己完全有能力推销这种产品,并将自己的计划和设想向爱迪生提出,得到了爱迪生的支持。他成功的推销了这些机器,博得了爱迪生的极大信任,并与他定下了合同,把全国的市场及经销代理权全部委托给他。从那次商业合作中,巴恩斯功成名就,一跃成为百万富翁。

人生的路途中,你会遇到各种困难和险阻,你能不能利用自己的情绪智力战胜困难?巴恩斯以自己的成长故事,证明了依靠情绪智力来获得成功是完全可能的。

第五章　心理健康教育主题班会活动设计——人格篇

一　"气质知多少"主题班会

【心事链接】

你知道什么是气质吗？气质有哪几种类型呢？看看下面这幅漫画中不同气质类型的人的行为特征。

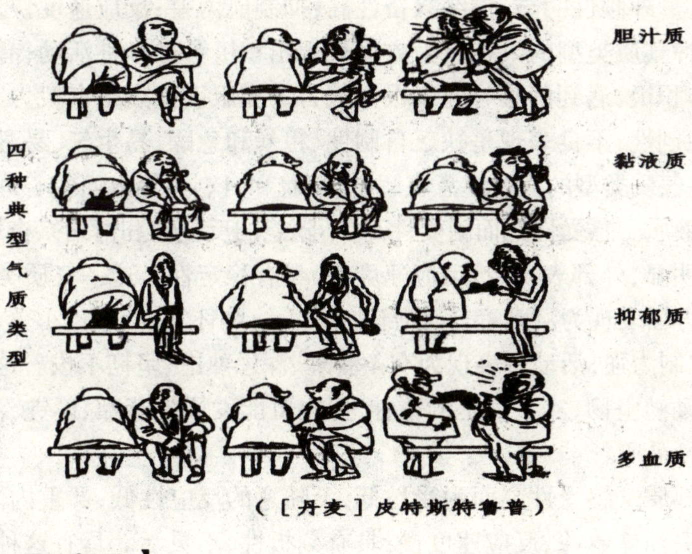

（[丹麦]皮特斯特鲁普）

【心理宝典】

气质是人的个性心理特征之一，它是指在人的认识、情感、言语、行动中，心理活动发生时力量的强弱、变化的快慢和均衡程度等稳定的动力特征。主要表现在情绪体验的快慢、强弱，表现的隐显以及动作的灵敏或迟钝方面，它与日常生活中人们所说的“脾气”、“性格”、“性情”等含义相近。气质是在人的生理素质的基础上，通过生活实践，在后天条件影响下形成的，并受到人的世界观和性格等的影响。它的特点一般是通过人们处理问题、人与人之间的相互交往显示出来的，并表现出个人典型的、稳定的心理特点。

气质类型是指表现为心理特性的神经系统基本特性的典型结合。气质可以分为四种类型：多血质、胆汁质、黏液质、抑郁质。

多血质。感受性低而耐受性较高，不随意的反应性强；具有可塑性和外倾性；情绪兴奋性高，外部表露明显，反应速度快而灵活。该类型的人适应性强、善于交际、待人热情、学习上领会问题快，但也表现出轻率、不忠诚等。因此，该类型的人要注意在刻苦钻研、有始有终、严格要求等方面的心理修养。

胆汁质。感受性低而耐受性较高，不随意的反应性高，反应的不随意性占优势；外倾性明显；情绪兴奋性高，抑制能力差；反应速度快，但不灵活。这种气质类型的人在行为方面表现出积极参加各种活动，有创新精神、工作积极，遇到困难时能以极大毅力去克服。优点是有毅力、积极热情、有独创性，不良表现是缺乏自制性、粗暴和急躁、易生气、易激动。因此，这一气质类型的人要注意在耐心、沉着和自制力等方面的心理修养。

黏液质。感受性低而耐受性高，不随意的反应性和情绪兴奋性均低；内倾性明显，外部表现少；反应速度慢，具有稳定性。这一气质类性的人在行为方面表现为沉默寡言、面部表情单一、胸怀宽广、不计小事、能委曲求全、自制力强，活动中表现为有条有理、深思熟虑、坚韧不拔。这种人容易形成勤勉坚韧、实事求是的精神，但也可能发展如萎靡、迟钝、消极、懒惰等不良品质。

抑郁质。感受性高而耐受性低，不随意的反应性低；严重内倾；情绪兴奋性高而体验深，反应速度慢；具有刻板性，不灵活。具有这种类型特征的人在情绪方面表现为情感不易老化、比较平静、不易动情，情感脆弱、易神经过敏、容易变得孤僻。在行为方面表现为动作迟缓、胆小、不喜欢抛头露面、反应迟钝。这种气质类型人易形成伤感、沮丧、犹豫、深沉、悲观等不良心理特征。

应当指出，并不是所有的人都可按照四种传统气质类型来划分，只有少数人是四种气质类型的典型代表，多数人是介于各类型之间的中间类型。因此，在判断某个人的气质时，并非一定要把他划归为某种类型，主要是观察和测定构成他的气质类型的各种心理特性以及构成气质生理基础的高级神经活动的基本特性。另外，气质并无好坏之分，每种气质类型都有自己的优点与缺点，要客观看待。

【心智训练】

测测你的气质类型：本测验共有60个问题，只要你能根据自己的实际行为表现如实回答，就能帮助你确定自己的气质类型，但必须做到：

(1)回答时请不要猜测题目内容要求，也就是说不要去推敲答案的正确性，以下题目答案本身无所谓正确与错误之分。

(2)回答要迅速，整个问卷限在5~10分钟之内完成。

(3)每一题都必须回答，不能有空题。

(4)在回答下列问题时，你认为很符合自己的情况的，记2分；较符合自己情况的，记1分；介乎符合与不符合之间的，记0分；认为较不符合自己情况的，记-1分；完全不符合自己的，记-2分。

1.做事力求稳妥，不做无把握的事。

2.遇到可气之事就怒不可遏，想把心里话全说出来才痛快。

3.宁可一个人干事，不愿很多人在一起。

4.到一个新环境很快就能适应。

5.厌恶那些强烈的刺激，如尖叫、噪音、危险镜头等。

6.和人争吵时，总是先发制人，喜欢挑剔别人。

7.喜欢安静的环境。

8.善于和人交往。

9.羡慕那种善于克制自己感情的人。

10.生活有规律，很少违反作息制度。

11.在多数情况下情绪是乐观的。

12.碰到陌生人觉得很拘束。

13.遇到令人气愤的事,能很好地自我克制。

14.做事总是有旺盛的精力。

15.遇到问题常常举棋不定、优柔寡断。

16.在人群中从不觉得过分拘束。

17.情绪高昂时,觉得干什么都有趣;情绪低落时,又觉得什么都没有意思。

18.当注意力集中于某一事物时,别的事很难使我分心。

19.理解问题总比别人快。

20.碰到危险情景,常有一种极度恐怖感。

21.对学习、工作、事业怀有很高的热情。

22.能够长时间做枯燥、单调的工作。

23.符合兴趣的事情,干起来劲头十足,否则就不想干。

24.一点小事就能引起情绪波动。

25.讨厌做那种需要耐心、细致的工作。

26.与人交往不卑不亢。

27.喜欢参加热烈的活动。

28.爱看感情细腻、描写人物内心活动的文学作品。

29.工作学习时间长了,常感到厌倦。

30.不喜欢长时间谈论一个问题,愿意实际动手干。

31.宁愿侃侃而谈,不愿窃窃私语。

32.别人说我总是闷闷不乐。

33.理解问题常比别人慢些。

34.疲倦时只要短暂的休息就能精神抖擞,重新投入工作。

35.心里有话宁愿自己想,不愿说出来。

36.认准一个目标就希望尽快实现,不达目的,誓不罢休。

37.学习、工作同样长时间,常比别人更疲倦。

38.做事有些莽撞,常常不考虑后果。

39.老师或师傅讲授新知识、新技术时,总希望他讲慢些,多重复几遍。

40.能够很快地忘记那些不愉快的事情。

41.做作业或完成一件工作总比别人花的时间多。

42.喜欢运动量大的剧烈体育活动，或参加各种文艺活动。

43.不能很快地把精力从一件事转移到另一件事上去。

44.接受一个任务后，就希望把它迅速解决。

45.认为墨守成规比冒风险强些。

46.能够同时注意几件事物。

47.当我烦闷的时候，别人很难使我高兴起来。

48.爱看情节起伏跌宕、激动人心的小说。

49.对工作抱认真严谨、始终如一的态度。

50.和周围人的关系总是相处不好。

51.喜欢复习学过的知识，重复做能熟练做的工作。

52.希望做变化大、花样多的工作。

53.小时候会背的诗歌，似乎比别人记得清楚。

54.别人说我"语出伤人"，可我并不觉得这样。

55.在体育活动中，常因反应慢而落后。

56.反应敏捷、头脑机智。

57.喜欢有条理而又不甚麻烦的工作。

58.兴奋的事常使我失眠。

59.老师讲新概念，常常听不懂，但是弄懂了以后就很难忘记。

60.假如工作枯燥无味，马上就会情绪低落。

结果与解释：

(1)如果某一项或两项得分超过20，则为典型的该气质。例如胆汁项超过20，则为典型胆汁质；黏液质和抑郁质项得分都超过20，则为典型黏液——抑郁质混合型。

(2)如果某一项或两项以上得分在20分以下、10分以上，其他各项得分较低，则为该项一般气质。例如，一般多血质；一般胆汁质——多血质混合型。

(3)若各项得分都在10分以下，但某项或几项得分较其余项为高(相差5分以上)，则为略倾向于该项气质或几项混合。例如略偏黏液质型；多血质——胆汁质混合型。其余类推。

一般来说，分值越高，表明被试越具有该项气质的典型特征；反之，分值越低，表明越不具备该项特征。

计分标准：

胆汁质	题号	2	6	9	14	17	21	27	31	36	38	42	48	50	54	58	总分
	得分																
多血质	题号	4	8	11	16	19	23	25	29	34	40	44	46	52	56	60	总分
	得分																
粘液质	题号	1	7	10	13	18	22	26	30	33	39	43	45	49	55	57	总分
	得分																
抑郁质	题号	3	5	12	15	20	24	28	32	35	37	41	47	51	53	59	总分
	得分																

【心灵启示】

研究表明，气质特征往往为一个人从事某种工作提供了有利条件。胆汁质的人喜欢不断创新的活动，喜欢热闹，适合从事需要反应迅速、动作有力、应急性强、冒险性大、难度较高而费力的工作，如导游、勘探工作者、推销员、节目主持人、讲演员、外事接待人员以及监督员等工作。多血质的人适宜从事要求反应迅速、灵活的工作，如外交工作、管理工作、驾驶员、服务员、医生、律师、运动员、冒险家、新闻记者、演员、侦探、干警等。黏液质的人容易养成自制、镇静、有条不紊等品质，适合从事医学、法官、管理人员、出纳员、保管员、话务员、会计、播音员等工作。抑郁质的人谨慎、细心、稳重，可胜任持久而细致的工作，如校对、打字、排版、检查、化验、雕刻、刺绣、保管、机要秘书等工作。根据上述情况，在选拔人才和职业培训中，应考虑人的气质类型差异，以利于发挥各人之所长，更好地提高工作效率。

值得注意的是，气质的各种特征之间可以起互补作用。黏液质的注意力稳定补偿了其注意转移困难的缺陷，而多血质的注意力易转移可补偿其注意易分散的缺陷。因此，在一般的职业活动中，某种气质类型对工作效率的影响并不显著。只要我们能扬长避短，同样能做好工作。

二 "我的性格"主题班会

【心事链接】

许多少年朋友都看过电视剧《西游记》，唐僧师徒四人鲜明各异的性格给我们留下了深刻的印象。下面是一位同学对这四人性格的描述，你觉得合适吗？

唐三藏：温驯善良乐善施，正直豁达心地宽，老成持重谨慎行，谦恭有礼守规矩，优柔寡断多善感，坚韧不拔性执著。

美猴王：本领高强爱憎分，疾恶如仇抱不平，聪明机智计谋多，勇敢果断顶天地，暴烈如火性急躁，诙谐幽默喜逗乐。

傻八戒：性懒惰，自吹自擂贪功劳，自私自利好便宜，粗心大意马虎多，轻佻浮躁好女色，阿谀奉承圆滑多。

憨沙僧：貌不扬，忠心耿耿性憨厚，墨守成规少言辞，任劳任怨多勤劳，真诚朴实善忍耐。

【心理宝典】

性格是指人对现实的态度和行为方式中稳定的心理特征，它主要包括四个方面的内容。①理智方面的特征。如思维是具有灵活性、独创性，还是具有刻板性、保守性。②情绪方面的特征。如情绪是强烈、外露，还是温和、内敛等。③意志方面的特征。如在困难、危急等面前表现是坚强、有恒心，还是软弱、放弃等。④对现实的态度。如对他人和集体是热情、友好，还是冷淡、敌对等；对学习是积极、负责，还是消极、马虎等。

人们常常把性格分内向型与外向型，这两种类型的人表现也不同。外向型性格的人活泼开朗、好表现、善变多言、情感外露、关心周围的一切。内向型性格的人沉静、稳重、含蓄、谨慎，情感不外露。上面的唐僧师徒四人中的孙悟空和猪八戒就是典型的外向型性格的人，而唐僧、沙僧则是典型的内向型性格的人。

性格一般都表现出稳定性的一面，但又具有一定的变动性。如孙悟空性格中的活泼好动、多言善辩、喜欢逗乐等是稳定的，但有时他也会表现得安静稳重，甚至沉默不语。同样在生活中，人们也不总是表现出内向或外向的一面，内向的人在一定的场合也会表现出外向的一面，只要适合一定的场合，也会觉得很自然，容易接受。人是社会性的动物，在参与各种社会活动时，应当使自己的性格表现即行为举止符合自己所扮演的社会角色的要求，这也是一个人心理健康的重要标准。例如一个人在企业里是一位领导，表现得严肃、稳重、谨慎自律、沉着果断；在家里他是一位父亲，和蔼可亲、怡然自得、富有人情味；在与朋友交往时他风趣幽默，感情丰富，喜欢开开别人的玩笑。我们不会认为这个人善变，捉摸不定，而是觉得他这样很自然，因为他在扮演不同的角色时，恰如其分地表现出其性格的不同方面。

性格还具有可塑性。青少年朋友正处于塑造自己性格的关键期，这时你会发现自己的性格经常波动，自己都难以捉摸，还会为此烦恼。其实，此时你的性格还未定型，心理发展还不成熟，随着年龄的增大，性格会渐渐稳定下来，形成一个人特有的风格。所以，青少年朋友在这段时期应当在父母、老师的帮助和指导下，发扬自己的优良性格，克服性格中消极的一面，优化自己的性格，成为一名塑造自己性格的出色的“工程师”。

【心智训练】

测一测：根据自己的实际情况回答。要求对每题作答，符合的画“√”，不符合的画“×”，难以回答的画“?”。

1.我做事较快，但较粗糙。(　　)

2.我读书很慢，力求完全理解。(　　)

3.我生气时,总不加抑制地把怒气发泄出来。(　　)

4.我经常分析自己,研究自己。(　　)

5.受到表扬后我会学习得更努力。(　　)

6.我常会猜疑别人。(　)

7.我从不考虑几年以后的事情。(　　)

8.我希望过平静轻松的生活。(　　)

9.我始终以乐观的态度对待人生。(　　)

10.我讨厌在我学习时有人在旁观看。(　　)

11.我不怕应付麻烦的事情。(　　)

12.我总是独立思考回答问题。(　　)

13.我几乎从不主动制订学习计划。(　　)

14.我常有自卑感。(　　)

15.我的情绪很容易波动。(　　)

16.看到房间杂乱无章,我就静不下心来。(　　)

17.遇到不懂的问题我就去问别人。(　　)

18.旁边若有嘈杂声我就无法静下心来学习。(　　)

19.我常会过高估计自己的能力。(　　)

20.遭到失败后,我总是忘却不了。(　　)

21.我能够脚踏实地地干。(　　)

22.我很注意同伴们的学习成绩。(　　)

结果与解释:

评分原则:题号为单数的题目,"√"计2分,"×"计0分,"?"计1分;题号为双数的题目,"√"计0分,"×"计2分,"?"计1分。最后将各题的分数相加,其和就是你的性格倾向指数。

总分为0~8分的属内向;9~18分的属偏内向;19~26分的属中间型;27~35分的属偏外向;36~44分的属外向。

阅读下述材料,回答问题:

(1)贝多芬是德国伟大的作曲家,他的音乐中具有强烈骇人的英雄气质。但他的一生却屡遭不幸:贫困,几乎逼得他行乞;失恋,几乎令他绝望;双耳失聪,更是对他致命的重创。他痛苦地把自己关在房子里,远离人群的他开始性情孤僻、乖戾、日益消沉，甚至萌生了自杀的念头。但刚毅的天性使他心中再次发出英雄的呐喊：“我要扼住命运的咽喉，它绝不能使我完全屈服。”在命运悲剧的罗网中，贝多芬不屈的性格使他写就了题为《命运》的第五交响曲，成为世界音乐文化史上的巨人。

请回答：性格对人的作用是什么？

(2)在第27届悉尼奥运会上，经历了第一天的沉闷之后，女子气手枪选手——上海姑娘陶璐娜举枪射下奥运金牌。

在资格赛中，以领先对手二环的成绩进入最后决赛的陶璐娜一直发挥着正常的水准，第九枪打响后，陶璐娜只剩下一环的优势，最后一枪将决定陶璐娜与南斯拉夫选手塞卡里奇谁登上冠军宝座。在这令人窒息的一刻，塞卡里奇心慌了、气短了，手也颤抖了，打下了她最糟的一枪——8.9环。众人将目光投向陶璐娜，只见她平稳地举起枪，扣动扳机——9.6环，陶璐娜终于以1.7环的优势为中国摘下了首金，令中国军团士气大振。当记者采访她时，平静的陶璐娜娓娓道出她的人生信条：只有不悲不喜的人能经得起大喜大悲，也只有不谓得失，不等待回音的人才能攀上人生巅峰。

通过阅读材料，你认为陶璐娜具有哪些良好的性格特点？

【心灵启示】

好的性格是一种力量，更是一种资产，它能使你获得成功，而不良的性格，不仅会毁掉你的前程，甚至有的还会带来杀身之祸。

西楚霸王项羽是一名勇将，凭着勇敢和才干，他创立了伟业。但这个人又有他致命的弱点，那就是他的性格悲剧。他狂妄、刚愎自用，听不进不同意见。最后，只落得四面楚歌，自刎乌江的悲剧。再看《三国演义》里的关公，他是一代名将，为刘备创天下立下汗马功劳，但这个人也有他性格的弱点，骄傲自满、自以为是、太讲哥们义气。成事是他，败事也是他，最后，他为自己这性格的弱点而掉了脑袋。

成功的人都有他们特殊的性格。不同的岗位，不同的职业，对性格的要求各不相同，但他们又有共性的地方，即果断、坚定、有恒心、有毅力。同样是成功者，作家、艺术家、企业家、政治家，他们的性格各不相同。翻译家傅雷，他的性格耿直、疾恶如仇、执著、内向；作家沈从文，他的性格朴素平淡，质朴自然；企业家荣毅仁，他性格平和、儒雅、达观、严谨，气宇轩昂，雍容大度。特殊的性格，造就了他们在各自的领域里的成功。但作家的性格与企业家的性格是不能互换的，如果互换了，他们都将不会成功。

因此，当我们准备选择自己的人生道路时，一定要注意首先对自我进行必要的分析，特别是要对自己性格方面有一个清醒的认识，然后塑造出适宜的有利于前途的性格。

当然，我们也可逆向而行，即首先确立一个目标，弄清它对人的性格的要求，再检查自己是否具有这方面的优势，最后确立改进方案，有意识地努力，去实现目标，获得成功。性格即命运，性格即成功。有志者，请注意塑造自己的性格。成功的未来将属于你！

健康性格的标准：

(1)现实的态度。

(2)独立性。

(3)开放性。

(4)爱别人的能力。

(5)适当地依靠他人。

(6)发怒要能自控。

(7)有长远的打算。

(8)善于休息，热爱运动。

(9)对调换工作持慎重态度。

(10)对他人宽容和谅解。

(11)不断地学习和培养情趣。

(12)乐于与他人沟通和分享你的快乐。

三 "内向是把双刃剑"主题班会

【心事链接】

链接一

吴某，高一，男。他在博客里写道："我也不明白这是为什么，为什么人们之间可以肆无忌惮地交往，而我就不行呢？在学校里，我对同学没有特殊的感情，我希望可以躲起来不去面对这个世界。每天早上是我最无奈的时刻，真不想去学校，外面的世界对我来说实在是太难以应对了。每天从学校回到家里的时候，我都有如释重负的感觉。放假的日子，可以一两个月都不出门，喜欢待在家里，做个'宅男'。我很讨厌出门，也不喜欢和人们打交道，但是我又感到很孤独，我很想能多交几个好朋友，可是我又害怕与人接触。学习上有很多不懂的问题，但是我从来不敢问同学和老师，我怕别人会说我很笨……"

链接二

在听诊器发明以前，医生要听诊内脏的声音，必须把耳朵贴到患者的胸部。法国一位年轻男医生拉埃里克，因性格内向，生性腼腆，特别不好意思把脸埋于女患者的胸部听诊，遂自己发明了用竹筒子来听诊，后经不断改进，成为了今天广泛使用的听诊器。

【心理宝典】

瑞士著名的人格心理学家荣格最先提出了内外向人格类型学说。荣格认为，当一个人的兴趣和关注点指向外部客体时，就是外向人格；当一个人的兴趣和关注点指向内部主体时，就是内向人格。外向人格的特点是：注重外部世界，情感表露在外，热情奔放，当机立断，独立自主，善于交往，行动快捷，有时轻率。内向人格的特点是：自我解剖，做事谨慎，深思熟虑，疑虑困惑，交往面窄，有时适应困难。

从心理学家的解释中，我们可以看出，任何气质类型都有积极和消极两个方面，内向性格不等于不良性格，人们对内向性格的偏见应当予以改正。人们通常都认为内向性格的人都是少言寡语的，是胆小懦弱的，是自卑孤独的；在人际交往中，往往处于一种被动的姿态，很拘谨闭锁，而且不合群，不善与人沟通和交流；在自身发展中，缺乏自信，没有勇气，胆小怕事，长期封闭自己，甚至可能会恶化成自闭症。

这是对内向性格的偏激看法，不应该把“性格内向”与“不善交际”或“自卑懦弱”画上等号。内向型属于“冥想型”或者说是“沉思型”，这种类型的人，常常蕴藏着内在的独特性。性格内向者总是喜爱按照自己独特的方式来解释外界事物，他们比较习惯于沉浸在个人的精神世界中，日久天长，便逐渐养成了沉稳踏实、喜欢思考、耐心谨慎、自制力强、平易近人、坚韧文静的个性特征。他们在思考问题的时候，通常更冷静、更客观、更深刻，他们对问题的理解往往要比性格外向者更独到，想象力也更强。

性格内向的这种两面性，就像一把双刃剑，我们应该摒弃不足之处，发扬优良之处。心理学专家给内向性格的同学提出了几点建议：

(1)正确认识自己的个性特征。应该认识到，性格的内向和外向各有优缺点，不能完全否定内向性格。内倾型的人虽然容易产生自卑感，爱抠小事，忽视大局，会影响到学习和正常的人际交往。但是，内倾型的人遇事沉着、善于思考，这是提高学习效率的基本条件，大凡在某个科学领域取得较高成就的人，都是耐得住寂寞的人。

(2)学会人际交往的技巧。内向性格的人往往不喜欢与人打交道，总是活在自己的世界里，甘做“宅男”、“宅女”，但人作为一个社会的人，与人打交道是生存必需的，尤其在现代社会，善于与人相处、积极与人合作，才能取得更好的成就。内向性格的人应充分发挥自身沉稳耐心、平易近人的个性特征，来赢得同学们的喜爱。

(3)乐观地接纳自己的性格。心理学研究表明，很多人都属于中间型的个性特征，即既有外向的一面也有内向的一面，只是侧重点不同罢了。不论哪种性格的人，都应该接纳自己，明确自己的性格优势，在平稳踏实的心态下积极努力，找准自己的人生成才方向，不断提高自己的个人实力，充实丰富自己的生活，这样，你将渐渐地不再在意自己内向与否。只有这样，你才会拥有真正的自信，你就能亲切地与人交往，潇洒自如地表现自我。

【心智训练】

训练一

你觉得自己的性格属于内向型还是外向型，抑或是中间型？请总结一下自己的个性特征。

训练二

内向性测试：请回答下列问题。有三个选项：①“是”，问题内容适合于您的情况；②“否”，问题内容不适合于您的情况；③“不一定”，介于适合和不适合之间。回答时不要考虑应该怎样，而只回答你平时是怎样的。每个答案无所谓正确与错误，因而没有对你不利的题目。请尽快回答，不要在每道题目上作太多思索。

1.对细小的事情也忧虑不已吗？

2.能当机立断吗？

3.处理重大的事情啰唆费时吗？

4.能中途改变决心吗？

5.比起想，更喜欢做吗？

6.忧郁吗？

7.对失败耿耿于怀吗？

8.从容不迫吗？

9.不爱说话吗？

10.好动感情吗？

11.喜欢热闹吗？

12.情绪容易变化吗？

13.热衷于做事吗？

14.忍耐力强吗？

15.爱讲小道理吗？

16.议论问题容易过激吗？

17.小心谨慎吗？

18.动作敏捷吗？

19.工作细致吗？

20.喜欢干引人注目的事吗？

21.不顾一切地工作吗？（对工作入迷吗？）

22.是空想家吗？

23.过于洁癖吗？

24.乱扔物品吗？

25.浪费多吗？

26.说话过多吗？

27.性情不随和吗？

28.喜欢开玩笑吗？

29.容易受怂恿吗？

30.固执吗？

31.经常感到不满吗？

32.在意别人对自己的评论吗？

33.敢于批评别人吗？

34.自己的事情能放心托别人办吗？

35.不愿接受别人指导吗？

36.居于人上能很好管理吗？

37.能老老实实地听取别人的意见吗？

38.机灵吗？

39.喜欢隐瞒吗？

40.同情别人吗？

41.过于信任别人吗？

42.不忘记怨恨吗？

43.腼腆羞怯吗？

44.喜欢孤独吗？

45.交朋友尽心尽力吗？

46.在别人面前能随便地说话吗？

47.在惹人注目的地方退缩不前吗？

48.和意见不同的人也能随便地交往吗？

49.好管闲事吗？

50.能慷慨地给别人东西吗?

结果与解释:

根据以上回答结果,可求出外向性指数(V.Q),其公式为:

V.Q=(外向性反应总数+1/2回答“不一定”的总数)/25×100

公式中外向性反应总数是指所有作外向反应的题数。该量表外向性题的编号是:2、4、5、8、10、11、12、18、20、21、24、25、26、28、29、34、36、37、38、40、41、46、48、49、50,其余25道题属于内向性题。外向性指数大于115,则性格类型属于外向型;外向性指数小于95,则性格类型属于内向型;外向性指数为95~115,则属于中间型。

【心灵启示】

真正的宗教徒都是耐得住寂寞的人,古之诗人学者,多有隐居山林的,怕也是因其少尘世之喧哗,能专心致力于学术的精研。据我看,寂寞常使人耽于思考,幽静则培育着诗情。王维的“鸟鸣山更幽”,陶潜的“采菊东篱下”,都不会是在赶集的时候觅得灵感的。在浩如烟海的古典诗词中,使我百读不厌的,不是李杜,却是李贺的《金铜仙人辞汉歌》。“携盘独山月荒凉,渭城已远波声小”,每读至此,便觉身在其境,一种力透纸背的寂寞情怀,顷刻间浸润到我的心灵。再就是姜夔的《踏莎行》,“淮南皓月冷千山,冥冥归去无人管”,写寂寞到如此深邃,堪称是千古绝唱了。

——耿林莽《寂寞畅想曲》

世界上许多卓有成就的外交家,如新中国首任外长周恩来、前外长钱其琛,苏联外长葛罗米柯,美国前国务卿基辛格博士,联合国前任秘书长加利、安南等人,都是生性内向,而不是那种性格外向、咄咄逼人之人。但是,这不仅没有妨碍他们成为对交际能力有着极高要求的职业外交家,而且,他们那深沉的气度、高雅的谈吐、敏锐的思想、一针见血的精辟论断,反倒给他们增添了无穷的个性魅力。

四 “打开心灵之窗”主题班会

【心事链接】

某市一重点中学的心理咨询室里，一位母亲很困惑地对心理医生谈起了女儿的转变：

“小晴原来是个聪明乖巧、活泼开朗的孩子，每天从学校回来都叽叽喳喳地围着父母说个不停，介绍她在学校的一些趣事。可是近来却很奇怪，不仅不再像以前那么听话，还说我们不理解她，也不再围着我们说这说那。有时做父母的多问她几句还不耐烦，好像性格有了很大的转变似的。而且她的东西也不让我们碰了。上次我替她收拾房间，不小心碰掉了她的日记本，就拾在手里，正好被她看见，认为我是想偷看她的日记，生了好长时间的气呢。原先乖巧聪明的孩子，怎么现在像个刺猬，不再乖了呢?”

其实，在中学生中，出现小晴这种情况的同学还有不少。不仅家长、老师感到纳闷，甚至连同学们自己有时也会觉得不安和疑惑。

【心理宝典】

实际上，在青少年中这种现象是十分正常的。随着初中生生理和心理所发生的一系列特殊的变化，青少年对自己、他人和环境有了新的看法，开始不断地发出疑问：“我把真心话告诉老师，可为何不被理解?”“是因为误解和性格不合，好朋友才离我远去的么?”“心中有烦恼，我向谁诉说?”当这些问题在头脑中出现时，孤独感和闭锁心理就随之产生。特别是当自己心中有烦恼而又觉得难以启齿时、因朋友误解而感到委屈时、将真心话告诉父母而不被理解时、与别人比较中发现自己的一些不足时，孤独感和闭锁心理更易触发。“没有谁比青少年从他们的孤独小房里，更加用憧憬的目光眺望窗外的世界了。”正如我们前面提到的小晴，由原先的依恋父母，转为不想和父母亲近，并努力想保护自己的小秘密，就是一种闭锁心理的表现。

从心理学的角度看,闭锁心理实际就是指“我”与“他人”之间、“我”与“环境”之间缺乏沟通和了解时所产生的一种内心充满孤单寂寞的心理状态。其原因是多方面的,主要可以归结为以下几点:

(1)独立意识的增长。进入青春期,人的抽象思维能力逐渐加强,就会积极地用自己的内心去体验世界。同时,对父母的依赖性变弱,有时就会做出一些“小大人”的举动,这也就是心理上“断乳期”的开始,是一个人成熟的表现。

(2)自我意识的发展。所谓自我意识,就是一个对自己以及自己和他人关系的意识。进入青春期后,青少年的自我意识已完全能将自我与他人、自我与客观世界区分开,而且会发现自己许多独特的想法和憧憬。但是,因为自尊心的增强,担心自己的想法或做法会引起别人的轻视或耻笑,所以就小心地将许多内心的想法秘密地闭锁起来。从而,写日记成了在闭锁中倾诉内心秘密的重要形式。

(3)寻觅知己。到了一定年龄,青少年不再随意寻找玩伴,而是刻意寻找兴趣、爱好相同,能谈得来的同学做知己。由于这样的朋友难以找到或还未找到,就趋于闭锁。

通过以上的分析,同学们可能已经认识到,青春期出现闭锁心理是很正常的现象。当你出现类似的情况时,不要过于惊慌或焦虑。当然,出现这种情况如果处理不当,也会对身心健康产生不良的影响,使自己心理上产生不同程度、间或出现的孤独感,如果任其发展,个别人可能会变得性情孤僻。因此,我们要学会调适,避免它带来的消极影响。在此,给同学们提出一些建议,以供参考。

首先,要正确认识自己。正确地认识、客观地对待自己是首要的。如果总觉得自己不如别人,这也不行、那也不好,终日独处,就永远摆脱不了孤独的困扰。如果总认为自己比别人强,“曲高和寡”,别人都不能理解自己,同样也会变成孤家寡人。

其次,要主动开放自我。不要总等待别人向你伸出友谊之手。其实,友谊在于培养,不在于等待;在于不吝奉献,不在于单方索取。因此,要想与同学架起友谊桥梁,首先要主动开放自我,与他人沟通。主动在适当的时机,以适当的方式将自己的思想、感情传递给对方。这样,你的“以诚待人”,才能换来他人的“以诚相待”。当你能带着微笑、温馨、自然、坦率地伸出你热情的手时,一定会有一双和你一样真挚的手向你伸来。

最后,要善于关心别人。友谊是在相互的“施”和“爱”中生长的。有的人对别人的事不闻不问,毫无热情,这种冷漠的态度正是孤独的孪生兄弟。你对别人冷漠,别人也会对你冷漠。冷漠导致疏远,疏远又导致感情上的距离和裂痕,从而导致心理上的孤独。所以要善于关心体贴别人,善于在别人需要帮助时,主动给予帮助。孟子说:“爱人者人恒爱之。”一个被他人需要的人,是幸福的人,也往往是有好人缘的人。因为在助人的过程中,你增加了与他人沟通的机会,并以实际行动表明了你对他的态度,这样也就不会感到孤独了。

另外,一方面还应当主动与父母和老师沟通。把自己的想法、思考坦率地和他们交流,才有可能达到相互理解。告诉父母你已经长大了,请他们尊重你,平等地和你对话。另一方面,也要尝试站在父母、老师的角度去思考,理解他们的苦衷和心情。只要平时多注意交流和沟通,就一定能促进彼此的理解。

【心智训练】

测一测

你有心理闭锁的倾向吗?

1.你有许多心事不与父母讲吗?

2.你现在特别希望有一个自己的小房间吗?

3.你有苦恼宁愿与要好的同学说而不愿与父母说吗?

4.你是否有一本写了只给自己看的日记?

5.你有了关于班级的一些设想后会告诉老师吗?

6.父母对你在学校情况的详细询问常使你感到不耐烦吗?

7.你现在比过去更喜欢独处吗?

8.如果父母翻看你放东西的抽屉,你会感到不满吗?

9.对身体发育出现的一系列变化,你是否告诉家人?

10.你与好朋友之间常说一些不能让其他人知道的悄悄话吗?

11.当父母和老师问你事情的时候,你是否会将你所知道的和盘托出？

12.你觉得知心朋友难找吗？

13.当你遇到弄不清楚的事，你常常问自己而不去问别人吗？

14.你是否觉得自己实际上是很内向的？

15.你常常感到孤独吗？

16.你实际上有不少想法或疑惑从未向任何人说过吗？

17.你是否表面上嘻嘻哈哈，而内心还是有许多烦恼呢？

18.你还像过去一样坦率吗？

19.你常常默默揣测别人的想法吗？

20.对别人提出的问题，你总要先弄清他的意图，然后才决定是否说给他听吗？

21.你是否偷偷阅读一些青春期身心变化方面的书？

22.你是否觉得要让别人理解自己是件很难的事？

23.你与父母之间已不像过去那样亲密无间了吗？

24.你在休息日常去同学家坐坐吗？

25.是否可以说没有一个人完全了解你？

26.你是否认为，与其与人交谈，不如一个人静静地想问题？

27.你是否讨厌父母对你在家外的活动追根究底地询问？

28.是否发生过因别人不了解你的想法而误解你的事？

29.当与同学聊天时，如果他没有提起他的想法，你会问他吗？

30.你有不少秘密吗？

统计一下，对上述问题回答“是”的占多大比例，回答“否”的占多大比例，请爸爸妈妈以及同学一起讨论：我有闭锁心理倾向吗？

1.对于我的回答，爸爸妈妈的评价是：

2.同学对我的评价是：

3.针对爸爸妈妈和同学的评价，我自己的看法是：

【心灵启示】

名人名言

如果自尊而轻人，自信而自满，即是对自己关门，不向外面吸取可贵的精神食粮，也即是对朋友关门，拒绝朋友们批评和贡献意见。

——徐特立

最能施惠于朋友的，往往不是金钱或一些物质上的接济，而是那些亲切的态度，欢悦的谈话、同情的流露和纯真的赞美。

——富兰克林

生活中有挚友，人们就能鼓起勇气，变得积极。青年人就有精神支柱来表现自己的个性，中老年人则会怀着乐观主义和生活情趣步入晚年。

——爱默生

欣逢喜事，与朋友分享其乐，喜上加喜。反之，身处逆境，情绪颓丧，向富有同情心的朋友倾诉愁苦，才会减轻痛苦。

——爱默生

一个人在其人生道路上如果不注意结识新交，就会很快感到孤单。人应当不断地充实自己对别人的友谊。

——塞·约翰逊

五 “羞答答的玫瑰”主题班会

【心事链接】

镜头一

据了解，一些初中生说自己总是会出现一些奇怪的想法，如：看到漂亮的女生，就觉得心里有一种不一样的感觉；看到电视里男女亲近的镜头，就像触电一样想躲开，可又目不转睛地看；班上有一名女生，非常像一部电影中的女主人公，自己很想去抱她、亲她；等等。他自己也知道这是很可耻的想法，可就是控制不住自己。他说："每天上课的时候，我的视线总是不由自主地定位在她身上，她的一举一动都让我感到激动……"

镜头二

上海某中学开设了一门专业的防性骚扰课，台下的听众是脸庞稚嫩的十二三岁的初中生。据悉，试验成功后，这项特殊课程今后将会向更多的学校辐射。

开设这门课不仅仅是教点防身术作为生命教育的组成部分，而是具体向中学生教授怎样定义性骚扰，如何应对现实的性骚扰意外，以及正视并解决性骚扰所引出的一系列心理问题等内容。教学目标就是最大程度的避免和减少性骚扰对在校学生的伤害。事实上，它将绝大部分的关注点都落在了培养未成年人的防骚扰意识上，甚至是对生命的珍视上。

【心理宝典】

初中阶段，中学生正处于身体生长发育的"第二高峰期"(从十一二岁到十七八岁)，少男少女的身体发生了巨大的变化，开始显现出鲜明的性别特征，这也就是所谓的"青春期"。在这一时期，人的性器官明显发育并出现第二性征，性意识开始觉醒，对异性表现出极大的兴趣。但是随着性的发育、性意识的觉醒，又很快出现彼此疏远的心理，界限分明，甚至同桌也要划分出"楚河汉界"，有的甚至对异性产生反感，在女生中表现更为突出。男女青少年的这种相互疏远，一般要持续一年左右，有的甚至还会更长一些。在这个时期，男女青少年只要悄悄说上几句话，甚至被老师叫到黑板前一起演算习题，都会立即引起骚动：女生会窃笑、讥讽，男生会嘲弄、起哄，这也就更使少男少女们惧怕相互之间的接近。这种对异性的疏远，其实潜藏着对异性的好奇、与异性交往的强烈愿望。中学生的性意识的发展大体可分为三个阶段：

(1)性无知。10岁之前，男女儿童对性问题处于无知状态。虽然他们知道男女有别，但他们并不理解其内在意义。他们在一起玩耍嬉戏，不带有性的色彩，这就是"青梅竹马，两小无猜"的阶段。

(2)性朦胧。初中学生对发生在自己身上的生理变化，如月经初潮、遗精、第二性征的出现，感到不安害羞者，在男女生中都占了大多数，可见他们对性认识的模糊。处于青春期的少男少女,有一种接近异性的愿望,这只是一种很表面很肤浅的认识,只是一种朦胧的对异性的眷恋和向往,并没有产生深厚的情爱。在这一时期,对异性存在神秘感,男女生接触不自然,甚至有意疏远,但内心却渴望与异性接近。

(3)性思慕。随着年龄的增长,男女中学生逐渐理解了两性关系,产生了较为清晰的性意识,表现出强烈的性情绪,开始爱慕异性,但尚未专一化。男女生都比较注意修饰打扮,喜欢在异性面前表现自己。在某种场合,会对自己的行为加以掩饰,以博取对方的喜欢。

青春期的少男少女一般都会经历以上三个阶段,如果他们没有正确对待和处理这三个阶段,就会引起一系列的心理问题。作为中学生,在了解了以上知识之后,应如何引导自己呢?对此,我们提出以下意见:

(1)正确认识,端正态度。青春期初期在异性面前脸红心跳、局促不安的表现是正常的,但并不是说它是合理的。因为它毕竟影响了男女同学之间的正常交往和班级工作。

(2)讲究方式,诚恳大方。在与异性商量事情、讨论问题时,力求做到自然亲切、诚恳大方,使对方有轻松感;反之,对方也会因此而感到手足无措、局促不安。

(3)自我暗示,自我鼓励。暗示是一种很普遍的心理现象,同时也是一种很有效的治疗方法。如:可以暗示自己:“别的同学都能那样自然大方,我为什么不能呢?”“我从来不比别人差,我一定做得比别人好!”等等。

(4)适度原则。与异性交往的程度和方式要恰到好处,在交往中所言所行要留有余地,不能毫无顾忌导致对方误会。涉及两性敏感的话题尽量避免,做到言语表情自然大方。

【心智训练】

活动一

请每位同学准备一张纸,不记名地如实回答下列问题,然后在教师的指导下讨论、交流。

1.你与异性交往能做到自然大方吗?

2.你与异性交往能遵循适度原则吗?

3.如果你与异性交往感到脸红心跳，回避对方目光，请写出为什么。在这种情况下你会采取哪些方法减弱紧张心理？

4.你感到与异性交往最大的障碍是什么？

5.你对异性的了解（生理与心理方面）主要通过哪些方法（如：看书、父母教育、老师教育等）？

6.男女同学之间有真正的友情吗？请说明你的观点。

活动二

指导教师仔细分析学生填写的内容，有针对性地面对全班同学开展1~2次讲座，为同学解除心中的疑虑。

活动三

在教师的指导下，将班级同学分为几组（每组最好少于10人），运用自我暗示法减弱或消除与异性交往的紧张心理。

你认为在与异性交往感到紧张时，最有效的暗示语为（按照效果从强到弱写）：

（1）________________（2）________________（3）________________

最后小组进行讨论、交流，把自己的感受以日记的形式记下。

【心灵启示】

郭沫若自传中写到，他9岁那年，在庭院里看见貌美姿柔的嫂子后，突然萌动了异性间的喜爱之情，脸红心跳之后，意识到这是“性”的觉醒。作家毛志成曾写过一篇《不要忽视少男少女的第一次脸红》的文章，意思也是少男少女之间一旦产生了异性间的羞涩，便是“性”的初萌。

不论是“性”的觉醒，还是“第一次脸红”，都说明人的性意识的萌发是不以人的意志为转移的，而又因为人的生活环境，对周围事物的观察程度，自身发育状况的不同等因素，使人的性意识萌发的年龄也不尽相同。

其实，在幼童中，就有最原始的“性”的觉醒状态，那就是异性相吸。我们小时候男孩都喜欢和女孩一起玩耍，可能是因为喜欢看女孩的裙子或辫子。这虽然是对赏心悦目的简单解释，但也表示了两性间的差异产生的异性相吸。

小时候，大多数人都问过：“我是从哪儿来的？”“为什么我是男孩，她是女孩？”……对于此类问题，我们家长的回答往往是“等你长大了再告诉你”或是“别瞎问，跟你说不清”。就这样，父母对两性生理现象及特征的回避，加剧了“性”在我们心目中的神秘感，同时也给我们一个错觉：“性”是大人的问题。

青少年身心若要健康成长，那么对异性生理心理的变化就应有必要的了解，从而使他们的性别角色的定位比较恰当。

德国诗人歌德说过：“哪个少男不钟情，哪个少女不怀春。”进入青春期的少男少女，逐渐产生对异性一种微妙的、前所未有的关心和爱慕之情。但由于青少年缺少生活经验，尤其是缺少如何与异性交往的知识与经验，性心理发展尚未成熟，常常会产生许多烦恼与异常现象：

(1)对异性的恐惧。在异性面前脸红心跳，举止不自然。

(2)极度关心异性。对某一异性极度关心，要掌握对方的一切，见不到对方就坐卧不安，超出常人关心异性的程度。

(3)对异性的狂热。对异性的好感与爱慕发展到不能自制，狂热失态，干什么事情都得有异性在场，否则感到黯然无光。

(4)压抑对异性的好感与爱慕。因受错误观念影响和环境限制，对与异性交往产生“罪恶感”。

六　“与挫折同行”主题班会

【心事链接】

链接一

“塞翁失马”是一则寓言故事，语出《淮南子·人间训》。说靠近边塞的地方，住着一位老翁。老翁精通术数，善于占卜过去和未来。有一次，老翁家的一匹马，无缘无故挣脱羁绊，跑入胡人居住的地方去了。邻居都来安慰他，他心中有数，平静地说：“这件事难道不是福吗？”几个月后，那匹丢失的马突然又跑回家来了，还领着一匹胡人的骏马一起回来。邻居们得知，都前来向他家表示祝贺，老翁无动于衷，坦然道：“这样的事，难道不是祸吗？”老翁家畜养了许多良马，他的儿子生性好武，喜欢骑术。有一天,他儿子骑着烈马到野外练习骑射,烈马脱缰,把他儿子重重地甩了个仰面朝天,摔断了大腿,成了终身残疾。邻居们听说后,纷纷前来慰问。老翁不动声色,淡然道:“这件事难道不是福吗?”又过了一年,胡人侵犯边境,大举入侵。四乡八邻的精壮男子都被征召入伍,战争十分残酷,死伤不可胜计。靠近边塞的居民,十室九空,大多都在战争中丧生。惟独老翁的儿子因跛脚残疾没有去打仗,因而父子得以保命,安度残年余生。

链接二

一块亚麻布放在桌子上,质地很好。“我将会被做成一件漂亮的外套!”它很自负。突然,它注意到一件扔在旁边的旧外套,就嘲弄地对旧外套说:“真替你悲哀,你这块可怕的旧布,多么单调的样子!”几天过去,亚麻布被主人缝成了一件外衣,但当它出去的时候,还是披上了那件旧外套。当新上衣认出旧外套时,它十分不满。“你怎么变得如此重要,要在我的外面?”它质问道。旧外套回答说:“一开始,他们把我带到洗衣间,用棒槌重重击打我,灰尘、沙子和泥土都打了出来。当一切都结束时,我对自己说,这都是值得的,因为我又变干净了。正在这么想时,他们又朝我泼来一壶热水,然后又是一壶温水。突然我看到自己成了一件漂亮的外套!这时我才意识到一开始受到苦是有价值的。”

【心理宝典】

链接一“塞翁失马”的寓言告诉我们:福可以转化为祸,祸也可变化成福。当我们身处顺境时不要得意忘形、故步自封,以免乐极生悲。古人也说过“满招损,谦受益”、“居安思危”。毛主席教导我们“谦虚使人进步,骄傲使人落后”。同样,当我们身处逆境时也不要怨天尤人,坐以待毙。正如孟子所说:“故天将降大任于斯人也,必先苦其心志,劳其筋骨,饿其体肤,空乏其身,行拂乱其所为,所以动心忍性,曾益其所不能。”链接二的寓言故事告诉我们:生命的旅途中,有晴朗的日子也有阴暗的日子,而这阴暗的日子就是被击打、被泼水的日子,也是我们遭受挫折的时候。现实世界中,我们难免遇到这样那样的挫折,面对挫折我们该怎么办?

心理学上的挫折是指个体的意志行为受到无法克服的干扰或阻碍,预定目标不能实现时所产生的一种紧张状态和情绪反应,也就是俗话所说的“碰钉子”。挫折包含着三层涵义：一是挫折情境，即干扰或阻碍意志行为的情景，如学生由于考试过于紧张没有正常发挥而高考落榜。二是挫折认知，即个体对挫折情境的认知、态度和评价，这是产生挫折和如何对待挫折的关键。挫折情境能否构成挫折，在很大程度上取决于个体对挫折情境的态度和评价，同一挫折情境由于个体的志向水平不同，感受挫折的程度也是有区别的。如有的学生满足60分的成绩，而有的学生获得同样的成绩则会感到失败和沮丧。三是挫折行为，即伴随着挫折认知而产生的情绪行为反应，如愤怒、焦虑和攻击等。当挫折情境、挫折认知和挫折行为同时存在时，便构成心理挫折。但是，有时只有挫折认知和挫折行为这两个因素，也可以构成挫折心理。如有的人总是怀疑周围的同学在议论自己，看不起自己而产生紧张、烦恼等情绪反应。

挫折是客观存在的，任何人在生活和工作中不可能都一帆风顺，他们总要受到一些无法排除的干扰和阻碍，致使某些动机或预定的目标不能达到。挫折并不完全是消极的，它有弊有利。在某些情况下，它可以激发更大的意志努力，促使人更加坚定地向预定的目标奋进。

怎样增强挫折承受力？

挫折在人们的生活中是不可避免的。增强挫折承受力是培养良好意志行为的重要方面。意志行为的重要特征是勇于克服困难和阻碍，而正确对待挫折是克服困难的一个方面。因此，能否经受得起挫折不仅取决于个体经受挫折时的心理状态，对挫折的认识、评价和理解，还取决于个体对待挫折的态度以及应付挫折的行为方法。积极的态度和合适的方法等都有利于增强个体对挫折的承受力。增强挫折的承受能力涉及多方面因素，下面介绍几种重要的因素。

(1)正确对待挫折。首先，要认识到挫折是普遍存在的，从某种意义上讲，挫折是生活中的一部分。自然界、社会中的万事万物都是在曲折中前进、螺旋式上升的，直线、顺利发展的事情几乎没有。挫折是客观存在的，关键在于人们怎样认识和对待它。如果认识到挫折是生活中不可避免的组成部分，就对挫折有了较充分的心理准备；能面对挫折不灰心、不后退，敢于向挫折挑战；能把挫折作为前进的阶梯、成功的起点。应该认识到挫折具有两重性，挫折和磨难并不都是坏事，它促使人为了改变境况而奋斗,能磨炼性格和意志,增强创造能力和智慧,使人对生活、对人生认识得更加深刻、更加成熟。同时,遭受挫折后认真总结经验教训也是十分必要的,应该尽量避免不必要的挫折。

(2)改善挫折情境。挫折情境是产生挫折和挫折感的重要原因。如果挫折情境得到改善和消失,挫折感也就会随着消失。对挫折情境的改善,首先应预防挫折的发生,即对一件事情的成功或失败做出正确估价。挫折发生之后,认真分析引起挫折的原因,设法改变、消除或降低其作用的程度。改变情境的另一种办法是暂时离开挫折情境,到一个新的环境中去或改变环境气氛。

(3)总结经验教训。善于总结失败和挫折中的教训,是增强挫折承受力的重要方面。一方面,从失败中吸取教训,以积极态度冷静地分析遭受挫折的主客观原因,及时找出失败的症结所在,发现自己的弱点,力争改进。另一方面,要发现自己的优点和长处,从而振作精神,鼓起战胜挫折的勇气,树立信心,提高对挫折的承受能力。

(4)调节抱负水平。抱负水平是指个体在从事活动前,对自己所要达到的目标或成就的标准。它是人们进行成就活动的动力,而能否成功则决定于抱负水平的高低是否适合个体的能力或条件。抱负水平过低或过高都不利于增强个体的自信心和自尊心。在过低的抱负水平下,即使成功了,人们也不能产生成就感;抱负水平过高,在达不到预定的目标时,就容易产生挫折感。因此,要使个体在活动中产生成就感又不至于受到挫折,就要提出适合个体能力水平的、具有挑战性的标准。

(5)建立和谐的人际关系。建立和谐的人际关系对于增强挫折的承受力是有积极作用的。当一个人遭受挫折后,如果有几个在思想上、学习上、生活上志同道合的朋友,能向他们倾诉自己的心里话,便能使自己从挫折中解脱出来,内心的紧张也会逐渐减弱。同时,还可以从朋友那里得到鼓励、信任、支持和安慰,重新振作精神,战胜困难和挫折。要建立和谐的人际关系,首先要关心别人,与人友好相处。只有细心地耕耘,才会有绽开的友谊之花。

【心智训练】

活动一:分组讨论(每组6～8人)

认真阅读海伦的《假如给我三天光明》这篇文章。然后讨论:假如你只有三天的光明,你将如何使用你的眼睛?每组选派一名代表上台陈述他们的观点,然后全班评出十大最佳观点。讨论如何像海伦一样,克服和战胜生理上的挫折,赢得人生。可举身边或自己的例子。

活动二:模拟挫折情景

每组选出一名被试,由他所在组决定进行何种挫折模拟。比如:感官剥夺,即蒙上眼,塞上耳或绑住手,假装剥夺他的视觉、听觉、或触觉,让他感受难以忍受的生理挫折;情感挫折,即设计一个能引起挫折感的情景,让被试身临其境,感受挫折。然后被试走上讲台,报告自己的感受。这个活动的目的是让大家明白什么是挫折感,并如何战胜它。

活动三:想一想

"塞翁失马"的故事有何寓意,你有新的看法吗? 回家想一想,并写一篇后续。然后评出十佳,贴在墙报上。

【心灵启示】

假如给我三天光明

海伦·凯勒

我们谁都知道自己难免一死,但是这一天的到来,似乎遥遥无期。当然人们要是健康无恙,谁又会想到它,谁又会整日惦记着它呢? 于是便饱食终日,无所事事。有时我想,要是人们把活着的每一天都看做是生命的最后一天该有多好啊! 这就能更显出生命的价值。如果认为岁月还相当漫长,我们的一天就不会过得那样有意义、有朝气,我们对生活就不会总是充满热情。

我们对生命如此怠倦,在对待自己的各种天赋及使用自己器官上又何尝不是如此? 只有那些瞎了的人才更加珍惜光明,那些成年后失明、失聪的人就更是如此。然而,那些耳聪目明的正常人却从来不好好地去利用他们的这些天赋。人们视而不见,充耳不闻,无任何鉴赏之心。事情往往就是这样,一旦失去了的东西,人们才会留恋它,人得了病才想到健康的幸福。

我有过这样的想法,如果让每一个人在他成年后的某个阶段瞎上几天,聋上几天,那该多好啊!黑暗将使他们更加珍惜光明,寂静将教会他们真正领略喧哗的欢乐。

最近,一位朋友来看我,他刚从林中散步回来,我问他看到些什么,他说没什么特别的东西。要不是我早习惯了这样的回答,我真会大吃一惊,我终于领会到了这样一个道理:明眼人往往熟视无睹。

我多么渴望看看这世上的一切,如果凭我的触觉能得到如此大的乐趣,那么能让我亲眼目睹一下该有多好!奇怪的是明眼人对这一切却如此淡漠!那点缀世界的五彩缤纷和千姿百态在他们看来是那么的平庸。也许人就是这样,有了的东西就不知道欣赏,没有的东西又一味去追求。在明眼人的世上,视力这种天赋只不过增添一点方便罢了,并没有赋予他们生活更多的意义。

假如我是一位大学校长,我要设一门必修课程:"如何使用你的眼睛"。教授应该让他的学生知道,看清他们面前一闪而过的东西会给他们的生活带来多大的乐趣,从而唤醒人们那麻木、呆滞的心灵。

请你思考一下这个问题:假如你只有三天的光明,你将如何使用你的眼睛?想到三天以后,太阳再也不会在你的眼前升起,你又将如何度过那宝贵的三日,你又会让你的眼睛停留在何处?

……

七 "磨炼优良的个性"主题班会

【心事链接】

韩冰冰是一名初三的女学生,在不久前进行的心理测试中,测出自己的气质是胆汁质,十分沮丧,她对心理老师倾诉了她的一大堆苦恼。她问道:“我为什么这么矮,又这么胖?我为什么是胆汁质,不是黏液质?同学们都说黏液质是大家闺秀的气质,老师能帮助我改变气质吗?我无论是和父母在一起,还是和同学在一起都特别爱翻脸,大家都觉得我变化无常,我是不是有问题?在初一、初二我们女生和男生成绩差不多,可是一到初三,男女之间的差距就越来越大,作为女生我应该怎么办?”

黎巴嫩著名诗人、哲人纪伯伦曾经说过:即使做李子也要做最好的李子。韩冰冰的苦恼在初三女同学中具有普遍性。由于她们认知上出现了偏差,不能全面、客观地认识自己,不仅直接影响对待自己和对待外界事物的态度和行为方式,而且也影响了个性的健康发展。其实,不仅仅是初三的女生,初三的男生也有类似于韩冰冰这样由于个性导致的苦恼。对同学们来说,每个人都应该正确认识自己的个性,但这并不是要求大家刻意去改变自己的个性,而是要不断地去完善自己的个性。

【心理宝典】

个性是人们在生活过程中形成的稳定的经常出现的心理特点。个性有几个特征:

(1)独特性。由于每个人的生理条件和生活环境不同,人们在心理活动上就有了差异,形成的个性特点各不相同。虽然每个人有自己独特的心理面貌,但是自己的个性中又渗透着群体的影响。

(2)社会性。个性中的一部分是由生理基础决定的,如气质。但个性中的许多部分是在后天的学习、锻炼中形成的。社会环境教育对我们的个性形成有重要影响。

(3)稳定性。个性的形成需要一个漫长的时期,一旦形成以后就比较稳定,但是又不是一成不变的。

健全的人格和良好的个性品质,在个人成才的道路上往往起着比智力因素更为重要的作用。我们应该给自己充足的时间去接触社会、了解社会、思考人生价值,从而树立远大思想,为将来走向社会做好知识上和个性上的充分准备。

初三学生个性发展中容易出现的问题:

(1)对个性不能客观认识。性格、气质、能力是个性中的独特性。一方面，不同人的性格、气质、能力有不同的特点，如何把自己的特点看成、变成自己的优点而不是缺点，因势利导，这是我们需要解决的最重要的问题。另一方面，过分强调自己个性中的独特性，认为个性就是越“个”越有个性，忽视了个性发展离不开社会的道理。

(2)个性发展不平衡。个性是一个完整的整体，初三学生的能力、气质的发展水平高于性格发展水平，学生的动机、兴趣、需要的发展水平高于理想、信念、世界观的发展水平。

(3)个性易受环境影响而改变。初三学生的动机、兴趣、需要、自我意识等个性心理都处于发展过程中，个性容易受到环境的影响而改变。因为初三学生有强烈的塑造自己个性的良好愿望，但缺乏对良好个性的全面认识，所以，常常刻意去模仿别人来改造自己，是不能形成自己独特的个性。

(4)个性中存在某些缺陷。由于初三学生学习生活压力大，学习环境压力大，使他们在认识问题时易产生偏差，在与人交往、面对竞争时会产生一些不恰当的行为方式，长期积累形成某些障碍，如出现自卑、自负、嫉妒、自私、孤独、固执以及兴趣波动，缺乏动机等问题。

【心智训练】

活动一：想一想

在生活中，我们常常提到“这个人真有个性”，你对这里的“个性”是怎么理解的？

活动二：写一写

个性是指在一定的社会条件和教育影响下形成的一个人比较固定的特征，是一个人最珍贵、最难得的财富。

毕加索＋个性＋作画＝著名画家

贝多芬＋个性＋作曲＝著名音乐家

鲁迅＋个性＋写作＝著名文学家

请你把自己的个性表现写出来。

活动三：做一做

从父母、老师、同学、朋友平时的言行举止中，你感觉到他们认为你是一个有个性的人吗？利用课余时间与父母、老师、同学、朋友进行坦诚的沟通，找出你的个性表现在哪些地方？你的个性对你而言是利大于弊还是弊大于利？在今后的学习、生活中，你要怎样看待自己的个性？针对自己的个性，你对自己的发展有怎样的规划？

【心灵启示】

良好的个性心理品质对于个人的成长和成功具有重大的影响。心理学家推孟曾对1 500多智力超常的儿童进行了50年的追踪调查，对其中最成功和最不成功的各150名进行比较分析，发现两组之间的智力程度并没有多大的不同，最明显的差别是个性品质。在进取心、自信心、不屈不挠完成任务的坚韧性等方面，最成功的一组明显高于最不成功的那一组。青少年学生都希望自己具有良好的个性，要做到这一点，就要坚持不懈地进行自我修养和完善。

根据美国著名心理学家马斯洛等人的研究，成熟的个性特征主要有10项：

(1)能客观敏锐地知觉现实，正确看待自我、他人和世界；

(2)追求目标高远，能超然琐碎事物之上，不狭隘自私，不搞内部摩擦；

(3)能忍受孤独和寂寞，在所处的环境中能保持独立和宁静；

(4)干事有计划，有信心，有坚持力和创造力；

(5)不无端敌视别人，能与大多数人友好相处，并有少数深交的朋友；

(6)自发而不流俗，能理智地控制自己的情绪和行为；

(7)具有真正的民主态度和幽默感；

(8)注意基本的哲学和伦理道德；

(9)热爱生活，热爱大自然，对平常的事物都能保持兴趣；

(10)能承受喜乐和悲伤的考验。

第六章　心理健康教育主题班会活动设计——交往篇

一　“纯真的友情”主题班会

【心事链接】

镜头一

欣诺14岁了，在班里担任文艺委员，长得清纯美丽，学习也非常刻苦努力，是一个品学兼优的好学生。平时在学习和活动中，欣诺与班上一个名叫林可的男同学很要好。林可在班里担任副班长，能力很强，幽默感十足，也是一个积极上进、学业成绩优良的好学生。两人经常在一起组织班级活动，学习上互帮互助，是班主任和任课老师的得力助手。但不久后的一天早晨，欣诺和林可走进教室后引起同学们的哄堂大笑，原来不知是谁在黑板上写下：欣诺和林可。

自从这件事后，关于欣诺和林可的各种猜测和俏皮话像长了翅膀一样在本班和邻班越传越多、越传越神秘，最后传到了班主任的耳朵里。欣诺和林可随即被叫到办公室，一番“教诲”之后，欣诺委屈地哭了，低着头说：“老师，请不要这样看我们!”在一阵沉寂之后，林可字字入耳地问道：“老师，请问当初你们做中学生的时候，就没有过被异性同学理解和关爱的渴望？难道同学之间的相互支持和帮助就是恋爱吗？”

镜头二

芳芳在她的一篇日记中这样写道：随着年龄的增长，我开始常常思索自己的过去、现在和将来。我是一名思想单纯的学生，除了学习、玩耍，脑子里似乎再也不能容纳别的东西了。可是近半年来，我的想法开始出现了一些变化，我逐渐对异性同学有了更多的关注，看到他们充满青春活力的欢跃，我的心跳也不禁加速了。虽然我强迫自己不要去想，同时也为自己的想法感到羞愧，生怕自己的秘密被别人发现了，但却始终控制不住自己。后来，我通过接触一些书籍才知道不仅是我一个人有这种想法，其实，大多数像我这个年龄的同学都有类似的心理。因此，我不再害怕男同学，试着与他们交朋友。从他们身上，我学到了许多东西：勇敢、大方、给予……现在我可以自然地与男同学交往，不是为了好奇，而是为了学习他们的一些优良品质。中学生不仅需要同性同学的帮助，也需要异性同学的帮助。

【心理宝典】

欣诺与林可的遭遇在今天的中学校园里并不少见。许多同学之间正常的异性交往常常被周围的同学拿来开玩笑，戏谑为谈恋爱，有些老师和家长则给他们贴上“早恋”这个标签。这种情况往往会导致两种结果：一是被误解的双方中止正常的同学交往，并且为了避免闲话也会疏远同其他异性同学的交往，时间长了容易引起将来与异性相处的心理障碍；二是被误解的双方真的在同学们的种种“暗示”之下从一般的同学关系转变为情窦初开的爱慕关系，两个人开始关注、思考、培养所谓的“爱的情结”，这会严重影响他们正常的学习生活与身心发展。

心理学研究表明，异性交往的动机是多种多样的。很多时候，他们在一起并不是为了谈恋爱，即使是单独在一起，也不能与恋爱画等号，他们可能是在讨论学习问题，也可能是在交流对一些事情的看法，要具体问题具体对待。以上两种不良结果在很大程度上是由于大家缺乏对青少年特点的认识造成的。

从芳芳同学的日记中我们可以了解到，青少年的身心在中学阶段确实发生了一些微妙变化，芳芳同学的青春期心理反应具有一定的普遍性和代表性。

青少年在十三四岁时正处在性意识的觉醒期，随着生理上第二性征的出现，他们开始以惊奇、新鲜的目光关注自身的变化，同时也对异性之间的交往、言行、情感、规范、礼义等方面多了很多观察和思考。于是，在平时的学习和生活中,同学之间逐渐出现相互猜疑的倾向,这属于青春期正常的心理反应。但在班级内的交往中,这种倾向是极其有害的,它不仅会对对方造成伤害,也会使自己形成对异性交往的错误理解,从而不利于建立正常健康的同学关系。大家应该从芳芳同学的日记中得到一定的启发:建立正常的异性交往关系是一件利己利人的事。

另外,芳芳同学也给大家树立了一个很好的榜样。

若要建立良好的异性交往关系,同学们首先应对青春期的情感特点有一个较为清醒的认识。作为一种心理需要,异性交往是随着人的性成熟和性心理的发展而产生的。青春期初期的中学生,常会表现出对异性的羞怯、不安、害怕,异性之间不愿或不好意思在一起,以至于远远避开,集体活动总是男生一群、女生一群,形成各自的"交往场"。青春期中期的中学生,彼此之间由排斥转为吸引,强烈的交往动机也会在行动中表现出来。这是由于同龄异性青少年处于大致相同的生理发展阶段,心理状态也基本相同,双方都在探索对方的心理奥秘。于是,为了满足心理上的需要,就把注意力放在与异性的交往方面。

事实证明,青少年时期异性之间自然而然的交往有利于个性的全面发展。青少年时期是人的个性成熟和全面发展时期,处于集体中的个人,交往的范围越广,同周围社会环境联系得越多,自身的精神生活领域就越丰富,个性发展也越全面。因为,只与同性同学交往,人的气质、性格、情感等方面的发展往往是狭隘的、单一的,相对来说,同性交往不如异性交往更能丰富人的个性品质。另外,异性交往还有助于培养健康的心理。通过正常的交往,同学之间可以相互增进了解,认识到男女之间生理和心理上的差异,消除对异性的神秘感,使对异性的好奇和向往转变为在日常生活、学习和工作中的相互关心与帮助,从而建立正常的两性友谊。

因此,我们不能轻率地将"早恋"的帽子戴在别人的头上,这样可能导致严重的后果,不利于他们的学习、身心发展和人际交往。

【心智训练】

活动一

如果你与班上一位同学的正常交往引起了同学们的猜疑与老师的误

解，你会通过什么样的途径让大家真正了解你们的正常交往？

活动二

请仔细阅读下面的一则小故事，联系上述内容，谈谈你的认识。

小猫断奶后，问妈妈：“我应该吃些什么东西呢？”“人会教给你的。”猫妈妈说。小猫听了妈妈的话，潜入一户人家，藏在厨房里。主人发现有一只猫钻进了厨房，急忙对家人说：“快把鱼和肉都仔细盖好，把小鸡笼子高高挂起来，别让猫偷吃了。”小猫藏在坛坛罐罐之间，把主人的话一字不漏地听到了。它想：是的，人已经教给我了，鱼和肉，还有小鸡都是我的食物。

看完了这则小故事，同学们仔细想一想，是不是在你的周围，有许多同学也像故事里的“主人”一样，本来是为了防备小猫偷吃，反而弄巧成拙，教给了小猫猎食的对象。这些同学本来是想杜绝其他同学并不存在的早恋现象，最后反而真的使早恋现象发生了。你愿意做这则故事里的“主人”吗？如果你周围的同学有人正是这样的“主人”，你怎样去告诫他们？

活动三

请你为你理想中的异性伙伴画一张肖像，并说说他或她具有什么样的特点和优良品质。

画像处

【心灵启示】

中学生对交往的“好处”和“坏处”的看法：

	男女交往的好处	男女交往的坏处
女生的回答	1.增加对异性的了解 2.感到愉快 3.可以谈论女同学无法谈论的事 4.学习上可以得到帮助 5.可以更加了解自己 6.会对什么事情都感到美好	1.影响学习 2.会对对方念念不忘，没有心思学习 3.因怕人发现而躲躲闪闪 4.想模仿大人做的事 5.会变得讨厌父母的嘱咐
男生的回答	1.增加对女同学的了解 2.生活会变得充满生气 3.相互间能无话不谈，也能诉说苦衷 4.可以锻炼与异性的交往能力 5.增加交朋友的范围，变得开朗活泼 6.可以向伙伴炫耀	1.影响学习 2.热衷时失去冷静判断 3.怕人发现而躲躲闪闪 4.如果过分会没完没了，有时可能做出越轨之事 5.花钱过多 6.变得喜欢出风头

二 “理解父母”主题班会

【心事链接】

今天阳阳的学校发成绩单，他回家后高兴地走到妈妈跟前，将其成绩单递给她，笑着说道：“妈妈，这是我的考试成绩。”

妈妈转过头，看了看上面的成绩，有两门课考了八十几分，五门课考了七十几分，还有一门课考了六十多分，认为没什么大不了，只是很平淡地说：“哦，我已经知道了，你把成绩单放在桌子上吧，等爸爸回来给他看。”说完就回头继续做她的事。阳阳很不开心，一声不响地回到自己的房间。当天晚上吃饭时没有理妈妈，妈妈感到很奇怪，不知道发生了什么事。就这样，阳阳持续两个星期没有和妈妈说话了，就连做作业也开小差。这下妈妈可着急了。有一天妈妈终于忍不住问阳阳："阳阳，在这两个星期里，你为什么一直不理妈妈啊，是不是有什么事令你不开心？"

阳阳看了看妈妈，低声说："你不关心我的成绩，我努力了你也不知道，我再努力不也是白费吗？反正你一点都不在意我的成绩啦！"这一句话可把妈妈急坏了，心想："我怎么会不在意他的成绩呢？"细问才知道，原来阳阳很介意交成绩单时妈妈冷淡的反应，因为他认为自己最近已经很努力了，这次能够取得这样的成绩他非常高兴，原以为妈妈会称赞他一番，谁知妈妈反应平平，最让他不可理解的是妈妈竟然还在继续做事。

听完儿子的话，妈妈愣了，心想："我觉得这次的成绩并不是特别好，我应该有什么反应呢？"

【心理宝典】

看了上面的事例，我们可以了解到阳阳和他妈妈之间发生的小故事，这也是我们初中生与爸爸妈妈之间经常发生的事情。下面我们从两个不同的角度来分析这一问题。

第一，从自身的角度。

首先，应该明确作为初中生的我们，已经不再是一个不懂事的小孩子了，我们已经长大了，学习是我们自己的事情，而不是爸爸妈妈的事情。今天我们认认真真地学习是为了将来能够报效自己的祖国，报答辛辛苦苦养育我们的父母。

其次，仔细观察一下父母，你是不是发现他们每天都很忙碌，他们每天都在为了我们而忙碌，或许有时父母疏忽了我们，但这并不能说明他们不关心我们，他们不在乎我们。可怜天下父母心，有哪个父母不疼爱自己的子女，有哪个父母不关心他们的孩子！

再次，我们应该经常和父母沟通，把自己的心里话告诉父母，把自己的一点点的成功和收获告诉父母，也要把自己的一点点的错误或迷茫告诉父母，信赖他们，他们会成为你们最好的朋友！

最后，作为儿女的我们应该能够理解父母，父母有他们自己的事情，他们希望的是我们能够尽自己最大的努力学习，在你没有考好的同时，问一问自己："我真的尽自己最大努力了吗？""为什么我这次没有取得令自已满意、令父母满意的成绩?”我们应该学会理解父母,多从自身角度寻找失败的原因。

第二,从父母的角度。

作为父母,平日里应该仔细的观察孩子的变化,他们态度的变化、学习成绩的变化、兴趣爱好的变化,都是非常重要的。进入青春期后,初中生与父母之间的关系发生了微妙的变化,这些变化是值得父母注意的,这种变化表现在许多方面。如:

首先,情感上的脱离。初中生由于情感上有了其他的依恋对象,与父母的情感便不如以前亲密了。所以父母平日里应该更加关心、爱护自己的子女。当然这种关心是指在生活上的照顾,而不是金钱上的给予,更不是溺爱!

其次,行为上的脱离。初中生要求独立的愿望十分强烈,表现在行为上就是强烈反对父母的干涉和控制。父母应该有选择地尊重孩子的成人感,如果孩子的行为不正确,可对孩子进行启发式教育,而不是强制禁止其行为。

再次,观点上的脱离。初中生对于任何事件都喜欢自己进行分析和判断,不愿意接受现成的观念和规范。因此,对于他们以前一贯信奉的父母的许多观点,他们都要重新审视,而审视的结果常常与父母的意见不一致。这时候,父母不要全盘否定孩子的观点,要给予他们发表言论的时间。如果他们的观点确实与事实相左,要耐心地加以指正。

最后,父母的榜样作用削弱。一方面,随着初中生生活范围的扩大,会有许多其他成人形象通过各种途径进入他们的视野,而这些又都是近乎理想的形象,相比之下,父母的形象就黯然失色了;另一方面,随着初中生思维水平和认识能力的提高,会逐渐发现存在于父母身上的、过去未曾觉察的某些缺点,这也会削弱父母的榜样作用。所以,父母更应该以身作则,言传不如身教。

【心智训练】

活动一

阅读下则小故事，说说其中蕴含的道理。

未锁上的门

在苏格兰的格拉斯哥，有一个小女孩，她厌倦了枯燥的家庭生活和父母的管制，离家出走了。许多年过去了，她的父亲死了，母亲也老了，可她仍然在泥沼中醉生梦死。

其间，母女从没有什么联系。可当母亲听说女儿的下落后，就不辞辛苦地找遍了全城的街道。她每到一个收容所，都停下脚步，哀求道："请让我把这幅画贴在这儿，好吗？"画上是一位面带微笑、满头白发的母亲，下面有一行手写的字："我仍然爱着你……快回家！"

几个月后，没有什么变化。一天女孩懒洋洋地晃进一家收容所，那儿正等着她的是一份免费午餐。她排着队，心不在焉，双眼漫无目的地扫过告示栏。就在那一瞬间，她看到一张熟悉的面孔："那会是我的母亲吗？"她挤出人群，上前观看。不错！那就是她的母亲，底下有行字："我仍然爱着你……快回家！"她站在画前，泣不成声。这会是真的吗？

这时，天已经黑下来，但她不顾一切地向家奔去。当她赶到家的时候，已经是凌晨了。站在门口，任性的女儿迟疑了一下，该不该进去呢？终于，她敲响了门，奇怪，门自己开了，怎么没锁门。不好！一定有贼闯了进去。记挂着母亲的安危，她三步并作两步冲进卧室，却发现母亲正安然地睡觉。她把母亲摇醒，喊道："是我！是我！女儿回来了！"

母亲不敢相信自己的眼睛。她擦了擦眼睛，果真是女儿。母女俩紧紧抱在一起，女儿问："门怎么没有锁？我还以为有贼闯了进来。"

母亲柔柔地说："自打你离家后，这扇门就再也没有上锁。"

活动二

回家和父母进行一次谈话，谈一谈自己的学习，谈一谈自己对父母的看法，但语气应缓和。并记录下自己与父母之间谈话的内容。

【心灵启示】

名人名言

失去了慈母便像花插在瓶子里，虽然还有色有香，却失去了根。我觉得这句话说明慈母对一个人是非常重要的，就像根对花一样重要。

——老舍

世界上的一切光荣和骄傲，都来自母亲。

——高尔基

世界上有一种最美丽的声音，那便是母亲的呼唤。

——但丁

人的嘴唇所能发出的最甜美的字眼，就是母亲，最美好的呼唤，就是"妈妈"。

——纪伯伦

成功的时候，谁都是朋友。但只有母亲——她是失败时的伴侣。

——郑振铎

不得乎亲，不可以为人；不顺乎亲，不可以为子。

——孟子

父母者，人之本也。

——司马迁

谁拒绝父母对自己的训导，谁就首先失去了做人的机会。

——哈吉·阿布巴卡·伊芝

三　“学会与老师沟通”主题班会

【心事链接】

记得在我一生中最重要的一天，就是安妮·莎利文老师来到我身边的那一天——1887年3月3日。

……

我是通过生活本身开始我的学习生涯的。起初，我只是个有可能学习的毛坯，是我的老师打开了我的眼界，使我这块毛坯有可能发展进步。她一来到我的身边，就给我带来爱和欢乐，给我的生活增添绚丽的色彩。她把一切事物的美展现在我的面前。她总是设法使我生活得充实、美满和有价值。

——海伦·凯勒《我的老师》

“我是一名中等生。老师把关注的目光都投给了差生，希望的眼神又全停留在三好生身上，我们这些中等生真的很寂寞。每当我坐在孤独寂寞的角落里望着老师给差生耐心地讲题时，我真嫉妒他们！有时我会傻傻地想：假如我也可以坐在老师旁边，老师能单独给我讲讲什么，哪怕是轻轻地问一句：‘你哪儿不会？’那时我一定会感到我是世界上最幸福的人……”在一次作文比赛中，河北省唐山市唐马路小学一名五年级学生写出了这样一篇文章。

【心理宝典】

作为学生，几乎每个月、每个星期都要面对老师。师生之间的关系更是变得非常微妙、非常有趣：情谊在不断加深，矛盾却时有发生。因此，有的同学爱老师，有的同学烦老师，甚至有的同学还会恨老师。

像上面那位用作文抒发自己郁闷心情的小学生一样，越来越多有个性的孩子不满于老师的“不公平”。安徽省合肥市一名小学生也写道：“我们这些中等生像死水一潭，没有一丝波澜。不用说评‘三好’了，就连上课回答问题也成了别人的专利。优生有了成绩就被表扬，遇到竞赛还给开‘小灶’，那些差生也比我们得到老师的照顾多，起码他们给老师留下了深刻印象，而我们只能自己安慰自己。可我们心里不平：谁说我们平庸？谁说我们没有当班干部的才能？平静的水只要有风，也会出现美丽的涟漪，不平凡的人，不都是从平凡的人当中培养出来的吗？”

那么，究竟该怎样与老师相处呢？这已成为许多同学的困惑。

上海的一家市场策划公司围绕这个问题，对中学生的思想观念做了一次透视：针对全市11所中学的344名初高中学生，以随机抽样的方式进行了一次问卷调查(每项调查问题的答案可以是多项选择)。调查结果显示：有81.5%的中学生最喜欢活泼幽默的老师，有72.8%的中学生最喜欢和蔼可亲的老师，而认真和严肃的老师就不怎么受欢迎了，分别只占到了12.6%和11.2%。

大家可能都有这样的体会，若喜欢一位老师，就容易喜欢他所教的课程，喜欢他所教的课程，就会在每一节课前有一点期待、一份欢喜，就会加倍努力，也就会有一些收获。不过这种喜欢，有的是“一见钟情”，比如老师的容貌、声音、特长等吸引了你的注意，同时也有很多同学都说怕老师，因为老师严肃，难以接近。但任何事都要从两个方面来看，老师们不是“神”，他们也有心情不好、不开心的时候。那么作为学生来说，应该如何与老师相处，如何面对老师们呢？著名教育家卢勤老师总结出——面对老师，悦纳和沟通最为重要。

聪明的人一定会以师为友，多与老师交流沟通，只有傻瓜才会以师为敌，处处与老师作对。笔者相信，只要积极地悦纳老师，主动接受老师的教诲，那大家的成长中就会多一缕阳光、多一滴雨露、多一份营养！

【心智训练】

活动一：交流尝试

1.与老师个别交流。

请同学们给一位最不喜欢你或是你最不喜欢的老师写一封信，写出你内心的感受或心中的疑惑，看看老师是如何回复你的。

2.集体交流。

全班同学在一起，每位同学都站起来对老师说一句话，一句最贴近你内心感受的话，然后大家再讨论这些想法哪些是真实的，哪些是被曲解的。

3.公开性交流。

准备一个留言本，供老师与学生、学生与学生之间相互留言，表达自己对建设班集体的想法和建议，任何同学都可以自由发表对老师的看法。

4.日记式交流。

学生通过日记写上沟通情感的批语，引发老师情感的共鸣。

5.赠言式交流。

师生之间通过互写对话式的评语，或者用精美的卡片填写赠言警句的方式相互交流；

6."成长袋"式交流。

学生自己动手设计"成长袋"，用来收藏自己成长过程中的作文、试卷和手工作品等，在教师节的时候送给自己最仰慕的老师。

活动二：自测：你与老师相处有困扰吗？

对下列题目作出"是"或"否"的选择。

1.你经常不能明白老师的讲解。

2.某位老师对你感到讨厌或你讨厌某位老师。

3.老师常以纪律压制你。

4.老师上课不能吸引你。

5.老师不了解你的忧虑与不安。

6.你的意见常被老师不加考虑地反对。

7.老师把考试成绩的高低作为衡量学生优劣与奖惩学生的尺度。

8.你找不到一位能倾诉秘密的老师。

9.老师常体罚或变相体罚你。

10.老师常给你增加学习负担。

11.某位老师对你有点冷漠。

12.你的思想常被老师支配。

13.你在学习上的创造性见解得不到老师肯定。

14.老师常让你感到紧张与不安。

15.老师常因误解你的行为而训斥你。

16.老师无法帮助你改进学习方法。

17.老师很少与你倾心相谈。

18.你常屈服于老师的命令与权威。

评分规则：

每道题选择“是”记1分，选择“否”记–1分。将各题得分相加，统计总分。

你的总分：

8~18分：表明困扰程度严重或较严重。

–8~7分：表明困扰程度中等。

–18~–9分：表明困扰程度较轻或很轻微。

将1、4、7、10、13、16题的得分相加，其分数表明在教学过程中师生关系的困扰程度。

你的分数：

4~6分：程度严重或较严重。

–3~3分：程度中等。

–6~–4分：程度很轻。

将2、5、8、11、14、17题的得分相加，其分数表明师生在情感距离上的困扰程度：

你的分数：

3~6分：程度严重或较严重。

–3~2分：程度中等。

–6~–4分：程度很轻。

将3、6、9、12、15、18题的得分相加，其分数表明师生之间的地位关系的困扰程度。

你的分数：

3~6分：程度严重或较严重。

–3~2分：程度中等。

–6~–4分：程度很轻。

【心灵启示】

如何让老师记住你：

开学好长时间了，走在路上，迎面碰到任课老师，可老师却叫不出你的名字，更不要说建立什么亲密关系了。你会责怪老师的记性不好，但你为此做了些什么呢？

在老师的记忆中，首先占取位置的是那些特征明显的学生：成绩优秀、个子奇高、上课积极回答问题等等。你要引起老师的注意，并以此为开端建立良好的师生关系，就需要展现自己的长处。"这可难为我了，我擅长体育，但班主任是教语文的。"不要为此担心，没有什么可以埋没你的特长。首先是你要让你的特长发出光彩，才能引起老师的关注。当你代表班级参加百米赛跑率先冲过终点时，相信你所有的老师都会为你欢呼，并在他们的心目中为你描下美丽的一笔。再走进课堂，你被提问的机会就会增多。受到的关注也会增多，你的名字不知不觉地就走进了老师的记忆中。当然，不是每一个人都有特长，如果各方面表现平平怎么办？那你要付出的更多，办法是让老师看到你的努力。上课时即使叫不到你也要积极举手，活动时明知无法为集体增添什么光彩，但可以做好后勤工作或当个啦啦队队长，劳动时积极肯干……这一切都会引起老师的注意，为你们进一步交往打下良好的基础……

四　"学会说'不'"主题班会

【心事链接】

老师，我的同学要拷贝我的作业，而老师说如果发现两个人作业雷同，就会给很低的分数。但同学今天家里有事，时间很紧，我很同情他、理解他。但是，也不想自己分数很低，毕竟自己花了很多的时间去完成。请问，我该如何处理？如果我在自己的作业上标明"原版"字样是不是不太好？到底该怎样做呢？

【心理宝典】

第一，为何说“不”。

在这个世界上，有人常说“不”，有人不敢说“不”，有人适时说“不”，而有人却说不出口。凡是遇到了切身利益时，说不说，该不该说，就可能需要仔细考虑了。说“不”，是现代人必须学习的一门艺术，无论你是属于哪一种职业、身份的人，都无可避免得学习这门课。该说“不”时不说“不”，会有两种结果：一种就是费尽心思，苦于奔波，苦不堪言地办好了别人的事情或者答应了别人的要求，或许会得到别人感谢和肯定，但无论怎样都无法补偿内心的缺憾，更多的只是苦笑；另一种是上下努力、左右疏通、前后奔波，虽然占用了自己的时间和精力，但最终却没办好别人所托之事，反而会落下“没能耐”、“只说空话，不办实事”的坏名声，自己更是懊悔不已。所以我们必须敢于、善于有原则地说“不”，只有这样才能稳住自己的阵脚，把握自己。

说“不”是心智的考验，是必要的拒绝，是难得的糊涂，是超然的洒脱，是一种原则的执着，也是一种策略的机变。敢于说“不”表现了一个人的胸怀、魄力、勇气、智慧对生活的洞察力。但从现实生活中的情况来看，说“不”并不是件简单的事，有人知道该说“不”也想说“不”，但就是说不出来。

第二，何时说“不”。

在什么情况下可以拒绝别人？怎样做才能使自己不做违心的事，而又不影响友谊呢？这的确是人际交往中的一个至关重要的问题。一般来说下列情况应考虑拒绝：违背自己做人的原则；不符合自己的兴趣爱好；违背自己的价值观念；可能陷入关系网；有损自己的人格；助长虚荣心；庸俗的交易；违法犯罪的行为。

第三，如何说“不”。

说“不”要讲究艺术。要达到既拒绝对方不适当的要求，又不能伤害对方的自尊；既表明自己的态度，又让对方理解自己的立场和原则的目的，就需要技巧和艺术。下面这些方法是常用的，不妨一试。

(1)用真实的理由说“不”。在人际交往中，一般情况下，不强人所难是一条大家共知的准则。因此,用真实的理由向对方的要求说“不”,一般都能取得对方的谅解。但要注意,说明理由时应当态度端正,言辞严肃、认真,不能打哈哈,给人以虚假的托辞之感。比如,当球友邀请你去踢一场比赛而恰逢你已安排好其他活动时,你可以说:“真对不起,我想去,但事先已安排好看书了,请谅解,下次一定去。”

(2)以合乎情理的借口说“不”。此时的借口要合乎情理,不能自圆其说的借口,会让对方觉得你太轻视他,在搪塞他。比如《红楼梦》中林黛玉见邢夫人时的借口就是个好例子。林黛玉到荣府后,马上就拜见了大舅母邢夫人,邢夫人苦留黛玉吃晚饭。黛玉答道:“舅母爱惜赐饭,原不应辞,只是还要过去拜见二舅舅,恐领赐去不恭,异日再领,未为不可,望舅母容谅。”到大舅舅家,主人赐饭,吃与不吃,确是难题。吃呢,天色已晚,不能再去拜见二舅;不吃呢,又有不识抬举之嫌。黛玉还是选择不吃,因为要去拜见二舅,这一点大舅挑不出什么理来。因为到了大舅你这里来,就不能不到二舅那里去,至于赐饭嘛,还是要领的,只不过是异日再领。这一进一退,说得两全其美,各方都满意,让人听了也很舒服。

(3)以幽默方式说“不”。当年,罗斯福还是名海军助理部长时,他的好友向他打听一项军事机密。罗斯福望望四周,然后,压低嗓子向好友问道:“你能保密吗?”好友急切地保证:“我能!”“那么”,罗斯福微笑着说:“我也能。”罗斯福以幽默方式说“不”,既缓解了气氛,又不给彼此留下压力。

(4)以别的建议说“不”。比如一个空闲的周末,有同学很想和你一起玩,你也想和他在一起,但对他请你去看电影的提议却不感兴趣。这时,你就可以说:“改天再看电影吧,今天是NBA决赛,一定很精彩,我们一起看吧。”

(5)用岔开话题的方式说“不”。当有人想向你提出你可能有些为难的要求时,他常常通过迂回的办法,当你在他谈到中途时就知道了他的意图,并知道不能满足他时,你就可以主动地把话题引开,快节奏地谈论其他事情,一般情况下,他就会知难而退了。

(6)用“踢皮球”的方式说“不”。比如,日常生活中有的女同学不想让别人知道自己的体重,当有人问这个问题时就可以说:“你猜我有多重呢？猜到就告诉你。”这就把问题又送给对方了。

在具体的说“不”的场合中，千人千法，每个人都可以使自己在平时的生活和学习中更有艺术地说“不”，在原则问题上把握住自己。

【心智训练】

活动一：小组讨论

结合上面所学到的知识，请同学们说出生活学习中的一些需要说“不”的情景和自己该说“不”时没有说“不”的生活事例来，并谈一谈应该怎么说“不”才更合适。

活动二：角色扮演

请同学分角色扮演下面场景，看看别人都是怎么做的，如果你是李运该怎么办？

张康和李运是一对好朋友，他们从小学、初中一直是同班，平时他们相互帮助、相互学习，成绩都很好。快要中考了，张康喜欢离家近的一所高中，李运喜欢另一所高中，但他也喜欢张康喜欢的学校。这几天，张康多次找李运说他很希望和李运上同一所学校，做永远的好朋友。李运回想几年来俩人的友谊以及共同学习和进步的一幕幕，犹豫了。

【心灵启示】

说“不”注意事项：

(1)不要立刻就拒绝。立刻拒绝，会让人觉得你是一个冷漠无情的人，甚至觉得你对他有成见。

(2)不要轻易地拒绝。有时候轻易地拒绝别人，会失去许多帮助别人、获得友谊的机会。

(3)不要在盛怒下拒绝。盛怒之下拒绝别人，容易在语言上伤害别人，让人觉得你一点同情心都没有。

(4)不要随便地拒绝。太随便地拒绝，别人会觉得你并不重视他，容易造成反感。

(5)不要无情地拒绝。无情地拒绝就是表情冷漠，语气严峻，毫无通融的余地，会令人很难堪，甚至反目成仇。

(6)不要傲慢地拒绝。一个盛气凌人、态度傲慢不恭的人,任谁也不会喜欢亲近他。何况当别人有求于你,而你以傲慢的态度拒绝,别人更是不能接受。

(7)要能婉转地拒绝。真正有不得已的苦衷时,如能委婉地说明,以婉转的态度拒绝,别人还是会感动于你的诚恳。

(8)要有笑容地拒绝。拒绝的时候,要能面带微笑,态度要庄重,让别人感受到你对他的尊重、礼貌,就算被你拒绝了,也能欣然接受。

(9)要有代替地拒绝。别人要求的这一点帮不上忙,用另外一个方法来帮助你,这样一来,他还是会很感谢你的。

(10)要有出路地拒绝。拒绝的同时,如果能提供其他的方法,帮他想出另外一条出路,实际上还是帮了他的忙。

(11)要有帮助地拒绝。也就是说你虽然拒绝了,但却在其他方面给他一些帮助,这是一种慈悲而又智慧的拒绝。

五　"学会合作与竞争"主题班会

【心事链接】

小强上中学以前对学习充满信心,成绩理想,学得也轻松。进入初中后,小强的很多同学都超过了他,真有你追我赶的劲头,渐渐地他落伍了。这个时候小强的父母觉得他没努力,但小强向他们请教问题时,多数情况下都得不到满意的答案。向老师问,次数多了,连老师也觉得奇怪,怎么这么爱问问题的学生学习成绩上不去呢?这样一来,小强因为怕老师说他就没问了。问同学,有的同学热情帮助他,久而久之,他觉得挺麻烦别人的,又怕别人说他不行,于是他便买了很多学习辅导书、参考书,准备自己动手干,结果反而连课本上的东西也弄得糊里糊涂。经过一段时间后,他觉得很失望,甚至绝望,从前的辉煌不在了,今天落到这个地步,他觉得只有一个人在奋斗,孤立无援。小强现在几乎变了个人:沉默寡言,易烦躁,有时就是笑几下也很勉强。

【心理宝典】

对于小强来说，在小学他是竞争中的胜利者，可是到了中学，他遇到了新的竞争对手，进入了新的竞争环境。小强学习的落后不是因为不努力，也不是因为智力不好，而可能因为：

(1)缺少与他人积极合作，产生了学习上的无助感，甚至怀疑自己。

(2)小强从小学到中学的过渡准备不充分，可能还在用小学的学习方法来学中学的内容。

(3)他的父母无力解决他学习中的知识问题，因为一是他们可能不具备这方面的能力；二是即使他们有这方面的专业知识，但不了解小强的心理，讲的东西也就很少。

(4)至于老师的奇怪，正是老师开始找问题症结的时候，老师可能由此发现小强学习方法的不当之处，从而对其进行方法的指导。同学之间的相互提问也很正常。在学习上不应该躲开困难，要摆正心态，知难而上，只有面对自己的不足，坦然面对才会学得轻松而有效。

小强害怕失败，缺少与他人的交流与合作，加上学习方法不当，自然会产生沉默寡言、易烦躁等不良状况。因此，他只要客观认识自己的问题，改变学习方法，正确认识竞争与合作的关系就一定能够取得最后的胜利。

今天，人们身处竞争的时代，很多人都用冷漠封闭自己的心灵，有越来越多的人做事之前都首先从自己的利益出发，为了达到目的有人甚至不惜牺牲他人的利益。这实际上是一种人际关系的扭曲，在竞争的社会中合作显得尤为重要。说到竞争，人们自然会联想到商场中大鱼吃小鱼，商家们拼得你死我活的现象。但事实上，有效的合作才是竞争胜利的前提。比尔·盖茨曾经说过，充分地与任何与事业有关的个人或集体合作是他成功的秘诀之一。如果人们仅仅是封闭自我，只考虑竞争，时间长了，只会让自己越来越狭隘，最终成为井底之蛙，甚至阻碍健康人格的形成。

竞争与合作是相辅相成的，它们并不是完全对立的。可以说合作是竞争的基础，竞争是为了更好的合作，二者互相促进，螺旋上升。青少年学生是国家未来的建设者，是国家将来的主人，在日益激烈的国际竞争中有很强的竞争意识是十分必要的,但合作精神同样重要。苏格拉底说过:"你有一个苹果,我有一个苹果,我们交换,我手里还是一个苹果;你有一种思想,我有一种思想,我们交换,我就拥有两种思想。"因此,只有碰撞才能产生火花,才能有1+1＞2的效果。与人合作能够取人之长补己之短,充分利用资源,提高办事效率,为赢得竞争的胜利做准备。青少年学生在日常的学习、生活中也要注意关心他人、帮助他人,同时又要明确自己的学习目标,有一股不服输的精神,与同学竞赛,以此为动力,激励自己不断进步。

竞争与合作时时刻刻都出现在我们身边,如果我们能对二者运用自如,对我们来说将是一笔没有上限的财富,它会给我们带来一个又一个成功!对于初中生来说,同时具备竞争意识与合作意识是十分重要的。初中生不仅处于生理发育的关键期,而且也处于人格形成的关键期,因此,这一时期的引导十分重要。如果只有很强的竞争意识,那必然一切以自我为中心,形成褊狭、怀疑、孤僻的人格,这对青少年的身心健康发展是很不利的。因此,青少年尤其要注重培养合作意识,与人为善,积极主动与人合作,共同克服成功之路上的困难。

在日常的学习、生活中,同学们既是对手又是朋友,要在竞争中看到别人的优点,积极帮助那些有困难的同学,要做到互相帮助、互相学习,争取共同进步!

【心智训练】

活动:做一做

请同学们玩以下几个游戏,游戏结束以后请谈谈你的感受。

1.闪光的彩球。

将全班同学分成若干个小组,每组7个人。每组同学面前都有一个肚大口小的瓶子,瓶口只有一只乒乓球那么大。瓶中有7只不同色彩的乒乓球,每只球上都系有一根细绳,拉动细绳可以把乒乓球拉出瓶外。线的一端露出瓶口。

假设这个瓶子是一幢房子,7只不同的彩球分别代表小组中的7个成员。假设房子失火了,只有在规定时间里逃出来的人才能生还。请小组中的每位成员各执一线，在听到老师的第一声哨声后便以最快的速度将球从瓶中拉出。当老师吹第二声哨子时就必须停止。

在规定的时间内，哪一组同学拉出的乒乓球多哪个小组就获胜。

游戏结束了，你所在的小组胜利了吗？

在这次“失火事件”中，你所在的小组成员有几人逃了出来？

你所在小组胜利(或成绩一般、或失败)的原因是什么？

与其他同学讨论一下，从这个游戏中你认为竞争与合作是什么关系？为什么？

2.生存大转移。

假设有一支小分队在战场上掩护大部队转移，经过一番艰苦的战斗，进攻的敌人暂时被打退，而这支小分队也损失惨重，只剩下不到10个人。这些人中有双眼被打伤的，有失去了双手和双腿的，有一只手、一条腿被打伤的，其余的人也有不同程度的轻伤。如果他们天黑前到达不了目的地，大部队的后果不堪设想。

现在每一组就是这支小分队的幸存者。被绑住手脚和蒙上眼睛的人是重伤员，其余是轻伤员。假设离天黑只有两分钟，离大部队的距离就是两条线间的距离，参加游戏的人必须在两分钟内从这条起跑线出发，到达前方的另一条线，到不了的就要被“打死”。大家听号令行动。具体规则如下：将学生按8～10人为单位随机分组，每组成员做以下处理：一个人蒙上眼睛，一个人双手绑在一起，一个人双腿绑在一起，一个人一只手绑上，一个人一只脚绑上；游戏结束，统计安全到达和未到达的人数；游戏中两条线之间的距离可根据路线和学生的能力，酌情加长或缩短。

游戏结束后，根据你所扮演的角色，谈谈你的感受是什么？

在游戏中你帮助别的伤员了吗？

在游戏中你是只顾着自己逃命还是帮助其他伤员一起逃？为什么？

与其他同学交流一下游戏心得，你从这个游戏中学到了什么？

【心灵启示】

愚蠢的马

驴子请求同行的马替它分载一点背上的东西，但是马不肯帮忙。不久,驴子因精疲力竭而死去。主人便把驴子驮的东西全部搬到马的背上。马呻吟地说道:“我竟然做了这么愚蠢的事,当初我要是稍微帮助驴子一下,现在也不会驮着全部的负担。”

启示:强者与弱者应该互相帮助、共同合作,各自才能更好地生存。适时地向别人伸出援助之手,你也会得到别人的援助。

六 “告别嫉妒”主题班会

【心事链接】

链接一

战国时,孙膑和庞涓曾在一起学习兵法,学成之后,庞涓去了魏国,成为魏惠王的将军,但心里总是不踏实,因为他知道孙膑的谋略远远在他之上,他应该完全钳制住孙膑。于是,他写信将当时仍在落魄中的孙膑秘密地骗到魏国。孙膑来到魏国后,庞涓仍然担心他会超过自己,对于自己地位的巩固终究是个隐患,于是,他决计要毁掉孙膑,丝毫不顾念同学情谊,极其残忍地挖掉了孙膑的膝盖,企图让孙膑永远湮没无闻。而足智多谋的孙膑最终逃出了庞涓的魔爪,得到齐国的重用。在后来的齐魏桂陵之战中,庞涓被孙膑诱敌深入的战术所牵制,在道狭多险的马陵遭到事先埋伏在那里的齐军的袭击,全军覆没。庞涓自知智穷谋寡,大势已去,于是拔剑自刎,结束了自己的生命。

链接二

笑笑是个活泼开朗的女孩,学习成绩特棒,人长得也漂亮,老师和同学们都喜欢她。笑笑最喜欢和琳琳在一起玩,把琳琳当成自己最好的朋友。

一次省级英语竞赛,本来琳琳也是有机会的,但老师直接推荐笑笑去参赛了。笑笑不负众望,为学校和班级赢得了荣誉,琳琳表面上也为她高兴,但是心里却酸酸的,认为老师没有给她机会,如果让她去也许会取得更好的成绩。

这次事件之后，琳琳和笑笑的关系发生了变化，她们再也没有以前的友好、默契、快乐。琳琳在别人面前总是不屑于提笑笑，即使说到了也是嗤之以鼻，在学习上更暗暗较劲，但总也考不过她。马上就要期末考试了，琳琳趁同学们都不在教室的时候，偷偷地把笑笑的外语书和笔记藏了起来，结果笑笑急得哭了起来，考试成绩也受到了很大的影响。

【心理宝典】

嫉妒是对才能、名誉、地位、境遇等比自己好的人心怀怨恨，嫉妒心是一种比较错综复杂的混合心理，包括焦虑、恐惧、猜疑、自咎、消沉、敌意、怨恨、报复等不愉快的情绪。嫉妒分为正常性的嫉妒、病态性的嫉妒、妄想性的嫉妒、竞争性的嫉妒。嫉妒，作为一种心理现象，有其发展过程。嫉妒者从狭隘、自私的心理出发，羡慕超过自己的人是嫉妒心的第一阶段；由羡慕心理逐渐转向憎恨心理是第二阶段；由憎恨心理导致卑劣行为是第三阶段。从某种意义上说，嫉妒是人的天性，进取心强的人，会用嫉妒来激励自己，发奋有为。若嫉妒心过重，一味贬损别人，甚至想方设法地给别人设置障碍，于人于己都是有害的。

莎士比亚曾经说过："嫉妒是一个绿眼的妖魔，谁做了它的奴隶，就要受到它的玩弄。"嫉妒是利己之心的表现形态，是虚荣心的具体表现。虚荣心甚强的人，当他看到别人在某些方面获得成功，超过自己的时候，就会心生嫉妒，就会产生一定要超过对方的强烈欲望。嫉妒是一种十分有害的消极情绪，它驱使人们离开自我，阻止人们达到高尚、完美的自我；它能使人变得卑下、猥琐，甚至会使人失去理智，做出一些越轨的事。

从本质上看，嫉妒是一种不健康的心理状态。有人因嫉妒而消极沉沦，一蹶不振；有人因嫉妒而咬牙切齿，愤愤不平；有人因嫉妒而铤而走险，违法犯罪。总之，嫉妒无论是对自己的健康成长，还是对保持正常的人际关系，都是极为不利的。可引起一个人嫉妒的因素是多方面的，如突出的学习成绩，出色的工作能力、组织能力与社交能力，优越的家庭条件，漂亮的容貌、服饰、打扮等，都可能引起他人的嫉妒。

嫉妒表面看起来似乎是对自尊心的一种满足与安慰，但实际上它满足的只是自己并不正确的欲望。假如一个人不能从与他人的相互比较中学会努力进取、合理竞争,仅以嫉妒别人的进步与优势来安慰、满足自己的自尊心,那么,这种不正当的心理必定会成为自己前进途中的重大障碍。

首先,它不利于学习进步,对人对己都是不利的。本来在学校中刻苦学习、勇于冒尖、敢当先进,是青少年学生的一种优良心理品质,但由于那些嫉贤妒能的人视他们为眼中钉、肉中刺,百般挑剔、极力贬低,使一些同学不敢在学校集体中冒尖。

其次,它破坏人际关系,影响团结,削弱班级集体的凝聚力。一个人深切地嫉妒他人时,可能不择手段地散布流言、恶语伤人、挑拨离间、打击报复、恶化关系。这会给班级带来不良的影响。

最后,它增添了嫉妒者内心的痛苦。正如巴尔扎克所说:"嫉妒者比任何不幸的人更为痛苦,因为别人的幸福和他自己的不幸,都将使他痛苦万分。"嫉妒者由于不能正确对待别人的进步与成绩,错误地认为别人的进步就是对自己的贬低,心理上产生一种痛苦的体验。这种消极情绪反应的持续对人的身心健康非常不利,能引起多种心理问题与疾病。此外,嫉妒心不仅给自己造成痛苦与心理失重,同时也给被嫉妒者造成一定的打击。

既然嫉妒心理有这么大的危害,该怎样克服它呢?

首先,要全面正确客观地认识自己。"金无足赤,人无完人",每个人都有自己的长处,也有自己的不足。要善于取人之长补己之短,摆正自己和别人的位置,进行心理"互换",与人为善,尊重理解别人。

其次,消除惟我独尊的想法。要认识到"山外有山,人外有人",即使是打过胜仗的将军也不可能永远立于不败之地,要勇于接纳别人的成功,并且学会用别人的成功来激励自己进步。

再次,要学会赏识别人。正确看待周围的人,看到他们的优点,并予以赞赏、学习,真诚地为他们的成功而喝彩、叫好。

最后,要把自己置于集体之中。认识到自己是集体的一分子,多从大局考虑,不为个人的私利而影响整体的形象、荣誉。

【心智训练】

活动一:想一想

当你遇到下列生活事件,你会做出什么反应?

1.你的同桌家庭富有,身穿名牌,而你家境贫困,穿着一般,你会怎样?

2.和你相差无几的同学,因中考发挥较好而进入了省理科实验班,而你却在普通班,你会怎样?

3.你的同学长相漂亮,大家都夸他(她)像电影明星,而你却相貌平平,你会怎样?

4.你的同学乐观外向,别人都乐意与他(她)交往,而你内向孤僻,别人不愿接近你,你会怎样?

5.你的同学成绩一般,但擅长拉小提琴,在文艺活动中备受青睐,而你成绩优秀,但无特长,在特定的场合备受冷落,你会怎样?

6.你的妈妈常在你面前夸赞你的同学张明,说他成绩好,又懂事,将来一定大有出息,你会怎样?

活动二:测一测

请认真阅读下面的题目,在符合自己情况的答案上打"√"。

1.你的同学穿件过时的服装,却洋洋得意,问你:"这件衣服漂亮不?"那么,你如何回答?

A."……"(不吭声,暗自发笑)

B."不错!前段时期穿更好。"

C."不错,很漂亮!我也想有这么一件。"

D."不大合适,过时了。"

2.同学带来了极为漂亮的钢笔,你也想买一支。那么,你怎么办?

A.询问是何处买来的

B.自己找支与之相似的钢笔来

C.婉转地打听是哪家商店出售的

D.不关注

3.班会上,一位看上去并不比你强的同学提出了比你高明的建议,当老师问你意见如何，你怎样回答？

A.赞成这条意见

B.不赞成，并提出其他意见

C.回答“我没有看法”

D.一声不吭，事后发牢骚

4.著名的电影导演的周围簇拥着许多你的同学，要求导演为他们签名留念。你看到时怎么办？

A.挤进去也让导演给你签一下

B.站在那儿看热闹

C.说一句：“哼，瞎起哄，真没意思。”

D.不吭一声地走开

5.你被同学奚落了一番，你会怎么样？

A.在什么时候也刁难对方一下

B.感到心里很不好受，却发作不得

C.决定和这种人断交

D.自我解嘲

6.你喜欢的一位异性同学在校门外和人交谈，但你看不到那人的样子，这时你会认为这位异性同学最可能在和谁谈话？

A.老师

B.你的同性同学

C.你的异性同学

D.肯定是他（她）的女（男）朋友

7.平时成绩一直与你不相上下的那位同学，这次由于某个原因而成绩比你差，你是如何对待这件事的？

A.“他本来就不如我嘛。”

B.“哼，活该！最好下次也这样。”

C.“要不是因为某件事，他准会考得更好。”

D.“他真够可怜的。”

8.本来你和另一位同学都有条件被评为三好学生，但由于名额有限，老师决定让那位同学获得这一荣誉，这时你的态度是：

A.衷心地为那位同学鼓掌

B.心里愤愤不平,认为老师偏心

C.认为自己确实不如人

D.背后到处揭那位同学的短

计分标准:

试题	A	B	C	D	试题	A	B	C	D
1	2	3	1	5	5	2	3	5	1
2	2	5	3	1	6	1	3	2	5
3	1	3	2	5	7	3	5	1	2
4	2	3	5	1	8	1	3	2	5
总　分									

结果与解释:

根据作答计分表的得分,算出总得分,然后根据总得分对照评价表判断你的嫉妒心理属于I、II 、III、IV型中的哪一种类型。

I型:强烈型(32~40分)。你比一般人更容易产生嫉妒心理,你相当敏感,稍稍感到自己被歧视或不如别人时,就会产生较强的嫉妒。你即使处于优越的地位中,也会担心别人随时夺去这个位置。你常疑神疑鬼,胡乱猜测,结果适得其反。当你有了嫉妒心时,你往往就会有一种强烈的外泄心理。这种嫉妒心,常常会给你带来不快的心情。尽管你在许多方面都高人一筹,也备受器重,但你往往不会合群,心胸不够开阔,因此,你得到的虽多,但失去的也不少。

II型:时发型(24~31分)。你具有一般人容易产生的嫉妒心理,但平时你不会轻易产生,通常也不影响同学之间的交往和你的生活,但对特定的事,或在一定的时候,你也会产生强烈的嫉妒心。处理得好时,嫉妒会成为你上进的动力,让你获得成功;处理得不好时,你往往会不择手段地拆别人的台。但你又有较强的反省力和较大的勇气主动认错,因而事后你不会怨恨在心,反而会主动地找人和好。

III型:克制型(16~23分)。你常有自我满足感,平时很少让别人觉察到你的嫉妒心理。你也会在某些场合产生嫉妒心理,只是你能够克制忍耐，情绪绝不外露，并常用其他事情来冲散抵消。一般说来，你不仅能自我控制，而且工于心计，富于理智，能听进别人的话，因此，你往往能把嫉妒的心理化为上进的力量。但你也会有处理不好嫉妒的时候，而弄得自己和别人都不痛快，幸好这种局面只是短暂的。

Ⅳ型：平和型（8~15分）。你很少有嫉妒的心理，独自悠然自得，对小事毫不介意，通事达观，不自寻烦恼。可能是因为你对周围环境无动于衷，根本不想把自己同别人作比较，也可能是因为你对自己抱有极大的自信，认为嫉妒是愚蠢的表现，是不体面的，即使有些事让你感到意外和不屈，但你能在产生嫉妒的初期就采取调节或转化的措施，所以你很少有嫉妒别人的言行，与人的关系融洽。

【心灵启示】

嫉妒之苦（节选）

余秋雨

嫉妒之苦，主要苦在自己。

真正受到损害的是嫉妒者自身，且把这种损害作三个方面的描述。

自设战场，自惊自吓。嫉妒者总是在强者中寻找对象，他们不会盯住一个来日无多的老者，也不会在乎一个穷困潦倒的才子、身陷囹圄的义士，而总是与正处最佳创造状态的生命体过不去。这不能不使他们长时间陷入自我惊吓之中。对方的每一个成绩，都被看成是针对自己的拳脚，成绩不断则拳脚不断，因此，只能时时圆睁着张皇失措的双眼，不等多久已感到遍体鳞伤。

自迷自困，自聋自哑。嫉妒使感受机制失灵、判断机制失调、审美机制颠倒，局部地成了聋子和哑巴。一位诗人突然对别人的佳句失去了欣赏能力，一位音乐家在同行优美的乐曲中表情木讷，一位导演对着一部轰动世界的影片淡然一笑，一位美术教授在讲述两位成功画家时把头摇得像拨浪鼓一样……如果他们只是端架子、摆权威，内心方寸未乱，毛病还不算太重，如果他们确实已经因嫉妒而颠倒了美丑，封杀了感受，事情就可怕了。那等于是武林高手自废功夫，半条命终结。

自轻自贱，自贬自罚。嫉妒好像是在自我提升，实为自我沉降，有时会把自己沉降得不伦不类，十分可笑。一位评论者撰文用夸张的语句贬损一位作家的文采辞章，他也忘了，此时此刻，自己同样是用文笔在写作，自己的语句与他引述进来加以批判的语句共处一页，白纸黑字狭路相逢，高下优劣不言而喻。一个人一旦陷入嫉妒就成了半个傻子，频频用伶牙俐齿来自我作践，一次次打自己的耳光还觉得红光满面，真是可怜。

嫉妒实在太苦，简直是苦不堪言。如果你不想自惊自吓、自聋自哑、自轻自贱，那还是不去嫉妒吧！

常春藤

在一块菜园的旁边，农夫搭起了一道高高的竹篱笆。在篱笆的旁边，有一株矮小的常春藤。小常春藤对那道高高的篱笆又羡慕又嫉妒，它暗暗发誓说，总有一天我要爬得比你还高，让你瞧瞧我的本事。于是，它死死地缠绕着篱笆桩子，不分昼夜拼命地向上爬。有一天，它终于爬得比那一道篱笆还高了。它得意洋洋，张开眼睛向四周瞟了一眼，这时它才发现路对面的另一道篱笆比自己还高。常春藤很不服气，它又再一次下了决心一定要爬过去与对面的那道篱笆比高低！

从此，爱嫉妒的常春藤不断的伸长自己的身子，拼命地朝着自己朝思暮想的目标逼近。这一天终于盼来了！它费了九牛二虎之力，总算攀住了对面的篱笆桩子，挨上去并缠紧了。常春藤对自己的成功十分得意，它回过头来，洋洋自得地对原先的那道篱笆说："你看着吧，用不了几天，我就会爬得比这道篱笆还高！"

没想到当天晚上，来了个赶夜路的人，横在路上的常春藤把他绊住了。过路人气愤极了，一把将常春藤的绿色枝条扯了下来，随手扔进了路边的臭水沟。

七　“交往的天空”主题班会

【心事链接】

唐贞观年间，薛仁贵尚未得志之前，与妻子住在一个破窑洞中，衣食无着落，全靠王茂生夫妇经常接济。后来，薛仁贵参军，在跟随唐太宗李世民御驾东征时，因薛仁贵平辽功劳特别大，被封为“平辽王”。一登龙门，身价百倍，前来王府送礼祝贺的文武大臣络绎不绝，可都被薛仁贵婉言谢绝了。他唯一收下的是普通老百姓王茂生送来的“美酒两坛”。一打开酒坛，负责启封的执事官吓得面如土色，因为坛中装的不是美酒而是清水！“启禀王爷，此人如此大胆戏弄王爷，请王爷重重地惩罚他！”岂料薛仁贵听了，不但没有生气，而且命令执事官取来大碗，当众饮下三大碗王茂生送来的清水。在场的文武百官不解其意，薛仁贵喝完三大碗清水之后说：“我过去落难时，全靠王兄夫妇经常资助，没有他们就没有我今天的荣华富贵。如今我美酒不沾，厚礼不收，却偏偏要收下王兄送来的清水，因为我知道王兄弟贫寒，送清水也是王兄的一番美意，这就叫君子之交淡如水。”此后，薛仁贵与王茂生一家关系甚密，“君子之交淡如水”的佳话也就流传了下来。

【心灵宝典】

“君子之交淡如水”原本出自《庄子·外篇·山木第二十》：“夫相收之与相弃亦远矣，且君子之交淡若水，小人之交甘若醴。君子淡以亲，小人甘以绝，彼无故以合者，则无故以离。”它讲的是朋友与朋友之间的交往，后来引申到一般的人际交往，曾被认为是人际交往的最高境界。我们在人际交往中，仅仅做到“淡如水”还不够，还要了解人际交往的心理学原理，这样才能指导我们更好地与人进行交往。

人际交往的心理基础包括认知、情感和行为。认知是人际交往的前提，人与人的交往首先是通过感知、认识、理解才能建立一定的关系；情感是人际交往的调控因素，如满意、厌恶等；行为是人际交往沟通的手段，即通过言、情、姿、行等达到交往的目的。

认知包括对自我的认知和对他人的认知。对自我的认知包括对自己身体状态的认知(如健康、长相等),对自己心理状况的认知(如性格、爱好、情感、意向等),对自己社会关系的认知(如阶层、是否被人接受等)。正确的自我认知对人际交往、协调人际关系有很大的作用。如果一个人看不到自己的价值,只看到自己的不足,就会丧失信心,没有朝气,产生自卑感,羞于与他人相处,缺乏进行人际交往的勇气;如果一个人只看到自己比别人好,别人都比不上自己,就会产生盲目乐观情绪,自我欣赏,自以为是,导致交往中自高自大、盛气凌人,或不屑与人交往。在人际交往中除了自我认知外,对他人的认知也是十分重要的。但是在认知他人、形成有关他人印象的过程中常常受人际认知心理效应的作用,从而可能发生这样或那样的偏差。因此,我们要了解这些心理效应,以纠正对他人认知的偏差。

(1)首因效应。它是指第一次形成的印象对人际认知的强烈影响。第一印象不管正确与否,总是最鲜明、最牢固的,往往左右着对对方的评价,影响着以后的交往。首因效应会对认知他人造成偏差,所以要审慎对待,不能因为第一印象好而忽略对其进行全面的认识,也不能因为第一印象坏而拒绝交往。

(2)近因效应。在人际认知活动中,最近的印象对人的评价起着重要作用。这种偏差的产生,客观上是由于最近获得的信息刺激强,给人留下的印象清晰,冲淡了过去所获得的有关印象。所以在对他人认识时,不能只看一时一事,而要历史地、全面地看,才能消除由于近因效应产生的认知偏差。近因效应与首因效应是一个问题的两个方面,一般说来,在与陌生人交往时,首因效应比较明显,而在与熟悉的人进行交往时,近因效应更为明显。

(3)晕轮效应。对人的看法,人们常有一种以点盖面、以偏概全的认识倾向,犹如大风前的月晕逐步扩散,形成一个更大的光环,这种现象称为晕轮效应,也叫光环效应。如果认识到一个人具有某种突出的优点,就认为他的其他方面也都好,这个人就被一种积极肯定的光环笼罩,并赋予更多好的品质;相反,如果认识到一个人具有某种突出的缺点,这个人就被一种消极否定的光环笼罩，被认为他其他方面都不好。这种对人的看法，也就是我们常说的一俊遮百丑或一丑遮百俊，在日常生活中时有发生，须加以预防和纠正。

(4)刻板印象。它是指个人受到社会影响而对某些人或事持稳定不变的看法。由于刻板印象往往不是以直接经验为依据，也不是以事实材料为基础，只凭一时偏见或道听途说而形成的，绝大多数刻板印象是错误的，甚至是有害的。一旦形成不正确的刻板印象，就会造成认知上的偏差。要纠正刻板效应的消极作用，关键是要努力学习新知识，不断扩大视野，开阔思路，更新观念，培养良好的思维方式。

(5)投射效应。它是指以己度人，把自己的感情、意志、特征投射到他人身上并强加于人的一种认知障碍。投射效应往往会使人对他人的感情、意向作出错误的评价。比如，一个心地善良的人会以为别人都是善良的，一个经常算计别人的人就会觉得别人也在算计他。投射效应的表现形式是多种多样的。感情投射就是其中的一种。简单地说，感情投射就是认为别人的好恶与自己相同。如果自己喜欢某一事物，跟别人谈论的话题总是离不开这件事，而不管别人是不是感兴趣，能不能听进去。引不起别人共鸣，就认为是别人不给面子，这就是投射效应产生的结果，最终导致对他人的认知障碍。投射效应的另一种表现，是对自己喜欢的人或事物越看越喜欢，越看优点越多，对自己不喜欢的人或事越看越讨厌，越看缺点越多，从而表现出过分地赞扬和吹捧自己所喜爱的人或事，过分地指责甚至中伤自己所厌恶的人和事。这种把自己的感情倾向投射到交往对象身上，对其进行美化或丑化的心理倾向，会使人失去人际交往中认知的客观性。克服投射效应这种心理倾向的关键是认清别人与自己的差异，避免以己之心度他人之腹。同时，要客观地认识自己，不断地完善自己。

情感是指在人际交往中人与人产生一种持久的情绪体验。作为人际交往基础的情感大致可分为两种：一种是联合情感，它是人们相互接近和联系的各种感情，如喜欢、好感、热爱等；另一种是分离情感，它使主体与客体分离，即主体不能接受甚至厌恶客体，没有合作欲望，如矛盾关系、对立关系、离异关系等，这种情感是一种否定性人际关系。人际交往中的情感对任何人、任何时代都是不可缺少的驱动力。

行为是交往双方的意愿相互作用的外在手段和表现，它有一定的定势和类型，如援助与攻击、合作与分离、竞争与挑战、协调与冲突、支配与服从等。这些都是人际交往中客观存在的，也是每一个人在交往中必须适度把握的。在人际交往中，心理凝聚是人际关系亲疏的关键。具有心理凝聚力的人往往品德高尚，博学多才，平易近人，对人有吸引力、协调力和支配力。因此，人际交往中的行为也体现了一个人为人处世的品德，品德的高尚与低劣是自己在别人心目中树起的形象。一般情况下，良好的认知产生良好的情感，良好的情感带来良好的行为，这是一个良性循环系统。反之，将会产生恶性循环。

【心智训练】

活动一：处世能力测试

说明：下面的14个问题，每一个问题设计了一种具体的时间、地点、背景，并且列出了4个备选方案。请你设身处地地考虑一下，如果你面临这种情境，你的表现将与哪一段叙述更符合，请把它前面的字母代号圈出来。

1.校友聚会上，碰巧你与多数同桌的人素不相识，你怎么办？

A.显得紧张焦虑，左顾右盼

B.一言不发地听别人的谈论

C.寻找相识的人高谈阔论

D.神态自若地加入大家的谈论

2.当你觉得与自己的同桌在各个方面都合不来时，你怎么办？

A.勉强应付，尽量凑合下去

B.故意找茬儿，与他吵架，迫使老师注意并解决

C.向老师打他的小报告，要求老师把他调走

D.尽你所能谅解对方，实在不行，则向老师如实说明，待机解决

3.在公共汽车上，你无意踩了别人一脚，别人对你骂个不停，你怎么办？

A.只当没听见，随他去骂，骂够了也就完了

B.与他对骂，看谁能骂过谁

C.解释因为太拥挤自己才踩到他的，说对方不该怪自己

D.请他原谅，同时提醒他骂人是不文明的

4.在影剧院看电影时，你邻座旁若无人地讲话，使你感到讨厌，你怎么办？

A.盼望有人能出面向他们提意见或他们知趣停止

B.直截了当地指责他们

C.叫工作人员来制止

D.有礼貌地请他们小声点

5.你辛苦地干完了工作，自以为干得很不错，不料老师很不满意，你怎么办？

A.默默地听老师埋怨，但心中感到十分委屈

B.愤愤地拂袖而去，因为你觉得自己不应受埋怨

C.解释因客观条件限制，自己已尽了最大努力

D.留意听取自己做得不够的地方，以后可能改正

6.你买了一个崭新的MP3，自己还未用过，但有朋友向你借，你怎么办？

A.勉强借给他，但是满腹牢骚

B.把脸色语气变坏，使朋友不得不改口

C.撒谎说已经借给别人了

D.告诉他自己要试用一下，检查了MP3的质量后，再借给他

7.当你正专注于一件工作，一位朋友上门来找你倾诉苦恼，你怎么办？

A.放下手中的工作，全心倾听

B.很不高兴，流露出不耐烦的神态

C.表面应酬，似听非听，脑子里还在想自己的事情

D.向他直言自己的情况，同他另约时间

8.在你无意获知了别人的一些隐私之后，你怎么办？

A.虽然好奇，但尽量不传播给其他人听

B.本想忍住，实际上却会很快告诉其他人

C.不会主动谈,但当其他人谈起的时候,也会附和着一起谈

D.根本没有想过要让其他人知道

9.周末,你忙了一整天,把房间全部打扫干净,你的家人回家后,却指责你没有好好学习,你怎么办?

A.心里很气,但仍勉强去学习

B.勃然大怒

C.气得吃不下,睡不着

D.向家人解释,并和他们开个小玩笑

10.假如你到了一个新的班集体,周围的同学都不认识,显得较生疏,你怎么办?

A.尽量不与同学交往

B.故意显示出自己是很有来头的,让同学有种敬畏感

C.观察同学对自己的态度再决定

D.马上与同学打招呼,表现出友好的姿态

11.有一个不太熟的人,经常要麻烦你做一些事,你却很忙,你怎么办?

A.尽量躲避他

B.直截了当地告诉他很忙,不要再来麻烦了

C.表面上敷衍他,实际上心急如焚

D.尽自己的能力帮助,实在忙不过来时再向他说明情况

12.一位朋友向你借了几十元钱,但后来没还,好像不记得这件事了,你怎么办?

A.发誓以后再也不借给他

B.假装无意地提醒他曾借过钱

C.向他借同等数额的钱,并且自己也很快忘记

D.就当没这回事

13.在餐馆里你买了一份本来爱吃的菜,但发现味道太咸或太辣,你怎么办?

A.向身旁的人发牢骚

B.破口大骂厨师无能

C.虽一言不发吃下去，但发誓再也不来了

D.态度自然地问服务员，能否换一份，如不能，则吃下去

14.一位售货员为了使你买到满意的东西，向你充满热情地介绍了所有的东西，但你都不满意，你怎么办？

A.买一件你并不急需的东西

B.气愤地指责这些商品质量不好，永远卖不掉

C.向她表达歉意，说是朋友托买的东西，一定要朋友满意才能买

D.不为所动地说一声“谢谢”，若无其事地离去

结果与解释：

统计你所圈各个字母的次数，找出自己选择次数最多的字母代号。

如果你选择答案A的次数最多，说明你处世态度过于消极，只是害怕与人相争，实际上心中并不一定服气。对任何有争议的事，你都不愿意表态，希望他人自觉承担责任。当人们起初了解你的时候，也许会同情你，但时间长了又会对你产生反感。

如果你选择答案B的次数最多，说明你处世能力较差，不善于待人接物，往往属于好斗型，遇不顺心的事容易暴跳如雷，甚至粗鲁地骂人。表面看来，你好像占了上风，其实得不到他人对你的尊重，结果往往使人们因厌恶和害怕而躲开你。

如果你选择答案C的次数最多，说明你比较理智清醒，有一定的处世所需要的克制能力，能把怨气或不满情绪隐藏起来，比前面两种人更善于处理人与人之间的关系，只是有时为人不够真诚坦率，结果使人们对你有虚伪的印象而不能真正理解你。

如果你选答案D的次数最多，说明你有积极的处世态度，遇事清醒，有较强的克制能力，尊重他人，对人诚恳坦率，不喜欢虚假和装模作样，结果是人们尊重你，愿意和你交往，建立和谐互助的关系。

活动二

小组讨论：谈谈自己在人际交往中曾经犯的错误。

全班交流：大家都来谈谈自己在人际交往中的原则、方法。

【心灵启示】

心理学家认为，人与人之间的交往，本质上是一个社会交换过程。虽然这种交换与商品在买卖关系中发生的交换不完全一样，这里不仅有物质的交换，同时还包括非物质的交换，如感情、信息等方面的交换。但是，发生在人际关系当中的交换与发生在市场上的交换所遵循的原则却是十分近似的。也就是说，人们都希望交换对于自己来说是值得的，希望在交换过程中得不少于失，不值得的交换是没有理由去实施的。对于那些对自己来说是值得的人际关系，人们就倾向于建立和保持；反之，人们就倾向于疏远或终止这种关系。要与别人建立和维持良好的人际关系，就必须了解人们在人际关系方面的价值观倾向。注意交往中"得"与"失"的平衡，这一点与提倡人与人之间的友爱并不矛盾。无论怎样亲密的关系，我们不能一味地只利用而不付出，否则，原来亲密的关系也会变得疏远。许多人不懂得这个道理，认为家人、朋友、亲戚之间，交往不必计较，光索取，不报答，其结果是人际关系日趋淡漠，甚至失去亲人的支持。注意人际交往中的索取与付出的平衡，并不意味着要吃亏，也不意味着必须时刻进行得失的"换算"。社会心理学研究表明，人们在交往中会自然地产生给双方带来最大满足的行为，只要抱着坦诚、公平的态度与人交往，我们就会成为受欢迎的人。

第七章　心理健康教育主题班会活动设计
——自我意识篇

一　“如何受人欢迎”主题班会

【心事链接】

镜头一

畅畅从小就是一个开朗的孩子，有个性，思维活跃，是那种智商比较高的孩子，学习起来很轻松，成绩在班里也是前几名，而且一直都是班干部，后来又当了班长，班主任、任课老师都对她疼爱有加，说她是老师的好帮手。

这几天，畅畅的妈妈觉得有些纳闷：平时放学一回家就有说有笑的女儿怎么变得沉默寡语了？往日畅畅一到家总会和妈妈说说班级、学校里的新鲜事，从畅畅的叙说中，妈妈可以了解到畅畅在学校的学习生活，这也是她和女儿之间一种良好的沟通方式。

“我们班的同学最近好像都不太喜欢我了……”这天晚饭后，畅畅对妈妈说了心里话。妈妈这才想到平时总要来家里约畅畅一起上学的清清都有一阵子没来了。

“为什么？”

“他们说我爱打小报告，还说我盛气凌人、自以为是，同学们都孤立我，好像我是大家的‘公敌’……”

畅畅说着说着忍不住就哭了。

畅畅的妈妈觉得问题有点严重，她决定先了解了解情况。那天，她在校门口遇到畅畅的同学清清，清清说，畅畅当了班长后，对同学说话老是咄咄逼人的，与同学沟通时也总是凶巴巴的，好像只有她是对的，大家都得听她的……

其实畅畅很想交知心朋友，但同学对她就是“敬而远之”。畅畅所担任的班干工作常因同学的不合作而使她不能如愿，因而她的情绪极受影响，在班上还气哭过几次。畅畅感到孤独而无助，心里充满了矛盾，不知道自己到底该怎么办，人际交往的紧张不安困扰着她。

镜头二

文争是个爱说、爱笑、爱玩、爱闹的男孩子。他个头不高却酷爱体育运动，篮球、足球、跳高，十八般武艺样样精通。操场成了他的第二战场，经常能够看到他飞身上篮、带球过人的潇洒身影。文争特别团结同学，并且幽默感十足，他常常在帮助了同学之后还能为他们留下一串爽朗的笑声，所以跟他相处的同学都感到很快乐。作为学生的他，不追求耐克鞋和阿迪达斯休闲服，衣着朴素大方，但永远让人感觉精神为之一振，他身上就是闪烁着那么一种朝气。文争虽然在操场上“飞扬跋扈”，与同学相处不拘小节，但学习起来却是“有板有眼”的。在期中考试时，他毫不费力地挤进了年级前10名，结果惹得同学们羡慕不已：“太棒了，全才。”

【心理宝典】

与畅畅相似的情况在中学校园中并不少见，只不过具体的表现形式不同罢了。而像文争一样优秀、受人欢迎的同学在我们周围也有很多。处在相同的学习阶段，拥有相同的花季年华，他们却过着两种迥然不同的生活。原因在哪里呢?综合地分析，主要涉及两个方面：人际交往能力和个性品质的特点。

第一，人际交往能力是让你成为受欢迎者的武器之一。

你若想成为受欢迎的人，那么首先要主动出击，使别人了解你。人总是希望别人了解自己、理解自己、信任自己。而只有扩大交际范围，在更大的范围内表现自己，别人才能了解你的为人、你的性格、你的学识、你的才能。也只有当你融入到集体之中，别人才有机会判断你是否是一个受欢迎的人。

与同学相处和交往不能口蜜腹剑、自私狭隘，要克服自傲、嫉妒、猜疑、怕羞、自卑、孤僻、自闭、敌意、恐惧、逆反等心理。要正确对待同学的背后议论和同学间的误会。在同学面前应该真诚热情，应善于体谅别人的难处，豁达大度、克制忍让、温和亲切。只要你在与同学交往时认真做到以上提到的几点，学会对别人的感情负责、对自己的言行负责，相信你在同学心目中的形象会越来越高大。你也会因此在不知不觉中成为一个备受欢迎的人。

第二，优良的个性品质是让你成为受欢迎者的武器之二。

无论是社会交往还是同学相处，良好的个性品质是调节人际关系的基础和润滑剂。对于初中生而言，乐观、宽容、纯真、幽默等是最根本的也是最珍贵的个性品质。其中，乐观又是基础中的基础。因为人的情绪具有感染性，与快乐的人交往，意味着自己也将有一份好心情，所以快乐的人始终受人欢迎。据调查，乐观开朗的人在同学间受欢迎程度最高。拥有快乐的人，心胸才会宽广；懂得宽容的人，才能获得更多的尊重；个性纯真的人，才能推开人与人之间的心墙；幽默诙谐的人，才能敞亮人们的内心世界。相反，那些过分注重“外包装”、奇装异服、自私偏邪的同学，只能被人拒之千里。因此，倘若你希望同学能够欣赏你、喜欢你，首先你就要从培养自己良好的个性品质做起，做一个快乐、宽容、纯真、幽默的人。

【心智训练】

活动一：测一测

你是讨人喜欢的人吗？

1.和同学一起交谈的时候，你觉得自己常常是(　)

A.一惊一乍的　B.表达流畅的　C.没有什么太大的情感变化　D.简短问答的　E非常具有感染力的

2.每次出门照镜子，你常常会首先注视(　)

A.嘴唇　B.整张脸庞　C.眼睛　D.鼻子　E.头发

3.所有的乐器中，你认为何种乐器和自己的气质最为接近(　)

A.小提琴　B.钢琴　C.吉他　D.笛子　E.古筝

4.好朋友催要被你租借走的书，可你突然发现它在你另一好朋友那里(　)

A.焦急地打电话给好朋友，让她/他送过来

B.赶快去朋友家拿书

C.约朋友在老地方交“货”

D.请好朋友代你还掉

E.从来没发生过类似的事情

5.和同学在一起拍照片时，大家推来推去，你会站在什么位置（ ）

A.前排左 B.前排中间 C.前排右 D.前面蹲位 E.从后面挤进去

6.在联欢和聚会上，大家在唱卡拉OK，你总是觉得（ ）

A.每次唱完都能感受到别人的喝彩和注视的目光

B.安静地听别人唱歌也是一种享受

C.很害怕这种活动，想找借口提前走

D.喜欢和大家在一起，唱不唱无所谓

E.你唱我也唱，随便玩玩

7.学校里组织篮球联赛，你们班级也是代表队之一，你会（ ）

A.早早地和好朋友一起去观战

B.这种比赛有什么好看，没玩头

C.组织班里的拉拉队加油助威

D.参加后勤服务

E.顺便去看看比赛

对照下面的表格记分，累加后得出你的总分，看看你受人喜欢的程度。

计分标准：

题号/选项	A	B	C	D	E
1	5	3	1	0	7
2	7	0	5	3	1
3	3	7	5	1	0
4	3	1	5	7	0
5	3	7	0	1	5
6	7	3	0	1	5
7	1	7	5	3	0

0～9分：内向的性格可能会使你的魅力尚未发挥出来，你虽然善解

人意但却不会表达，甚至会被人误解为木讷。走出自我的绝招是开阔视野，走出封闭的小圈子。

10～19分：你能较好地表达自己，虽然你并不耀眼，但内在气质会受到大家的喜爱。不要随遇而安，充实自己，会使自己更具持久气质。

20～29分：会顾及别人也更会善待自己，你是被人喜爱和尊重的人。你能妥善处理周围的关系，有时会忍让但你不会迁就，凭直感待人，懂得去思考他人的长处。

30～39分：你能引领潮流，颇受大家的青睐。能把欢乐传染给别人，有时会做错事，但大家容易忘记和谅解。要注意保持分寸，这才能让自己更可爱。

40～49分：你的举动会影响别人情绪。周围有喜欢你的人，也有不喜欢你的人。要学会去理解别人，这会让你具有领袖风范。抛开一些烦恼，让你的快乐感染别人和你自己。

活动二：写一写

1.不受欢迎的男生的特点。

2.不受欢迎的女生的特点。

3.受欢迎的男生的特点。

4.受欢迎的女生的特点。

【心灵启示】

十种不受欢迎的人：

（1）喋喋不休的人。这种人走到哪说到哪，不管别人想不想听，只顾自己说自己的，没完没了，这种人总是无端的占用别人的时间。

（2）传播隐私的人。这种人喜好窥探他人的隐私，但是无法守住秘密，到处传播别人的“奇闻轶事”，并且以此为乐。这种人，会让人人见人厌，因为没有人愿意让自己的隐私暴露在大庭广众之下。

（3）喜好争辩的人。这种人什么事都喜欢与人争论不休，你说长，他说短；你说方，他说圆，总喜欢把别人驳得哑口无言。时间久了，人们自然会对他畏而远之。

（4）说三道四的人。这种人喜欢在别人背后论人长短，说三道四，把别人说得变了形走了样,让人难以忍受。

(5)要小聪明的人。这种人待人不真诚,以为自己很聪明,总认为自己比别人懂得多,说话做事喜欢绕圈子,但最后总是聪明反被聪明误。

(6)得理不饶人的人。这种人遇事不给人面子,不留台阶,结果表面上他虽取得了胜利,但终因缺乏容人的气度和雅量而被人厌弃。

(7)随便许诺的人。这种人许诺言时信口开河,根本不考虑自己的能力和现有条件,常常别人郑重其事、信以为真、满心期望,而他早把诺言抛到九霄云外,误人害己。

(8)背信弃义的人。这种人没有明确的立身行事的准则,做事常常违背若言,不讲道义。与人相约不守时,与人相交不守德,是最容易引起他人厌恶的人。

(9)惟我独尊的人。这种人自以为是,惟我独尊,总是一副趾高气扬、盛气凌人的样子,喜欢指手画脚,把自己的意见强加于人,总想让别人按照自己的意志去行事,他不懂得每个人都是一个独立的个体,都有自己的思想。

(10)虚伪狡诈的人。这种人当面一套,背后一套,虚情假意,喜欢客套。这种人,人们早晚会识破其真面目进而远离他。

名人名言

那些背叛同伴的人,常常不知不觉地把自己也一起毁灭。

——伊索

要使别人喜欢你,首先你得改变对人的态度,把精神放得轻松一点,表情自然,笑容可掬,这样别人就会对你产生喜爱的感觉了。

——卡耐基

对别人的意见要表示尊重,千万别说:“你错了。”

——卡耐基

二 “自信而不自负”主题班会

【心事链接】

严妍是某重点中学初二的学生，成绩在班上名列前茅，人长得漂亮，还能歌善舞，各方面能力都很强，学校领导很喜欢她，班主任更是视为心腹骨干，在学校是个受欢迎的学生；回到家里，爸爸妈妈又将她视为掌上明珠，宠爱有加。可渐渐的班主任发现她越来越自命不凡了，开始看不起班上的同学，班上组织兴趣小组，同学们邀请她参加，她就说“你们都太笨，我才不愿意呢”；课间学习时，有同学问她题目，她也开始表现出很不屑的神情，似乎在说：这么简单的问题都不会，你真笨；课外活动时，好朋友喊她出去玩，她又很不耐烦地说：“别来打扰我，我还要学习呢。”也许正是她的这种态度，引起了同学们的不满，在第二学期班干部竞选时，她以10票之差落选了，顿时，她急哭了，回到家中，她问妈妈：“我学习成绩很好，连老师都说我各方面能力都很强，同学们为什么不选我呢？”

【心理宝典】

我们不难发现，在学校里，像严妍这样自负的学生并不少见，他们往往学习成绩好，或者具备一些突出的能力，他们是那么出类拔萃，然而他们却很自以为是，觉得自己非常了不起。生活中还有一个普遍的现状，即从我们第一天踏入课堂开始，每当学习进步，或是考试取得好成绩时，家长或老师就会说“不要骄傲，这点进步不算什么，应再接再厉，争取更好的成绩”。骄傲似乎成了一个贬义词。于是每当我们获得好的成绩，却不能面露喜色，不能倘然表露出自己的骄傲之情，不能开怀大笑，甚至于在师生、亲友面前不能宣扬自己的得意，反而要说出一些不符合我们本意的话，譬如“我不会因为一次的进步而骄傲”、“我应该把目光放得更远”之类的话。这一部分人也是出类拔萃的，也是具备突出能力的，但是他们的表现与以严妍为代表的那部分人截然不同。面对这两种截然相反的面对优秀成绩的态度，我们应该怎么做呢？我们能不能自负？我们该不该骄傲？今天，我们要说的就是：我骄傲，但我不狂傲；我自信，但我不自负。

当我们取得好成绩时，我们就应该为自己的成功感到骄傲，因为这骄傲给我们带来了更多的自信。科学家爱迪生曾说过："自信就是成功的第一秘诀。"一个自信的人在学习和工作中就会积极进取、勇于追求，并取得理想成绩。因此，直面成功时，我们可以感到骄傲，也应该感到骄傲，大胆地去骄傲。但是，我们需要特别注意的是，不能因自己的成功而狂傲，不能过于自负。应该骄傲并不意味我们可以狂傲，不表示我们可以自负、目空一切。虽然对我们青少年来说，在适当的范围内，自负可以激发我们的斗志，树立强大的信心，使我们能勇往直前。但是，自负必须是建立在客观现实的基础上，脱离实际的自负不但不能帮助我们取得进步，反而影响我们的生活、学习和人际交往，严重的还会影响心理健康。因为，自负的人总是自视过高，认为自己非常了不起，看不起别人，固执己见，唯我独尊，常常将自己的观点强加于人，总爱抬高自己贬低别人，把别人看得一无是处。

既然自负会给我们带来这么多的坏处，下面我们就谈谈如何避免自负心理的产生。

(1)正确认识自己。既要看到自己的优点和长处，又要看到自己的缺点和不足，还可以通过家长、老师以及同学对自己的评价，从而真正做到全面地认识自己，并且不断地自我改进。

(2)接受来自外界的批评。接受批评是根治自负的最佳办法，自负者的致命弱点是不能够容忍别人指出自己的缺点与不足，自以为是。接受批评并不是让我们完全服从于他人，只是要求我们能够接受别人的正确观点，通过接受他人的意见，从而改变固执己见、唯我独尊的形象。

(3)与他人平等相处，学会赞美他人，并且是发自内心的真诚的赞美。平等相处就是要求我们以一个普通社会成员的身份与他人平等交往。每个人都有自己的独特之处，都有他人所不及的地方，同时又有不如他人的地方。与他人比较不能总拿自己的长处去比别人的不足，把别人看得一无是处。看到并承认他人的长处，真诚赞美他人，这会很好的改善我们的人际关系。

【心智训练】

活动一：心理剧

请同学们选择其中的角色进行表演，谈谈表演之后的感想。

旁白：×年×月，×××中学。我们的故事由此开始。

（下课铃响，同学们有的走出教室，有的开始聊天，有的在玩耍，有的……，小明拿着一道数学题走到小鹏座位旁边）

小明：小鹏，你数学成绩那么好，我能问你道数学题吗？

小鹏：什么题目，我看看。

（小明双手递上本子）

小鹏（看看题目）：这种题都不会做？老师上课都不知道讲了多少遍了，你上课干吗去啦？

小明（不好意思地笑了笑）：嘿嘿。

（小鹏摇摇头，开始讲题）

小明：小鹏，你能不能讲慢点，我没听懂，再给我讲一遍好吗？

小鹏（很不耐烦地，提高音量的说）：你这不是在浪费我的时间吗，我很忙，你没看到吗，你自己回去好好想想吧。

（教室里很多同学被这声音吸引，望了过来，有人议论道：不就学习成绩好嘛，有什么了不起，以后有问题问老师去，别问他）

（小明怏怏而走）

活动二：想一想

蚊子和狮子

一只蚊子自认为能战胜狮子，想和狮子比比谁厉害，它吹着喇叭到处飞，寻找狮子。一天，他飞到狮子那里，开始向狮子挑战。它冲到狮子的脸上，专咬狮子的鼻子。狮子受到这小小蚊子的侵犯，气得浑身发抖，用爪子把脸都抓破了，但还是抓不到蚊子，只好认输，请求停战。蚊子战胜了狮子后，非常得意，它吹着喇叭唱着凯歌，骄傲地在空中飞来飞去，炫耀自己的成功。突然蚊子不小心粘到了蜘蛛网上，被蜘蛛抓住当做一顿丰盛的晚餐。蚊子在临死的时候，它悲叹道："我已经战胜了强者，却被弱者消灭。"

我们从中可以得到什么启示？

【心灵启示】

自负的成因：

第一，环境因素。

(1)过分娇宠的家庭教育。主要表现为家长对孩子的物质娇宠和情感娇宠。现在独生子女居多，父母均把孩子看成掌上明珠，免不了娇惯孩子。家庭教育是一个人自负心理产生的第一根源。对于青少年来说，他们的自我评价首先取决于周围的人对他们的看法，父母的宠爱、夸赞、表扬，常常会使他们觉得自己"相当了不起"。

(2)一帆风顺的生活。纵观古今，生活中遭受过许多挫折的人，很少会产生自负的心理，而一个人如果一直生活得一帆风顺，比如作为学生，学习出类拔萃，受到老师的器重、同学的敬佩等等，则很容易养成自负的性格。

第二，自身因素。

(1)自我认识偏差。自卑者缩小自己的长处，夸大自己的短处，而自负者则是缩小自己的短处，夸大自己的长处。对自己评价过高，对别人评价过低，自然产生自负心理。这种人往往取得一点小小的成绩就认为自己很了不起，不可一世。他们成功时往往归因于自己的主观能力，失败时则会归咎于客观条件的不合作。

(2)情感上的原因。自尊心特别强的人，在遭到失败、挫折，人生失意的时候，为了保护其自尊心，常常会产生两种既相通又相反的自我保护心理。一是自卑心理，他们通过自我贬低避免他人对自己自尊心的进一步打击；二是自负心理，通过自我放大，获得自我补偿。这样的人过度防卫，有明显的嫉妒心，当别人取得较好的成绩时，其妒忌之心油然而生，极力去打击别人，排斥别人，以获得自己内心的平衡。

三 “学一点阿Q精神”主题班会

【心事链接】

镜头一

今天，考试的结果出来了，我拿到成绩单时不禁愣住了：平均分才91分！这点可怜的分数，怎么能考上重点中学？怎么能对得起我那“望子成龙”的爸妈呢？不由得想起爸爸打我的场面，让我不寒而栗。

回家之后，我一个人静静地坐在椅子上。记得在我考试的前两天，我已经按照老师和爸爸妈妈所教的方法进行了复习，该做的我都做了，可是为什么还是这个结果呢？难道我是天生的笨蛋？

到了晚上，爸妈回来之后做的第一件事就是问我的成绩，我怯怯地、如实地进行了“汇报”。听了我的话，爸妈并没有对我说什么，只是脸上没有了笑容。看见爸妈的表情，我恨不得地上有一个洞钻进去。唉，什么时候能让爸妈的脸上再有笑容，什么时候才能不考试呢？

镜头二

鲁迅作品《阿Q正传》中描写的阿Q精神，其实是一种精神胜利法。阿Q与人家打架吃了亏，心里就想：“我总算被儿子打了，现在世界真不像样，儿子居然打起老子来了。”于是他心满意足，俨然胜利了似的。当他被关进牢房时，他便“以为人生天地之间，大约本来有时要抓进抓出”；当他被拉去杀头时，他便“觉得人生天地之间，大约本来也未免要杀头的”。赵太爷儿子进了学，阿Q在精神上不表示尊崇，以为“我的儿子将比他阔得多”。阿Q瞧不起城里人，认为城里人把“长凳”叫成“条凳”、煎大头鱼时加葱丝，都是“可笑”的。所以，阿Q“永远是得意的”。

阿Q这个人物是可悲的，但从心理学的角度，学会一点精神胜利法是有利于心理健康的。精神胜利法其实就是心理防御机制的一种方式，人们面临心理冲突、挫折和应激时的一种自我保护。

【心理宝典】

现在许多同学经常为自己的考试成绩不理想而感到苦恼，特别是觉得对不起自己的父母。当一个人面临焦虑、冲突，甚至是痛苦的时候，该如何合理地利用心理防御机制，减少内心的焦虑、冲突、痛苦呢？让我们一起走进心理防御机制的世界。

心理防御机制是人类心理的一层保护伞。当人们面对心理冲突、挫折和应激时会产生焦虑和痛苦，为了减少或避免这种焦虑和痛苦，人们在心理上产生了一些自我保护的方式，这就是心理防御机制。心理防御机制就是以某种心理的方式或手段，把自己与现实的关系作出某些改变，使自己较容易接受，不至于引起心理上太大的紧张和痛苦，以保护心境安宁的一种方式。

(1)压抑。压抑是心理防御机制中最基本的方法。它是指个体将一些自我所不能接受或具有威胁性、痛苦的经验及冲动，在不知不觉中从个体的意识中排除、抑制到潜意识里去。例如，我们常说“我真希望没这回事”，“我不要再想它了”，或者在日常生活中，我们不小心说溜了嘴或偶然有失态的行为表现，都是这种压抑的结果。而在中国的文化中，压抑大致可以理解为“忍”。忍一时风平浪静，退一步海阔天空。用自己大海般的心胸来容纳世间的一切，能接受的不能接受的，全部都能容纳。

(2)否认。否认是一种比较原始而简单的防卫机制，其方法是借着扭曲个体在创伤情境下的想法、情感及感觉来逃避心理上的痛苦，或将不愉快的事件否定，当作它根本没有发生，以此来获取心理上暂时的安慰。这种现象在日常生活中处处可见，譬如，小孩子闯了祸，用双手把眼睛蒙起来；沙漠中的鸵鸟遇到了强大的敌人，无法面对，把头埋于沙堆中，当作没这回事；“掩耳盗铃”等都是否定的表现。

在学习上也是如此，比如，有一次你考试考得非常差，自己不敢去看成绩，让同学帮你去看，同学告诉你，说你考了班级倒数第十名，一时间你不能接受这样的事实，为了暂时的排解心理的痛苦，于是你可能会说：“这怎么可能呢？”“你骗我的吧？”“你开玩笑的吧？”通过否认现实，暂时的逃避，以获得心理上的平静。

(3)发泄。人的情绪,是包含了很多的能量的,如果过多的放在心里,那么,对人的心理健康是不利的,而应该定期或不定期的发泄出来。发泄的途径有以下几种:①大声地呐喊。在一个空旷的地带,或者是一个无人的地方,或者是大海边、高山上,大声说出自己的烦恼,或者是“啊”的延续,将自己过多的心理能量发泄出来。②将自己的心里话倾诉给自己信任的老师、同学、父母、朋友等,倾诉的过程本身也是一个发泄的过程,这有两方面的作用:一方面可以将心里的不快倾吐出来,而倾吐的过程本身是一个能量递减的过程;另一方面,你将自己的心里话告诉了别人,别人也会给你一定的反馈,包括同情、理解、建议等。总之,它使你获得了社会的支持,这时的你已不再孤单。当然了,心理老师也是一个你可以倾诉的对象。③打沙袋。其实,这是一种通过身体能量的减少间接带动心理能量减少的过程,身体能量的消耗也会让心理的能量降低。

(4)升华。升华指的是遇到挫折以后,将自己内心的痛苦通过合乎社会伦理道德的方式表现出来。比如,身高上有缺陷,那么,就在其他的方面建立自信;语言方面有不足,那么,就去发展自己的动手能力;家境贫寒,那么,就用高尚的品德来赢得大家的尊重。

(5)幽默。幽默是一种良好的心理防御机制,但一定要注意,不能幽别人的默,一定要幽自己的默,要学会自嘲。一个人要是会自嘲了,那他的心理就成熟了。说明他认识了自己,社会适应能力强了。幽默很容易缩短你与周围人的距离,而且能够帮助你有效地寻求社会支持,即使你这次没做好,别人也能容忍你。幽默是人思维活跃的一种标志,恩格斯就说:“幽默是有智慧、有教养和道德优越感的表现。”含蓄有力的幽默能使人在解颐之余回味无穷,甚至得到智慧的启迪和对人生真谛的感悟。

【心智训练】

对照小华的处境,如何应用以下几种心理防御机制呢?

压抑　否认　发泄　升华　幽默

【心灵启示】

十八只狐狸，十八种心态

在一位农夫的果园里，紫红色的葡萄挂满了枝头，令人垂涎欲滴，当然，这种美味也逃不过在附近安营扎寨的狐狸们的眼，它们早就想享受一下了。

第一只狐狸来到了葡萄架下，它发现以它的个头这一辈子是无法吃到葡萄的，于是说：葡萄一点也不好吃，我不喜欢吃。

第二只狐狸来到了葡萄架下，它心想：这个葡萄肯定是酸的，吃到了也很难受，还不如不吃。于是，它心情愉快地离开了。

第三只狐狸来到了葡萄架下，心情郁闷，便撕咬下面的葡萄藤，正巧被农夫发现，一铁锹把它拍死了。

第四只狐狸来到了葡萄架下，它哀叹为什么自己如此矮小，如果像长颈鹿那样，不是想吃什么就吃什么吗？于是，伤心地哭起来了。

第五只狐狸来到了葡萄架下，心想，既然我吃不到葡萄，别的狐狸肯定也吃不到，如果这样的话，我也没什么好遗憾的。

第六只狐狸来到了葡萄架下，心情非常不好，对天大骂：我的命运怎么这么悲惨啊，连想吃个葡萄的愿望都满足不了，对我也太不公平了！

第七只狐狸来到了葡萄架下，它对葡萄架的高度非常不满，于是它就怪罪起葡萄藤来，说葡萄藤太好高骛远，爬那么高，小心被风雨给吹垮了。

第八只狐狸来到了葡萄架下，发现自己无法吃到向往已久的葡萄，看到地上落下来已经腐烂的葡萄和一堆葡萄皮，轻蔑地说："真让人恶心。"

第九只狐狸来到了葡萄架下，嘴一撇，说："虽然我吃不到，但我们狐狸中已经有吃过的了，谁说只有猴子才能吃到果子，狐狸也一样行！"

第十只狐狸来到了葡萄架下，发现了葡萄架旁边的梯子，回想农夫曾经用过它。因此，它也学着农夫的样子爬上去，顺利地摘到了葡萄。

第十一只狐狸来到了葡萄架下，它刚刚读过《钢铁是怎样炼成的》，深深地被主人公的精神打动。心想：我可以向上跳，只要我努力，我就一定能够得到。"有志者事竟成"的信念支撑着它。通过锻炼，它的弹跳能力越来越强，终于吃到了葡萄。

第十二只狐狸来到了葡萄架下，它心想，柠檬的味道和葡萄差不多，既然我吃不到葡萄，何不尝一尝柠檬呢！于是，它开始寻找心中的柠檬。

第十三狐狸来到了葡萄架下，它认识到以现在的水平和能力想吃到葡萄是不可能的了，因此，它决定给自己充下电，报了一个课程进修班，学习采摘葡萄的技术，终于如愿以偿了。

第十四只狐狸来到了葡萄架下，这时旁边有只狐狸和羚羊正在打架，它用铁锹把羚羊打跑了，救了狐狸一命，而这只狐狸告诉它只要把梯子架上就可以吃到葡萄了，它照做，吃到了葡萄。

第十五只狐狸来到了葡萄架下，这是一只漂亮的狐狸小姐。它想我一个弱女子无论如何也够不到葡萄了，于是，它找了一个长颈鹿男朋友，如愿以偿地吃到了葡萄。

第十六只狐狸来到了葡萄架下，感慨美好的事物总是离自己那么远，既然如此，让自己留一点幻想又有什么不好呢？于是它诗兴大发，一本诗集从此诞生了。

第十七只狐狸来到了葡萄架下，它发现想吃葡萄的愿望不能实现后，就在地上捡走了几颗葡萄种子，带回家后种在了院子里，细心照顾，终于在几年之后吃到了葡萄。

第十八只狐狸来到了葡萄架下，它心想，我自己吃不到葡萄，别的狐狸也吃不到葡萄，为什么我们不学习猴子捞月的合作精神呢？从前有猴子捞月，现有狐狸摘葡萄，说不定也会传为千古佳话呢！于是它动员所有想吃葡萄的狐狸合作，搭成狐狸梯，这样大家就都吃到了甜甜的葡萄。

四 “走出封闭的自我”主题班会

【心事链接】

链接一

在哈尔滨市南岗区通达街82号院内，一名33岁的男子因“爱犬”被车轧死一时想不开，竟从自家6楼纵身跳下，不治身亡。据了解，男青年从小性格就孤僻，自我封闭心理严重，不愿意和人接触。5年前，家人为他买了一条小狗，此后，这条狗就成了他惟一的朋友。自我封闭，缺乏与家人朋友交流和沟通，导致了他随爱犬而去。

链接二

某初二男生，身体健康，学习成绩居班级中等，性格比较内向。他在小学时，学习、生活、人际关系等方面适应良好。可自从上了初中，就像变了一个人，独来独往，沉默寡言。上课他不敢发言，有什么问题也从不敢问老师，下课也是一个人独处。在与同学们交往中，他不知该说什么，连与同学打招呼，他都觉得很别扭。偶尔有同学和他说话，他总是三言两语就没话了。路上迎面碰到熟悉的邻居或父母的同事，他不知所措，只好将头一低，假装没看见。在班里，看到同学们三五成群，说说笑笑，他感觉很孤独，觉得自己存在与不存在是一样的。用他自己的话来讲：“有我不多，没我不少。”这个“孤独”的男孩是怎么回事？

链接三

两个钓鱼高手一起到鱼池垂钓。这两人各凭本事，一展身手，一会儿工夫，皆大有收获。忽然，鱼池附近来了十多名游客，看到这两位高手轻轻松松就把鱼钓上来，不免感到几分羡慕，于是，都在附近买了一些钓竿来试试自己的运气如何。没想到，这些不擅此道的游客，怎么钓也是毫无成果。话说那两位钓鱼高手，两人个性完全不同。其中一人孤僻而不爱搭理别人，单享独钓之乐；而另一位高手，却是个热心、豪放、爱交朋友的人。爱交朋友的这位高手，看到游客钓不到鱼，就说：“这样吧！我来教你们钓鱼，如果你们学会了我传授的诀窍，而钓到一大堆鱼时，每十尾就分给我一尾。不满十尾就不必给我。”双方一拍即合，欣表同意。教完这一群人，他又到另一群人中，同样也传授钓术，依然要求每钓十尾回馈给他一尾。一天下来，这位热心助人的钓鱼高手，把所有时间都用于指导垂钓者，获得的竟是满满一大箩鱼，还认识了一大群新朋友，同时，左一声“老师”，右一声“老师”，备受尊崇。而同来的另一位钓鱼高手，却没享受到这种服务人们的乐趣。当大家围绕着其同伴学钓鱼时，那人更是显得孤单落寞。闷钓一整天，检视竹篓里的鱼，收获也远没有同伴的多。

【心理宝典】

自我封闭是指将自己与外界隔绝开来，很少或根本没有社交活动，除了必要的工作、学习、购物以外，大部分时间将自己关在家里，不与他人来往。自我封闭者都很孤独，没有朋友，甚至害怕社交活动，因而是一种环境不适的病态心理现象。对于中学生来说，这种压力更多地来自家庭，如父母离异或父母之间经常处于一种冲突对立状态，都会给孩子的心理带来伤害性的刺激，并使他们由此而产生自卑、多疑、孤僻、逃避等心态，感到人与人之间不存在彼此信任与尊重，久而久之，就会对人际关系失去信心，将自己封闭起来。自我封闭心理有如下特点：

(1)普遍性。即各个年龄层次都可能产生。儿童有电视幽闭症，青少年有性羞涩引起的恐人症、社交恐惧心理，中年人有社交厌倦心理，老年人有因“空巢”和配偶去世而引起的自我封闭心态等。

(2)非沟通性。有封闭心态的人不愿与人沟通，很少与人讲话，不是无话可说，而是害怕或讨厌与人交谈。前者属于被动型，后者属于主动型。他们只愿意与自己交谈，如写日记、撰文咏诗，以表志向。随爱犬而去的男青年就属于这类心理障碍者。

(3)逃避性。自我封闭行为与生活挫折有关，有些人在生活、事业上遭到挫折与打击后，精神上受到压抑，对周围环境逐渐变得敏感和不可接受，于是出现回避社交的行为。

自我封闭心理实质上是一种心理防御机制。个人在生活及成长过程中常常可能遇到一些挫折引起个人的焦虑，有些人抗挫折的能力较差，使焦虑越积越多，他只能以自我封闭的方式来回避环境以降低挫折感。另外,自我封闭心理与人格发展的某些偏差有因果关系。对儿童来讲,如果父母管教太严,儿童便不能建立自信心,宁愿在家看电视,也不愿外出活动。对青少年来讲,如果没有掌握一些技能,就意味着没有获得生活自信心以进入某种社会角色,他们不知道该做些什么,如何与他人相处。于是,他们就没有发展出与别人共同劳动和与他人亲近的能力,而退回到自己的小天地里,不与别人有密切的往来,这样就出现了孤单与孤立。

自卑犹如孤独的孪生姐妹,有自卑的存在,就摆脱不了孤独的阴霾。人人都可能有孤独的时候,但孤独并不意味着就是独来独往。孤独就是对周围一切缺乏了解,对所处环境及周围的人缺乏情感和思想的交流。如果一个人长期沉浸于孤独的心理状态,将在智力发展、情绪、语言交流等方面产生障碍。

【心智训练】

活动一:全班讨论

某同学性格内向,平时有些疑虑心理,对周围的一切总是持怀疑和警惕的态度,似乎别人总在议论自己,总是跟自己过意不去。所以,她和同学的关系搞得很糟糕。假如你是她的同班同学,你将怎样帮助她?

活动二:小测验

说明:这份社交能力自测表,共包括30道题,你可按照自己的符合程度进行打分。凡完全符合者打2分,基本符合者打1分,难以判断者打0分,基本不符合者打-1分,完全不符合者打-2分,最后统计总得分。

1.我到朋友家做客,首先要问有没有不熟悉的人出席,如有,我的热情就明显下降。

2.我看见陌生人常常觉得无话可说。

3.在陌生的异性面前,我常感到手足无措。

4.我不喜欢在大庭广众之下讲话。

5.我的文字表达能力远比口头表达能力强。

6.到一个新的环境,我可以连续几天不讲话。

7.参加一次新的集会,我不会结识多少人。

8.我的知心朋友很少。

9.我只喜欢和我谈得来的人接近。

10.如果要在“主持会议”与“作会议记录”这两项工作中挑一样，我肯定是挑选后者。

11.如果没有熟人在场，我感到很难找到彼此交谈的话题。

12.不到万不得已，决不求人。

13.领导、老师在场时，我讲话特别紧张。

14.我不习惯和别人聊天。

15.有人对我不友好时，我常常找不到恰当的对策。

16.我不知道怎样同嫉妒我的同学相处。

17.我同别人的友谊发展，多数是别人采取主动态度。

18.我不善于说服人，尽管有时我觉得自己很有道理。

19.在公众场合讲话，我不敢看听众的眼睛。

20.我最怕做接待工作，同陌生人打交道。

21.别人讽刺我，我除了生气外，别无他法。

22.我几乎没有异性朋友。

23.我不喜欢与地位比我高的朋友交往，我感到这种交往很拘束，很不自在。

24.我的朋友都是同龄人。

25.参加集会，我总是坐在熟人身边。

26.我不善于赞美他人，感到很难把话说得自然亲切。

27.我最怕在社交场合中碰到令人尴尬的事情。

28.我很少主动到朋友同学家串门。

29.我不喜欢广交朋友。

30.别人请我帮助我却没帮上忙，我常感到很难过。

结果与解释：

得分在30分以上，那么应该承认，你的社交能力是相当差的；

得分在0至30分之间，说明你的社交能力较差；

得分在-20至0分之间，意味着你的社交能力还可以；

得分低于-20分，那么应当祝贺你，你是一个比较善于社交的人。

【心灵启示】

自我封闭心理的自我调适：

正常人都有相互沟通、交往的需求。据统计，人除了睡眠之外，一天之中有2/3的时间被用来交流信息与情感。其中，语言交流是人们彼此之间交往的最基本形式。有封闭心理的人不愿与人沟通，很少与人讲话，不是无话可说，而是害怕或讨厌与人交谈，因此，特别孤独。

自我封闭心理，实质是一种心理防御机制。个人在生活及成长过程中常常可能遇到一些挫折而引起焦虑，抗挫折能力差者，焦虑会越积越深，因而只能以自我封闭的方式来回避环境，降低挫折感。这种人内心比较脆弱，自信心也弱，只要有人说点什么，就对号入座，心理紧张起来。

要改变自我封闭心理，可从以下几个方面入手进行自我调适。

一是放大优点长处，增强自信心。当你感到"我很丑"的时候，马上想到"但我很温柔"。

二是要营造交往的天地。通过看杂志、观察模仿等掌握一些生活常识、人们共同关心的话题，然后找一些在这方面不如你的人去交谈，也可在班内同学中先交一个朋友，与之互吐心声，然后逐步推而广之。

三是不怕嘲笑，大胆交往。人不自爱则无所不为，过于自爱则无所作为。怕摔跤就学不会溜冰，怕呛水就学不会游泳。鸟儿不会因为珍惜羽毛而放弃飞翔，你也不要因为怕人嘲笑而缄默不语，讲不好总比不说话强得多。

五 "幽默的魅力"主题班会

【心事链接】

链接一

1949年10月下旬，兼任军政大学校长的陈毅抵达南京，出席军政大学的开学典礼，并准备在会上讲话。当时该校规定：要求男学员一律剃光头。不少男学员怕影响形象，说什么也不肯剃光头。开会前一天，陈毅用手一摸自己的头,摸到满头浓发,立即想到男学员不肯剃光头的事,决意马上剃个光头。第二天,陈毅穿戴整齐,准时出席了开学典礼。当他登上主席台时,会场上响起了热烈的掌声。会上,陈毅作重要讲话,突然他放慢了语速,语重心长地讲:革命事业是千里之行始于足下,一切都是一点一滴从“头”学起,从“头”做起。说到这里,陈毅突然摘下军帽,露出光亮的光头,幽默地说:“我跟同学们一样,从‘头’做起!”顿时全场沸腾,欢声笑语中伴随着雷鸣般的掌声,学员们望着陈毅的光头,激动不已。陈毅元帅把剃光头这件事情用行动和幽默的语言赋予了一个新的思想——“从‘头’做起”,既达到了一种教育人、感召人的良好效果,又增强了亲和力,可谓经典。

链接二

一次,里根总统在白宫钢琴演奏会上讲话时,夫人南希不小心连人带椅跌落在台下的地毯上,观众发出惊叫,但是南希却灵活地爬起来,在200多名贵宾的热烈掌声中回到自己的座位上。正在讲话的里根看到夫人并没受伤,便插入一句俏皮话:“亲爱的,我告诉过你,只有在我没有获得掌声的时候,你才应这样表演。”所有在场的人都为里根总统的随机应变、妙语自嘲的机智而喝彩,完全忘记了南希夫人跌倒的尴尬,取而代之的是长时间热烈的赞赏的掌声。

【心理宝典】

从链接一和链接二中,我们可以发现幽默所散发的睿智魅力。正如美国学者特鲁所说:“幽默是一种能力,一种了解并表达幽默的能力;幽默力量是一种艺术,一种运用幽默和幽默感来增进你与他人的关系,并改善你对自己作真诚评价的一种艺术。”陈毅的言行很好地诠释了幽默也是一种领导力。在领导行为中恰如其分地运用幽默,不仅能表现自己的良好风度,还能有效地激励他人,实现预期目标。幽默是语言艺术的精髓,是人类智慧的产物,也是领导者应具备的一种优美健康的品质。链接二中,里根总统的自我解嘲也瑕不掩瑜地展现了幽默的魅力,恰如其分的幽默使尴尬与窘迫烟消云散,让人们忘记了嘲笑和讥讽,取而代之的是人类纯真的灵魂。在人际交往中,幽默发挥着重要的作用,许多情况往往会使我们陷入尴尬的境地。这样的情况始料不及，让人困窘不已，但是如果你能处变不惊，随机应变，用幽默的言行巧妙化解，不但能摆脱窘境，而且能打动人们的心灵，并获得共鸣。

幽默更多倾向于含有一种静默的智慧，所代表的是一种超然而睿智的处世哲学。幽默是在善意的微笑下，通过影射、讽喻、双关等手法揭露怪诞和不通情达理之处，它是健康的品质之一，是一种愉悦的情绪表现。生活中应用幽默，可缓解矛盾、调节情绪，给人带来欢笑，征服忧愁和烦恼，促使心理处于相对的平衡状态。有人说它是睿智的结晶，有人说它是生活的调料，有人说它是宣泄的调侃，有人说它是娱乐的延伸，尽管人们对幽默一词有不同的解释和领会，但幽默是潜能的产物，智慧的象征，风趣的表现。如果你善于幽默，喜欢幽默，你就有了一种吸引人、凝聚人的力量。善于驾驭幽默的人代表着一种艺术和人生的态度与趣味，置身于无处不在的矛盾之中，却超然地报以谑笑与同情的双重感情。幽默家的超然绝非远离矛盾和不和谐，相反，他深陷其中且深悟其苦，但却仍能跳出局外，诱使他人发出笑声。这种哲学式的超脱正是幽默的高超之处。

幽默的魅力不仅在于内涵的深邃与智慧，同时，在我们的生活中，幽默还是一种能影响我们心理健康水平的积极的心理力量，它可以带走你内心的痛苦，让生活充满幸福与欢乐；它可以让你巧妙地应对各种尴尬的局面，调节情绪，更好地适应生活，甚至改变人生。著名的心理学家弗洛伊德说，幽默是不屈从，它是反叛的，它不仅表示了自我的胜利，而且表示了快乐原则的胜利。现代心理学家认为：幽默不但能调节和保持心理健康，还可起到延年益寿和抗衰老的作用。究其原因，幽默能使紧张的心理放松，释放被压抑的情绪，摆脱窘困场面，缓和气氛，减轻焦虑和忧愁，避免过强的刺激，从而起到心理保健的作用。挫折和磨难是人生难免的，万事太顺，就不是人生。如何去面对生活中的挫折和磨难呢？幽默是一种很积极的应对方式。假如你拥有幽默，也就拥有了随环境变化不断调节自我心理的有力武器，即可利用幽默减轻生活中因失败带来的痛苦。一个明星在节目表演结束时向全场观众谢幕，一不留神，一个趔趄摔倒在地，样子非常狼狈，全场观众看到这尴尬的一幕后惊愕不已，场面嘈杂，只见这个演员从容地爬起来，拍拍身上的灰，微笑地说："谢谢大家，我都被大家的热情倾倒了。”话音刚落，观众露出了会心的笑容，继而全场爆发出一阵雷鸣般的掌声。对这个演员来说，摔倒已是无可挽回的事实，尴尬已是不可避免，与其自责自己的不慎失足，还不如用睿智的幽默化解窘境。当然，从观众的笑容和掌声来看，他成功了。在与人的交往中，幽默是初次见面时的介绍信，是交往过程中的催化剂。幽默对己是一种自制和驾驭，能将生活中的不幸降低到最低程度，也能将生活中的乐趣发挥到最佳的程度；对人是一种豁达、大方，有了幽默感的人格，人的适应性会更强。在一辆拥挤的公交车上，突然一个急刹车，全车人不由自主向前倾倒，其中一位男士立足未稳，很大幅度地摔了出去，整个身体重重砸在了一位女士身上，车停稳后，女士边翻身爬起，边怒气冲冲地朝那位男士吼道：“瞧你那德性。”男士面带歉意，和善地说：“是惯性不是德性。”一句简短幽默的话，把全车人都逗笑了。那位女士也体会到男士话中的道理，含羞地转怒为笑。车上其他的乘客也因为一个小小的幽默，怨气和怒气一扫而光。幽默是一种很有效的制怒武器，可以在瞬间调节情绪，化解人际压力和危机。

【心智训练】

活动一：测一测

你是一个幽默诙谐的人吗？你具有幽默感吗？做完下面的测试你就知道答案了，每个题中你只需回答“是的”、“不确定”或“不是”。

1.你阅读笑话书吗？

2.你是否喜欢看搞笑影片？

3.你是否会对描述艰苦生活的老影片发笑？

4.你讲小笑话吗？

5.你是否很少感到局促不安？

6.你是否更喜欢看喜剧影片，而不是惊悚片？

7.你是否会对恶作剧发笑？

8.你是否曾经喝醉过酒？

9.你是否会在晚会上梳奇怪的发型，穿奇怪的衣服？

10.你是否会嘲笑逆境？

11.你是否愿意成为一名喜剧明星？

12.你是否有时会嘲笑自己？

13.你是否在春风得意时栽过跟头？

14.你是否每天至少大笑一次？

15.你是否会感到马戏团的小丑很好笑？

16.你是否会对从前听过的笑话感到好笑？

17.你搞恶作剧吗？

18.如果别人取笑你，你会微笑吗？

19.如果你被雨淋了，你是否会笑？

20.如果你在艺术展览馆看到一个裸体雕像，你会微笑吗？

21.如果你看到有人踩在香蕉皮上，你会发笑吗？

22.你经常大声笑吗？

23.你有时会让人发笑，对吗？

24.你在工作中开玩笑吗？

25.你很容易理解笑话吗？

计分标准：

回答“是的”得2分，回答“不确定”得1分，回答“不是”得0分。将各题相加就是你幽默感的总得分。

结果与解释：

低于17分：你似乎是那种十分严肃的人，而且不会特别注意事物有趣的一面。你可能十分内向，而且讨厌那种一群无所事事的人待在一起，无缘无故地大声喧闹取笑的聚会。但是，如果某些事情的确让你感到好笑，你也会情不自禁地笑出声来，这会让周围的人感到困惑，因为他们很少看到你的这一面。你应当记住，我们每个人都是不同的，都会因为不同的事情而发笑，而且有不同的幽默阈限。同时，当遇到严峻的局面时，我们应当尽量去看它有趣的一面，这样可以帮助我们走出困境。

18～35分：你可能拥有平衡的幽默感，既能够看到事物有趣的一面，同时又能够对人们的不幸给予同情。尽管你会对引你发笑的事物做出直截了当的反应，但是你对这些逗你笑的事物是很有选择的。有些人会被粗鲁庸俗的笑话激怒，而其他人则可能会觉得这些笑话很有趣；有些人喜欢香蕉皮式的幽默，而另一些人则从来没有想过去嘲笑别人的不幸；有些人只对不会冒犯其他人的更精妙的幽默做出反应，例如机智的双关语。你可以分析你对本套试题中每道题目的回答，以便了解哪些是最能逗你发笑的幽默。

36~50分：你非常热切地追求趣味感，这表明在很大程度上，你的生活处于良好状态。尽管这并不一定说明你对周围发生的所有事情都感到好笑，但是能够逗你发笑，或者你感到很有趣的事情的确很多。

活动二：幽一默

每个同学搜集一则自己认为最经典的幽默案例，可以是生活中的真实发生的事，也可以是在报纸杂志上看到的幽默故事。先小组分享，再挑选出最经典的，推荐小组成员分角色表现幽默。

【心灵启示】

一场车祸之后，年轻人一面查看那辆崭新摩托车被撞后的残骸，一面对周围的人说：我以前总说，有一天能有一辆摩托车就好了，现在我真的拥有了一辆，而且真的只有一天。周围的人哈哈大笑起来，年轻人的心情也随之轻松起来。对这个年轻人来说，车被撞坏已是无可挽回，虽然心中仍是懊悔，但他的幽默减轻了自身的痛苦。

在人生的道路上，挫折与失败是难免的，假如你拥有幽默，也就拥有了随环境变化不断调节自我心理的有力武器，即可利用幽默减轻生活中因失败带来的痛苦。美国的一项调查证实，参加过幽默训练的中层主管，其部门在9个月内的生产量提高了15%，而员工的病假次数则减少了一半。由此可见，幽默不但可以缓解摩擦，防止矛盾激化，还能鼓舞士气，提高生产效率。

幽默和沉闷乏味的人往往有很多不同之处。幽默感较强的人，智商测验成绩也较高，而缺少幽默感的人则相对较差，有的甚至明显缺乏应变能力；具有幽默感的人拥有比较好的人缘，他可以更快赢得对方的好感和信赖，而缺乏幽默感的人则显得相对木讷。据统计，那些在工作中取得成就的人，并非都是最勤奋的人，而是更善于理解他人并拥有幽默感的人，因为他们更懂得调整自己的心态，使自己在工作中充满活力。

学会幽默其实很简单。释放胸襟,开阔心胸,不要对自己有不切实际的要求;不要过于在意别人对自己的看法;学会善意地理解别人,正确地认识自我;不论在什么样的环境中总是保持一种愉悦向上的好心情;主动扩大交际面,缓解工作压力;与人为善,主动帮助他人;必要时先幽自己一默,开自己一个玩笑;发挥想象力,把两个不同事物或想法串联起来,可能会产生意想不到的效果;提高语言表达能力,注重与形体语言的搭配和组合。幽默是一种无形的力量,是一种生活的技巧,它可以让你巧妙地应对各种尴尬的局面,更好地调节生活,甚至改变人生。因此,让你的生活中充满幽默吧,让它带走你内心的痛苦,让生活充满幸福与欢乐。

六 “悦纳自我”主题班会

【心事链接】

有一个女孩子,有着美丽的歌喉,可是她非常厌恶自己的容貌。每次照镜子,她都会对镜中那宽大的嘴巴和不整齐的牙齿感到伤心。有一次在学校的联欢会上,她要展现自己的容貌和歌喉,她感到十分紧张,唯恐同学们发现她不雅观的牙齿。她在台上将上嘴唇紧紧抿着,却极力地摇晃身体,希望借此吸引观众,结果弄巧成拙,掌声稀稀拉拉,很显然,她失败了。但是在联欢会的来宾席上有一位音乐家,听了她的歌声,认为她很具有歌唱才能,于是来到后台对她说:“刚才在台上你做的一切动作我都看得清清楚楚。你尽量抿着上唇不使牙齿露出来,你真的以为自己的牙齿不好看吗?”听了这话后这位女学生眼睛忽地一闪,似有所悟。音乐家不客气地继续说:“人的美丑并没有统一的衡量标准,更何况这又不是你的罪过,何必要隐瞒呢?你为了掩饰自己的牙齿,故意矫揉造作,肯定不会成功。你还是尽量张大嘴巴,放声唱吧!自然才是最美的,只要你毫不怯场、应对自如地表演,大家一定会喜欢上你的。”这位女学生接受了音乐家的劝告。每逢在众人面前表演时,她不再隐藏自己的牙齿,总是尽情地张开嘴巴,开怀地放声歌唱。不久,她成了一名著名的歌手,反而成了许多人纷纷效仿的偶像。

【心理宝典】

悦纳自我是指一个人相信自己存在的价值,认同自己的能力,并在行为上表现出一种与环境和他人积极互动的心理态势。通俗地说,就是能够愉悦地接纳自己,包括自己的某些缺陷,并在接纳自己的前提下,能不断进行自我激励,实现自我超越,使自己的人生变得充实而有意义。

悦纳自我是形成正确自我意识的核心和关键,能否悦纳自我是衡量一个人的心理状态是否积极和健康的一项重要的指标。一个心理健康的人首先应该具有的特质就是:既能了解自己,又能接受自己,而且还努力发展自己。即首先对自己的能力、性格、情绪和优缺点都能做到恰当、客观的评价,对那些不能够改变的生理和心理特点,能安然处之,采取悦纳的态度,对自己不会提出苛刻的非分期望与要求,对自己的生活目标和理想也能定得切合实际,因而对自己总是满意的;而对于那些能够改变的生理和心理特点,尽量去完善,以发展自身的潜能。有调查表明东方文化中能够做到"自我悦纳"的人很少。心理学家指出:喜欢自我的一个关键是要看到自己的独特性,并为这种独特性而自豪!因此,他们告诉大家一句表扬的话:我自豪,是因为我独一无二!

一个心理不健康的人则缺乏自知之明,并且总是对自己不满意,由于所定的目标和理想不切实际,主观和客观的距离相差太远而总是自责、自怨、自卑,总是要求自己十全十美,而自己却又总是无法做到完美无缺,于是,就总是和自己过不去,结果是使自己的心理状态永远无法平衡,也无法摆脱自己感到将会面临的心理危机。

一个人对自己完整的评价包括三个方面:一是认识自己的身体与生理状况,如身高、体重、相貌等;二是认识自己的心理状况,如知识、技能、情感、意志等;三是认识自身与外界的关系,包括自己的责任、影响及与他人的关系等。正确看待自己的策略:

(1)接受自己。凡是自己拥有的,若不能改变,都要接受它,不要认为是缺点或坏东西。因为人只有接受自己身体的特征才能接受自己整个人。一定要承认自己与别人的不同之处。

(2)以发展为动力。只要有可能,就努力提高自己,改进自己。每个人身边都有很多可学的东西，要不断学习，以充实自己，保证自己每时每刻都在提高。不以侥幸取胜，要相信只有自己的能力提高了，才能真正取得胜利。

(3)不要完全以“我”为核心。一个具有良好性格的人，不是那种以自我为核心、想问题和做事都从自我出发的人。一个人以自我为核心，只会与人疏远，因为以自我为核心的人，缺乏站在他人立场上进行思考的能力。把自己放到他人的立场上去考虑问题，不但不会丧失自我意识，相反会变得更加出色。因为想做到这一点，就必须发挥机智、聪明和丰富的想象力。

【心智训练】

活动一：测一测

你能够悦纳自我吗？对下列题目作出“是”或“否”的选择。

1.朋友和家人眼里，你是否显得过于敏感？

2.你是否喜欢与别人争论不休？

3.你是否总是持批评态度？

4.你是否容忍他人有不同观点？

5.你是否过于易动肝火？

6.你是否容易原谅他人？

7.你是否过于爱忌妒？

8.你是否认真听别人讲话？

9.你是否感到很难接受恭维？

结果与解释：

第1、2、3、5、7、9题为“是”，第4、6、8题为“否”。每答对一题记1分，答错不记分。将各题分相加，得出总分。如果总分在5分以上，说明你自我否定得太多了。

活动二：想一想

世界上最难战胜的是自己，而战胜自己又是战胜其他的前提。现代心理健康的第一条标准，或者说是最重要的标准，就是接受自己和喜欢自己，即悦纳自己。如何学会悦纳自己呢？

(1)全面认识自己,客观评价自己:一个人需全面发展,但并不能因未全面发展而否定自己,不接纳自己。首先应全面地认识自己,客观地评价自己的优缺点,尤其是对自己的缺点进行具体分析,以明确哪些是可以通过努力会有所改变的,哪些是不可改变的事实。

我的优点:________________________________。

我的缺点(无法改变的):____________________。

我的缺点(可以改变的):____________________。

(2)全面接受自己,合理地悦纳自己:要知道世界上没有完美的事物,每个人都有长处和短处,对自己的优点要感到高兴,缺点也要正确对待,如果是一些无法改变的弱点和缺陷,如身高、体重、相貌等,那就平静而愉快地接受自己,并且要真心地喜欢自己,为自己而骄傲。请记住:无论是过去还是将来,你是唯一的。而对于那些通过努力可以改变的缺点,就从现在开始,试着去改变它们。

我喜欢我自己,因为______________________。

我喜欢我自己,因为______________________。

我喜欢我自己,因为______________________。

虽然__________,但是,我依然喜欢我自己,因为__________。

虽然__________,但是,我依然喜欢我自己,因为__________。

虽然__________,但是,我依然喜欢我自己,因为__________。

(3)建立合理目标,逐步超越自我:接受自己、悦纳自己并不等于停步不前,而是在接受、悦纳自我的基础上,让自己充满信心,不断进步,所以我们要的不是消极地悦纳自我,而是积极地悦纳自我,但是要注意不能定太高太空的目标。首先,目标要合理,必须是自己有可能达到的,否则,超过了自己的能力而无法达到,就会经常陷于失败和痛苦之中,不利于自己的进步和成长;其次,目标要分层,逐步提高,这就如同登高,路要一步一步地走,台阶要一阶一阶地上,只要坚持,最终必然能“一览众山小”。

我的进步计划是:__________。

我的进步计划分以下几步:

(1)______________。

(2)______________。

(3)________________。

(4)________________。

(5)________________。

活动三:试一试

1.点亮自我的灯塔。

将学生分成1~6人一组,每位学生制作一张“________闪光点”卡片,填完自己的名字后,将卡片交给下一位同学,另一位同学填写完主人的闪光点后再交给下一位同学,直到卡片回到主人的手里为止。请几位同学将自己的卡片与大家共同分享(可对自己的卡片进行补充)。

2.“我是谁”自画像。

(1)请大家在一张白纸上用图画表达自己是个什么样的人。可以用线条、标记、人像、脸部表情,或者任何你认为可以表达自己的形式。并写上关于自己的几句话。时间为5分钟。

(2)分组分享:绘画后轮流做自我介绍。(根据人数多少,用1、2、3、4报数分组,在小组中说明并展示给大家看)时间为5分钟。

【心灵启示】

两个水罐的故事

一个农夫有两个水罐,一个完好无损,一个有一条裂缝。农夫每次挑水,完好的水罐总能把水从远远的小溪运到主人家,而有裂缝的水罐回到主人家时往往只有半罐水。这只有裂缝的水罐感到无比痛苦和自卑。一天,它在小溪边对主人说:“我为自己每次只能运送半罐水而感到惭愧。”这时,农夫惊讶地说:“难道你没有看见每次回家的路旁那些盛开的鲜花吗?这些花只长在你那一边,而并没有长在另一个水罐那边。如今,这些鲜花给我们一路上带来了许多美丽的风景!”

金无足赤,人无完人,任何人都有其优点和缺点,伟人、名人也不例外。洛克菲勒是石油大王,他有学习障碍,但他是社交能手;亚里士多德的沟通能力有障碍,但他是一位内省力很高的哲学家;凡·高受情绪困扰,但他在视觉上的成就却是超凡的；孙膑腿上有残疾，但他是中国古代杰出的军事家；罗斯福的下肢残疾，但他带领美国人赢得了在第二次世界大战中的胜利；海伦·凯勒失聪，但她的内省力却不凡；爱因斯坦曾遇上学习障碍，但是他在科学上的成就有目共睹；丘吉尔有沟通障碍，但是他却在国际政坛上号令群雄，叱咤风云；贝多芬失聪，但是他是乐坛上的巨人：所以，我们不要为自己的缺陷伤心难过。

“你在这个世界上是个新东西”，你应该为这一点庆幸，应该利用大自然所赋予你的一切。你只能唱你自己的歌，你只能画你自己的画，你只能做个由你的经验、你的环境和你的家庭所造就的你。

人是可以认识自己、操纵自己的，人的自信不仅是相信自己有能力有价值，同时也相信自己有弱点。我们放弃了完美，就会明白我们每个人的两重性是不可改变的。所以，我们应当保持一种心态和感觉。我知道自己的长处、优点，也知道自己的弱处、缺点，我知道自己的潜能和心愿，也知道自己的困难和局限，自己永远具有灵与肉、好与坏、真与伪、友好与孤独、坚定与灵活等两重性。

七 “完善自我”主题班会

【心事链接】

小雨在初中一二年级时，各方面的表现一直处于“比上不足，比下有余”的状态。对此，家长和老师没少提醒小雨：“你本来可以表现得更出色一些，为什么总是满足于现状呢?”但是，小雨对他们的劝告不以为然，心想，自己从小学到初中，在老师和同学们的眼里，一直充当的是“中等生”的角色，再努力恐怕也难有多少长进。抱着这种想法，小雨心安理得地度过了初中前两年。进入初三之后，小雨才猛然发现，自己被挤到了“后进生”的边缘，原来不如小雨的同学现在都已赶上或超过小雨。怎么办呢?赶紧追吧！可令小雨苦恼的是，由于心烦意乱，竟然搞不清自己的问题出在哪儿，用什么方法去完善自己！

【心理宝典】

进入初中阶段的学生往往容易走进两个误区：一是以考试成绩作为对自己的定位标准。成绩好的，优越感就强；成绩中等的，则乐于保持现状；而对于成绩差一点的学生来说，则是“破罐子破摔”，得过且过。这三种情况都不利于同学们从“现实自我”向“理想自我”的过渡。二是过分追求“完美”。而且这种“完美”是以成绩和班级排名为标准的，这种心态必然给自己带来极大的心理压力，使自己经常处于一种担忧和焦虑的状态中，不能轻松地投入到学习中去，结果反而难以得到令自己满意的成绩，最终成为超越“现实自我”的障碍。

此案例中小雨属于第一种情况。因为她对自己缺乏充分的认识，导致缺乏自信和进取心，所以，她把自己定位在“中等生”的位置，而不愿再去超越“现实自我”。然而，当由“中等生”滑向“后进生”的时候，小雨的心理失衡了。她想找回自己的位置，但学习不是一蹴而就的事。当自己的努力没有得到及时的回报，成绩没有得到显著的提高时，小雨感到惶恐不安。这种心态又可能使她对自己更加没有自信，在迷茫中失去方向。解决问题的办法是树立自信，正确认识“现实自我”，同时，发奋图强，努力发挥自己的潜能，逐渐对自己提出更高的目标，及时向“理想的自我”跨越。

完善自我是个体在认识自我、悦纳自我的基础上，自觉规划行为目标，主动调节自身行为，积极改造自己的个性，使个性全面发展以适应社会要求的过程。如何完善自我呢？可以通过以下方式来实现：

(1)树立正确的理想自我。树立正确的适宜的目标，客观地设计理想自我。自我分化是青少年期自我意识发展的重要特点，理想自我与现实自我分化后的再统一，是自我完善的关键。客观地设计理想自我应该注意其方向性，即“理想自我”设计要符合社会发展需求，遵循社会道德准则。同时，又要注意其现实性，即理想自我设计必须从实际出发，从社会生产发展条件来考虑自己的学习、工作和生活。要根据自己的特点，发挥自己的专长、优势，而不能对力所不及的事想入非非。还要注意激励性，理想自我应高于现实自我，保持适度差距，具有一定的激励作用，没有差距就会缺乏动力，差距太大又会失去信心。对于每一位中学生来说，要正确地认识自我。分数的高低，成绩的好坏，都只是一个暂时的现象，既不能盲目自信，也不要自暴自弃。要树立一个积极健康的自我观念，努力发挥自己最大的潜力，这是由“现实自我”向“理想自我”跨越的必然前提。

(2)努力加强自我教育。自我教育是个体主动地提出道德修养目标，并以实际行动努力完善或培养自己的人格品质的过程。学龄前儿童由于自我评价的能力和水平极低，他们还不理解道德品质及其培养间的关系，因而谈不上自我教育。学龄初期的儿童步入学校，开始系统的学习生活，逐步学会了自我约束。真正的自我教育是从青少年时期形成的。自我教育不是个人自发的，它是个人品德修养自觉能动性的表现，是在自我评价能力发展的基础上产生的。作为个人道德品质和个性发展的内部动力，自我教育依赖于外部教育的影响，是教育者正确组织教育的各种影响的结果。研究表明，社会关系与教育过程，不仅是自我教育的先决条件，而且也直接反映了自我教育的过程，人们或接受周围现实，或适应周围现实，或与周围现实对立。总之，自我教育与外部世界之间的联系，就是个人道德品质和个性发展与社会之间有组织的联系。

(3)有效进行自我控制。自我控制是个体主动地、定向地改变自己的心理品质、特征以及行为的心理过程，是自己对自己的态度的实际化、具体化的过程。有效控制自我是塑造健康自我、完善自我的根本途径。要做到积极有效的自我控制，应注意以下几点：①有坚持精神。自知者明，自胜者强。对自我的监督与修正，也与人改造客观世界一样，需要意志的力量作为保证条件，对目标实现要有决心和排除干扰、克服困难的能力，对成功要有正确态度，对失败与挫折要有适应能力，增强自我控制的自觉性和主动性，将社会的需要转化为世界观上实现“理想自我”的内在动机，增加自信心，准备为目标的实现作出不懈的努力。②自尊自爱，是自我控制的激励因素。一个中学生应该感觉到自己是对社会有用的人，有希望的人，能够成功的人。周围的人对自己是喜欢的、肯定的和需要的。自己应该为他人、为社会作出贡献。③有效进行自我控制，也是不断超越自我、更新自我的过程。更新自我只是人生的一个断面，而超越自我才是人生的全过程。有效控制自我，才能塑造健康的自我、超越自我。超越自我是从“小我”走向“大我”的过程，即健康的自我。在注重自我的同时又不固守自我，而是积极主动地为社会服务，担当历史重任；既注重自我价值的实现又不局限于追求个体自我价值的实现，而是把自我价值的实现过程与社会发展相联系，在为他人、为社会服务中实现自我的价值。

【心智训练】

活动一：议一议

正读初二的常乐“名如其人”，对任何事都知足常乐。期中考试后，面对因疏忽丢了6分的数学卷子，常乐虽有些后悔，但心中却想：“嗨！不就是6分的事儿吗！老虎还有打盹的时候呢！”更让同学们不解的是，近一段时间常乐比以前更“潇洒”了，用他的话来说就是“生活需要七彩阳光”，因此，应该尽情地“放飞自己的心”。于是，常乐更多的是“跟着感觉走”。平时学习上一有问题就马上找同学帮忙，双休日匆忙应付完作业后，就立即打开电视或一头钻进网吧里过把瘾……只可惜“潇洒”了一段时间后，常乐就再也乐不起来了……

1.常乐为何再也乐不起来了？

2.你从中得到了什么样的启示？

活动二：写一写

把当前你的实际表现和想达到的目标写出来，看看两者之间存在怎样的差距，想一想阻碍从“现实自我”向“理想自我”跨越的原因是什么，然后填写下表：

“现实自我”与“理想自我”之比较表

<table>
<tr><th colspan="2">比较项目</th><th>现实自我
（实际表现）</th><th>理想自我
（达到目标）</th><th>差距及原因</th></tr>
<tr><td rowspan="2">智力因素</td><td>一般能力(如记忆力、想象力、观察力、思维力等)</td><td></td><td></td><td></td></tr>
<tr><td>特殊能力(如动手能力、创造力、运动能力、艺术能力等)</td><td></td><td></td><td></td></tr>
<tr><td colspan="2">非智力因素(如情绪、情感、意志、品德、人际关系等)</td><td></td><td></td><td></td></tr>
</table>

活动三:想一想

1.根据上表,你发现自己在哪些方面的潜力还没发挥出来?理由是什么呢?

2.俗话说:“旁观者清,当局者迷。”你不妨再请老师、家长和同学们谈谈对你的看法,看看他们眼中的你是怎样的。

3.通过自己、老师、家长以及同学们的双眼,你发现了什么?从自我认识和外部评价的比较中来重新认识自我。

【心灵启示】

一个叛逆的黑人青年第三次被送进监狱。他喜欢打垒球。一次,一个年老的被判无期徒刑的犯人对正在打垒球的他说:“你是有能力的,你有机会做些你自己的事情,不要自暴自弃!”老犯人的话犹如一颗石子在他的心里激起波浪。他突然意识到自己作为一个囚犯所拥有的最大自由——对未来生活的选择:是继续做一个恶棍,还是当一个垒球手。他下定了决心,当然也付诸行动。5年后这个年轻人成了底特律老虎队的主力球员。

第八章　心理健康教育主题班会活动设计
——社会适应篇

一　"笑对人生"主题班会

【心事链接】

2008年4月7日，北京奥运火炬传递活动来到巴黎。其中一棒是一名来自中国的特殊火炬手——一位女残疾击剑运动员，她的出现如一缕春风拂过人的面庞，温暖人的心窝。在面对"藏独"分子试图抢夺火炬的突然袭击中，女孩用娇小的双手紧紧握住奥运火炬，没有让"藏独"分子得逞，人们评价说，她捍卫了奥林匹克，捍卫了国家的尊严。她就是"轮椅上的美丽天使"，27岁的奥运火炬手金晶。

1981年，金晶出生在安徽。9岁时，才上三年级的金晶因为恶性肿瘤失去了右腿，手术后她进行了长达一年的化疗。每次化疗时，金晶都要经受一次折磨。谁也不敢相信她能坚持下来，金晶竟然奇迹般地恢复了。此后，她就开始了漫长的拐杖生活，在班级里为了不妨碍同学，金晶就不撑拐杖，单脚跳，有一次她摔倒了，右腿的残肢硬生生地摔到地面上，当时就不能动了。同学们把她扶上座位，钻心的疼痛让她无法移动，她忍着没吭一声，直到放学爸爸来接她她都没有从座位上移动过。

2001年7月13日，是北京申奥成功的日子，那天，金晶加入了上海轮椅击剑队。自此，奥运成了金晶一直以来的梦想。

对于残疾的金晶来说，参加轮椅击剑还是遇到了很多常人难以想象的困难，然而一切困难都不能阻挡她，坚强意志和奥运精神支持着她不厌其烦地刻苦训练。

很快，金晶在轮椅上舞出了精彩，随后她便进入了国家轮椅击剑队，并在几年的时间里拿到亚运会银牌和世界杯铜牌等多个世界级击剑比赛的奖牌。但是两次与残奥会擦肩而过，让金晶非常失落。2008年北京奥运会火炬手选拔再一次燃起了金晶的激情，她以自己的开朗和美丽高票当选奥运火炬手，也因而才出现了她以身体护住火炬，维护祖国尊严的感人事迹。2008年，金晶的微笑感染了全世界！

同学们，你们是否认为金晶很勇敢，也很坚强呢？

【心理宝典】

灾难和不幸是人成长的绊脚石。在成长的过程中，每个人都可能遇到各种各样的不幸：有的身患疾病、病魔缠身，如身患骨癌的莫潇燕，他们随时都有失去生命的可能；有的身体残疾，如又盲又聋的海伦·凯勒；还有的家庭残缺不全，遭遇天灾人祸等。

灾难和不幸是个人成长过程中的消极因素，它可能给你带来悲观失望及自卑的消极情绪。消极情绪对人体活动具有阻碍作用，如果强度过大或持续过久，就可能导致神经活动机能失调，大脑还会释放一种对身心有害的物质。这对正处在身体发育高峰期的我们是一种毒害。相反，乐观的积极情绪，对人体活动可以起到良好的促进作用，能够提高体力和脑力劳动的效率，使身心保持健康的状态。

金晶若对不幸产生了悲观的消极情绪，她还能取得那样的成绩吗？由此可见笑对人生的魅力之大！那么，如何保持积极乐观、提高笑对人生的能力呢？下面有五种方法可以帮助你：

(1)正确、辩证地看待生活。生活充满了五颜六色，有甜蜜，也有苦难。面对生活，我们该充满乐观，当幸福来临时，我们不可以忘乎所以；当不幸来临时，也不要自怜自叹，丧失信心。当你有意识地选择甜蜜时，苦难就显得小了很多。“保持面对阳光，你就看不到阴影了”。

(2)不要夸大不幸。也许你其貌不扬、身材矮小，甚至身患绝症；也许你的家庭破碎、痛苦贫穷……人性都有重视自我的特点，于是就有了夸大不幸的弱点。灾难和不幸可能使消极自我暗示的你变得更加不幸。其实很多时候，真正让你感到不如意的不是倒霉的现状，而是倒霉的心情。俗话说，人生没有过不去的坎，讲的就是这个道理。所以一旦学会战略上藐视不幸战术上重视不幸，你不但能很快“转危为安”，还能把所有的失落和不幸转换为未来的财富。

(3)磨炼意志。意志是人自觉地确定目标并支配其行动以实现预定目标的心理过程。意志不仅控制人的外部行为，还可以调节人的心理状态。因此，意志对笑对人生具有重要意义。如何磨炼意志？首先，从小事做起，从现在做起，如通过遵守课堂纪律，按照规定安排自己的作息时间等来培养自己的意志；其次，设置并克服难度适当的困难，如徒步郊游、义务劳动等，以达到磨炼意志的目的；最后，长期坚持某种特定的活动，如每天读一小时书，每天练一小时书法，每天做一小时运动等。

(4)积极的心理防卫。当自己痛苦、烦恼时，你可以想想高兴的事，这是转移作用；当自己贫穷没钱，你可以把成绩搞好，从而得到满足，这是补偿作用；化悲痛为力量，把痛苦、不幸当作素材写成一首诗、一篇小说、一曲歌，这是升华作用。

(5)建立良好的人际关系。良好的人际交往是心理健康的重要指标之一。良好的人际关系可以使你转移对痛苦不幸的注意，安慰你孤独忧伤的心灵；良好的人际关系是你有力的支持系统，帮助你踏平人生的坎坷，对你身心健康都有莫大的益处。

笑对人生最重要的是笑口常开，“笑一笑，十年少；愁一愁，白了头”。同学们，让我们乐观豁达地生活吧！这会帮助我们渡过难关、摆脱逆境，会帮助我们鼓起生活的风帆远航！

【心智训练】

活动一 ：讨论

先分小组讨论，然后在全班交流。

1.你认为我们班同学中谁最坚强？为什么？

2.“心事链接”中的主人翁是怎样笑对人生的？如果是你，你会怎么做？

活动二：写一写

放学回家后，想一想，根据上述内容结合自己的实际写一篇读后感。

比一比，看谁写得好。

【心灵启示】

鲁迅说："伟大的心胸，应该表现出这样的气概：用笑脸迎接悲惨的厄运，用百倍的勇气来应付一切的不幸。"

莎士比亚说："越是缺少担负悲哀的勇气，悲哀压在心头越是沉重。"

生活虽然不公，但它是面镜子，你对它笑，它才会对你笑。海伦·凯勒是一位美国女孩，在她10个月大时因病丧失了视力、听力和说话能力，但她从不怨天尤人，也从不自暴自弃。7岁时，她学会了盲文，后来还学会了用嘴讲话，用手"听"话。20岁时，她以优异的成绩毕业于哈佛女子学院。海伦敢于正视自身的缺陷，勇敢地面对生活，终于成为一个任何人都会尊敬和敬仰的巨人。逆境之于弱者，就好比是一块拦路巨石，无情地摆在他们眼前，他们苦于巨石阻挡自己的前进，又没有征服巨石的勇气，只会蜷缩在巨石旁哭泣，泪光中那巨石越变越大，他们也就在悲哀惊恐中了却了自己的一生。

在现实生活中，只有那些脚踏实地、乐观进取、默默实干的人，那些敢于忍其苦、克其难、涉其远的人，才能最终实现理想和追求，创造完美的生活，拥有完美的人生。

二　"当好小会计"主题班会

【心事链接】

镜头一

小敏现在上初中，她的学习成绩很好，尤其是作文，每次的成绩都是优。这不！前段时间她的作文又获奖了，这次可是奖金200元。除了平时父母给的零花钱，她可从来都没拿过这么多钱。这些钱怎么花呢？是全交给爸妈，还是请同学出去吃饭，或是买几件衣服？其实她最想要的是一部电子词典，不过要300元。最终，在征得父母的同意后，小敏拿出30元作为零花钱买些学习用品和书，其余的攒起来，等凑够300元就去买电子词典。

镜头二

章叶存自己的“私房钱”，那都是他爷爷奶奶、外公外婆、伯父、舅舅、阿姨等，逢年过节给他的压岁钱，积累起来已有数千元。他的爸爸妈妈寻思着：这么多钱放在小孩子那里总是不妥。终于有一天，爸爸下达了“收缴令”：“小叶，钱上交吧！”章叶一下子蹦了起来：“这些钱是我的私有财产，爸爸无端收缴是侵犯公民财产，属违法行为。”爸爸愣住了，没想到儿子还能说出这么一大套理由。

爸爸想了想，说：“这样吧，我们家成立一个家庭银行，我当‘行长’，你把钱存入银行，用时再取，按国家活期储蓄付给利息。但需要‘约法三章’：第一，每次取钱不得超过20元；第二，钱款只能用于学习，不得用于吃零食，更不能用于打游戏机；第三，一次性取款20元以上需经爸爸批准。怎么样？”章叶欣然同意。

快开学了，章叶上报计划添置笔、墨等学习用品，申请取款22元。爸爸认定资金用途正当，予以同意。又过了几天，章叶说：“妈妈替我交了96元书本费，现在我有存款了，应该自食其力，想一次性支取100元还给妈妈。”爸爸认为这笔钱用途正确，破例批准。于是，“家庭银行”就正常运转起来了。这样，章叶满意，爸爸妈妈也放心，可谓一举两得。

【心理宝典】

随着我们生活水平的提高，家长给孩子们的零用钱、压岁钱的数量也与日俱增。在一些大、中城市里，一些学生的小金库大得惊人，并且在生活花费上大手大脚，不懂节俭。为什么会出现这样的现象呢？首先，从心智发育的时间上看，中学生处于未完全成熟的懵懂时期，对什么是合理消费缺乏正确的理解。其次，由于缺乏一定的社会实践经验，或者说中学生并未参与社会化生产，不能切身体会消费的环节及作用，从一定程度上也无法了解消费的真谛。最后，因为越来越优越的生活条件，过早地使青少年把自己放在享受消费、娱乐消费的人群中。从中学生的一些消费行为中，我们可以看出他们有如下的消费心理：

(1)求新性。中学生处于求新求异、富有好奇心的年龄阶段，在社会许多新颖事物的吸引下，“试一试”的想法成了这种心理的源泉。

(2)兴趣性。兴趣爱好越广泛，所花费的款项也就可能同比例增长，更何况现在的学生中，兴趣广泛是普遍的事。例如，有的同学喜欢看书、集邮，一看到好书和漂亮的邮票，就想方设法地买回来。

(3)盲目性。大多数情况下，中学生的消费都带有一定的盲目性。因为少经世事，所以对哪些东西该买，哪些东西不该买缺乏判断力。毕竟，中学生的身心发展还没有完全成熟。

(4)从众性。这种心理形式是在前几种心理形式的基础上发展起来的，且从众性心理起了主导作用。另外，许多商家看准学生的这种消费心理而推出许多商品，导致中学生消费无的放矢。

面对这种情况，作为中学生我们就更应该向镜头二中的章叶一样在大人的帮助下，当好自己的家，花好自己手中的钱，养成正确的消费习惯，培养正常的消费心理，不要成为一个有钱但不会花的人。

适度消费和合理消费就是正确消费观的组成部分。我们应该学会正确消费，改掉不良的消费习惯。做到该花的钱必须花，不该花的钱，一分也不能浪费，要知道，我们所花的每一分钱，都是父母辛辛苦苦挣回来的。

【心智训练】

活动一：张杨的计划

张杨每月有100元零花钱，他想自己买一架价值400元的照相机，不知什么时候才能够买到，他的朋友纷纷给他出主意：

李智：请父母预支400元钱，然后在四个月之内不向父母要钱。

郑清：每月花30元钱，存70元钱，等存到400元后再买。

方真：在以后的四个月内不再花钱，等存到400元后再买。

郝易：每月随意花用，把剩下的钱存起来，存到400元后再买。

张杨不知道听谁的好，请你帮他分析一下。

活动二：我的零花钱

当你还是个小孩子的时候，你是不是曾羡慕爸爸妈妈，羡慕他们有自己的钱，能用这些钱去买想买的东西？你是不是盼望有一天，你也能像他们那样，用自己的钱去买那些自己希望得到的东西？你是不是觉得只有到了那一天，自己才真正长大了？

现在你长大了，爸爸妈妈给了你零花钱，让你自己自由地使用，那么这时候你会怎么使用呢？

1.爸爸妈妈给你零花钱的方式是：（　）

A.每月定期、定量　　B.不定期，花完就给

C.高兴时才给　　D.其他

2.现在，你平均每月有（　）元的零花钱。你花钱（　）（有计划/无计划），一般都（　）（记账/不记账）。

3.如果把你每月的零花钱比做一张大饼，那么你是怎样吃掉它的？

【心灵启示】

手中有了一定数量的零花钱，并且能按自己的意愿去支配它，这是你长大了的标志之一。不管你手中有多少可以支配的零花钱，不管你有没有希望得到的东西，你一定非常希望自己的钱能够买到更多的东西，使自己的钱花得更有价值，对不对？

其实，这并不难实现，只要你订一份合理的计划，按照计划去执行，不要把钱花在计划外的无谓琐事上去就可以了。如果你坚持这样做一个月，到月底，你不仅会发现自己的钱都花在了该花的地方，而且还会惊讶地发现，你这个月比上个月花得少！

教你一个定计划的窍门：

（1）写一张清单，列出必须要消费的项目。例如，每天吃饭的钱。

（2）根据清单，留出必须花费的钱。

（3）从剩余的钱中，拿出一小部分作为应急之用。

（4）把每天的开销都记录下来。

（5）时刻提醒自己，不该花的千万不能花。

三　“勇敢地承担责任”主题班会

【心事链接】

美国有个小男孩，踢足球时不小心踢破了邻居的玻璃窗，邻居向其索赔12.5美元。男孩向父亲认错后，父亲让他对自己的过失负责，告诉他不要逃避责任。他为难地说：“我没有钱赔。”父亲说：“这12.5美元借给你，先拿去赔给人家，一年后还给我。”从此，这个男孩每逢周末、节假日，便外出打工挣钱。经过半年的努力，他终于挣足12.5美元还给了父亲。这个男孩就是后来成为美国总统的里根。

这件小事对于小里根来说是一个教训，但他也从这个教训中真正体会到了什么是责任，什么是承担责任的真正内涵。从这件小事中小里根学到了书本上学不到的知识和做人的道理。勇于承担责任是正直的表现，也是一块人生的试金石。

【心理宝典】

避免或逃脱责罚是人类的一种强烈本能。在“有利”与“不利”两种形势的抉择中，多数人都会选择趋吉避凶。通过各种“免罪”行为，人们可以暂时逃脱责罚，保持良好的自身形象。你也会经常看到、听到很多人抵赖狡辩，或者为了推卸责任而指责别人，也许某一天你会发现自己也有这种坏习惯。

人们不可避免会犯一些错误，例如，判断失误、记错事情、受人干扰分了心等等。但是，紧接着错误之后的往往不是道歉和改正已出现的错误，而是编造各种借口或寻找漏洞以逃脱惩罚。人们在逃避责任时，经常会含糊其辞，或者故意隐瞒关键问题，或者干脆靠撒谎来逃脱批评与惩罚。有些人因逃避了责任或惩罚而自鸣得意。这种心理强化使这些借口得到了更广泛的使用。这类“免罪”的借口经常能够获得部分或完全成功，而随着借口的逐渐增多，撒谎技巧的逐渐熟练，他们也就将逃避责任或惩罚视为一种自然了。但是，纸始终是包不住火的，当谎言被识破的时候，他们面临的将会是更严重的惩罚。因此,我们应该及时地承认错误,承担起相应的责任。

人非圣贤,孰能无过。错误本身并不可怕,关键在于我们要勇敢地面对错误,承担相应的责任,为自己的行为负责。当你做出一种行为时,就理应准备承担相应的后果。很多时候,承认"我错了"意义非常重大。勇于承认自己的错误,可以缓解因错误带来的心理压力,保持健康的心态,提高个人的信誉,有助于自我发展与完善。

【心智训练】

活动一:想一想

"这不是我的错。"

"我不是故意的。"

"没有人不让我这样做。"

"这不是我干的。"

"本来不会这样的,都怪......"

1.在你的周围你听到过以上这五种说法吗?都听哪些人说过?

2.你自己说过这些话吗?如果说过,是偶尔说还是经常说?

活动二:议一议

以小组为单位,分组讨论,设计一组出现以上五种托辞的情境,分析说话者当时的心态。如果你处于那种情境,你会怎么办?

活动三:做一做

将全班同学分为若干组,每组站一排,排与排之间相隔一臂的距离,老师喊"一"时,向右转;喊"二"时,向左转;喊"三"时,向后转;喊"四"时,向前跨一步;喊"五"时,不动。

游戏规则:当有人做错时,做错的人要走出队列,站到大家面前先鞠一躬,举起右手高声说:"对不起,我错了!"由老师随机掌握时间,在老师规定的时间内出列人数最少的组为胜。

做完游戏后,请每个同学课后写一份心得,谈谈通过这个游戏学到了什么。

【心灵启示】

责任感是简单而无价的。据说美国前总统杜鲁门的桌子上摆着一个牌子，上面写着“Book of stop here”（责任到此，不能再拖），这就是责任感。

一个人责任感的强弱决定了他对待工作是尽心尽责还是浑浑噩噩，而这又决定了他做事的好坏。如果你在工作中，对待每一件事都是“Book of stop here”，出现问题也绝不推脱，而是设法改善，那么你将赢得足够的尊敬和荣誉。

责任感是我们战胜工作中诸多困难的强大精神力量，使我们有勇气排除万难，甚至可以把“不可能完成”的任务完成得相当出色。失去责任感，即使是做我们最擅长的工作，也会做得一塌糊涂。

乔治做了一辈子的木匠工作，并且以其敬业和勤奋深得老板的信任。年老力衰时，乔治对老板说，自己想退休回家与妻子儿女享受天伦之乐。老板十分舍不得他，再三挽留，但是他去意已决，不为所动。老板只好答应他的请辞，但希望他能再帮助自己盖一座房子。乔治自然无法推辞。

乔治归心似箭，心思已全不在工作上了。用料也不再那么严格，做出的活也全无往日的水准。老板看在眼里，却什么也没说。等到房子盖好后，老板将钥匙交给了乔治。

“这是你的房子，”老板说，“我送给你的礼物。”

老木匠愣住了，悔恨和羞愧溢于言表。他这一生盖了那么多华亭豪宅，最后却为自己建了这样一座粗制滥造的房子。

同样一个人，可以盖出华亭豪宅，也可以建造出粗制滥造的房子，不是因为技艺减退，而仅仅是因为失去了责任感。如果一个人希望自己一直有杰出的表现，就必须在心中种下责任的种子，让责任感成为鞭策、激励、监督自己的力量，使自己在工作上没有丝毫的懈怠。

四 “虚拟世界谁导航”主题班会

【心事链接】

镜头一:是什么改变了他

赵斌是某市一重点中学的学生,在老师和同学们的眼中,他非常优秀。不仅学习成绩很好,而且爱动脑筋,有钻研精神,曾多次获得学校的“科技小能手”称号。可是,最近他好像变了一个人似的,不再像以前那样活泼开朗,整天少言寡语,也不再和同学们说话、玩耍。原来他迷上了网络游戏,只要一有空就到网络世界里厮杀一番,每天短则2个小时,长则4~5个小时泡在网上。而当他再回到现实生活中的时候,就感到非常不适应,脑海里总是想着游戏中那些打打杀杀的画面。

镜头二:不该发生的悲剧

2003年3月11日晚,16岁的少年胡某在网吧里玩一种用刀捅人的暴力游戏时,由于技术欠佳,每次都被别人“捅”倒。坐在胡某旁边的一名与他同龄的少年也在玩同一种游戏,他忍不住对胡某冷嘲热讽起来。在网络上“杀”红了眼的胡某当即火冒三丈,抽出大半尺长的防身刀具,捅向那个人的胸口,导致其当场死亡,而胡某依旧沉浸在暴力游戏中。直到警方赶到现场,胡某才惊醒:“我是不是杀死了人,会不会坐牢?”

【心理宝典】

网络,给我们展示了美好的数字化乐园,极大地丰富了同学们生活、学习和娱乐的心理需求。在这个无“网”不胜的时代,信息网络对于极富好奇心和冒险精神的中学生而言,是一个“挡不住诱惑”的新奇世界。网络之所以能引起当今中学生的浓厚兴趣,主要原因就是它可以雅俗共赏、信息量大、内容丰富多彩、气氛轻松自由、意识观念开放、传递信息方便快捷。上网在很大程度上激活了人们的思想,使我们接触到丰富多彩的世界文化和各种观念;有助于开阔视野,激发我们的想象力和求知欲;也有利于活跃我们的思维,开发我们的智力。有调查显示,85.6%的中学生认为网络对自己最大的影响是改变了自己的学习方式，增加了信息量。59.5%的上网者在上机过程中学到了网络知识。

但是，网络是把双刃剑，用好了会使人受益匪浅，反之则害人害己。借助网络去娱乐而不是学习，特别是沉湎于网络，不仅会耽误学习，而且更有害身心健康。有人将网络上那些宣扬暴力、色情等内容的游戏、图片等称为“网络鸦片”，它们对青少年的危害很大。具体表现为以下几点：

(1)长时间上网有害青少年的心理健康。青少年沉迷于网络，尤其是网络游戏，会带来类似吸毒的后果，形成对网络的精神依赖。他们每天与电脑打交道，时间长了，思维方式将会与电脑的符号式思维接近，从而使本身的逻辑思维能力下降。在网络这个虚拟的世界中，他们可以尽情发泄自己对现实生活的不满，这时暴力游戏就成了他们发泄情绪的工具。久而久之，青少年会认为，这种打打杀杀是很平常的事，潜移默化的就会使他们的行为带有暴力倾向。

(2)长时间上网会影响青少年的身体健康和学习。长时间上网，必然会挤占人们正常的体育锻炼时间甚至休息时间，并对青少年的身心发育产生不良影响。例如造成眼疲劳、视力下降等。在一些管理不规范的网吧中，空间狭小、空气混浊、烟味呛鼻，这对于正处在身体发育期的青少年来说，无疑是有百害而无一利。此外，一些同学经常占用休息的时间上网，甚至有的人还通宵上网，导致严重的睡眠不足，没有精神学习。因此，他们一到学校就无精打采，课也听不进去，造成学习成绩直线下降。

(3)产生对网络的过分依赖。长时间的上网会导致一些青少年沉溺于其中不能自拔，成为“电子海洛因”的吸食者，染上“网络成瘾综合症”，形成一天不上网就难以忍受或烦躁不安等心理问题。更有甚者，一天不在网络游戏中杀几个人，心理、行为就表现出极度的不适。

那么，中学生怎样才能在网络这个浩瀚的海洋中愉快航行且不会触礁而沉呢？

首先，要确定正确的网络理念。在纷繁复杂的网络信息世界里，学会筛选有价值的信息，提高自身抵制信息污染的能力。不仅要使用网络，更要从中受益。而且，要分清网络社会和现实生活的区别，不要沉溺于脱离现实的虚幻世界中。偶尔的消遣、娱乐是可以的，但不能把上网当作摆脱烦恼的"万灵药"。因为这不能从根本上解决你的问题,借"网"消愁只会愁上加愁。

其次,摆正网络与我们生活的关系和位置。我们在欣赏和肯定电脑网络的优越性的同时,更要用理智的、审视的眼光正视一些良莠不齐的信息,对网络的消极影响有清醒的认识。"过分迷恋上网有损心身健康,严重的会导致心理变态。"

最后,自觉增强网上安全防范意识和网络社会公德意识。网络社会同现实社会一样,不可能是一片净土。网络赌博、欺骗、色情、人身攻击、反动言论等网络垃圾都可能使青少年受到伤害。因此,具备一定的安全防范意识是同学们自我保护、自我防卫的基本要求。同时,要自觉遵守网络社会的"游戏规则",自觉抵制形形色色的不良网络行为。

【心智训练】

活动一:想一想

1.你平均多长时间上一次网( )

A.每天都上　　B.隔两三天一次

C.约每周一次　D.每月一两次　　E.很少上网

2.你每次上网大约多长时间( )

A.1～2小时　　B.3～5小时

C.十几个小时　D.想上多久就上多久

3.你上网的目的是( )

A.纯粹的消遣娱乐　B.追求时尚

C.拓宽知识面　　　D.交朋友

4.你每次上网主要是( )

A.聊天　B.查资料　C.发E-mail

D.玩游戏　E.随便看看

活动二:议一议

全班同学把各自上述的情况进行比较,评一评哪些同学对网络的利用比较合理、科学。

活动三:做一做

有关专家建议,青少年要养成良好的用"脑"和理智上网的习惯。正常的上网时间一般为每天不超过2小时,且在操作一小时后应休息15分钟;上网之前要明确上网的目标和任务,把具体要完成的事情列在纸上;限定上网时间,准时关机。

请参考上述建议,结合自身的实际情况,给自己制订一套近期的上网计划。

【心灵启示】

上网成瘾怎么办?

上网成瘾也可以称为网络沉迷或网络迷恋,它是一种对上网的反复渴求,是以取得满足感或避免不满足感为特点的网络依赖现象。避免上网成瘾可以从以下四个方面做起:

(1)要有明确的上网目的。网络是用来为人服务的,人不能成为网络的奴隶。因此,要对自己的网上活动做出安排。同时,还要形成健康的审美情趣,不沉迷于游戏,不上黄色网站,理智地处理好上网学习与上网娱乐的关系。

(2)提高自我控制能力。要对上网时间和地点进行严格的自我控制,平均每天最多不要超过一个半小时。同时,要把电脑搬出自己的卧室,更不要到网吧上网。此外,还可以请家长对自己的上网活动进行监督。

(3)培养自己识别、选择信息和分析、运用信息的能力。网络既是一个信息宝库,又是一个信息的垃圾场。网络信息既有大量有益的文化、经济、娱乐信息,也有一些虚假、色情、暴力、凶杀等不良信息。因此,中学生在学习计算机网络技术的同时,还要了解网络道德和相关的法律法规,培养识别、判断、选择信息的能力和分析、处理、运用信息的能力,以及自律的能力。用理性规范自己的网络行为,有效地使用网络资源。

(4)学会关心别人。现在一些学生和别人在网上聊得热火朝天,但是对周围的人,对自己的亲人却缺乏应有的关心和关怀,有的甚至出现了人际交往困难。因此,要学会关心、关爱周围的人,加强与家长、老师的沟通。沉迷于网络的中学生,不少人在生活中都曾遭遇困难和挫折等,原因可能很多,但是,不论怎么样,都有不应躲避在网络之中逃避真实的生活。

五 “阳光心态”主题班会

【心事链接】

一位心理学家想知道人的心态对行为到底会产生什么样的影响,于是他做了一个实验。首先,他让10个人穿过一间黑暗的房子,在他的引导下,这10个人皆成功地穿了过去。然后,心理学家打开房内的一盏灯。在昏暗的灯光下,这些人看清了房子内的一切,都惊出一身冷汗。这间房子的地面是一个大水池,水池里有十几条大鳄鱼,水池上方搭着一座窄窄的小木桥,刚才,他们就是从这座小木桥上走过去的。心理学家问:“现在,你们当中还有谁愿意再次穿过这间房子呢?”没有人回答。过了很久,有3个胆大的人站了出来。其中一个小心翼翼地走了过去,速度比第一次慢了许多;另一个颤颤巍巍地踏上小木桥,走到一半时,竟只能趴在小桥上爬了过去;第三个刚走几步就一下子趴下了,再也不敢向前移动半步。

心理学家又打开房内的另外9盏灯,灯光把房里照得如同白昼。这时,人们看见小木桥下方装有一张安全网,只因网线颜色极浅,他们刚才根本没有看见。“现在,谁愿意通过这座小木桥呢?”心理学家问道。这次又有5个人站了出来。“你们为什么不愿意呢?”心理学家问剩下的两个人。“这张安全网牢固吗?”两个人异口同声地反问。

很多时候,成功就像通过这座小木桥一样,失败恐怕不是力量薄弱、智力低下,而是周围环境的威慑——面对险境,很多人早就失去了平静的心态,慌了手脚,乱了方寸。

【心理宝典】

心态就是具有这么大的力量。拿破仑·希尔曾说过:“人的身上有一个看不见的法宝,这个法宝的一边装着四个字:积极心态;另一边也装着四个字:消极心态。”积极心态是一种乐观、进取、积极、健康的态度,由希望、乐观、勇气、进取、慷慨等正面的特征组成，它具有获得财富、成功、幸福和健康的力量，能够激发我们自身所有的聪明才智，可以使人攀登到人生顶峰；而消极心态由悲观、颓废、抱怨、等待、我行我素等反面的特征组成，只会让我们失望、沮丧和失败。

据说，在推销员中流传着这样一个故事：两个欧洲人到非洲去推销皮鞋，第一个推销员看到非洲人都打赤脚，立刻失望起来："这些人都习惯打赤脚，怎么能买我的鞋呢？"于是沮丧而回。另一个推销员看到非洲人打赤脚，惊喜万分："这些人都没有鞋穿，看来皮鞋市场大得很呀。"于是想方设法向非洲人推销皮鞋，最后获得了成功。这就是心态导致的天壤之别。

具有积极心态的人，总是相信从内心爆发出来的自我积极力量，积极心态是推动人生前进的动力。"我们不能左右风的方向，但能够调整风帆。"生活中，我们不能左右事件的出现或发展，但是能够调整我们的思维方式，培养积极心态。如何培养自己的积极心态呢？

(1)采用积极思维方式。积极思维会导致积极心态，成功者大都是积极思维者。积极思维者常具有如下特征：①即使是在最艰难的时刻也能鼓励自己；②并且会尽量用自己的积极情绪感染周围的同伴；③永远积极乐观、从不抱怨；④总是积极地寻求解决问题的方法，因此，他总能让希望之火重新点燃；⑤从不自我设限，因而能激发自身无限的潜能；⑥整天都生活在正面情绪当中，时刻都在享受人生的乐趣。

(2)培养乐观精神，运用积极的语言暗示。永远都不要消极地认为什么事是不可能的。首先你要认为你能行，然后再去尝试，最后你会发现你确实正确。积极的语言暗示是不固定的，只要是能激励我们积极思考、积极行动的词语，都可作为积极的语言暗示。比如今天你忙了一天，终于把事情做完了，不要说："我累死了。"而应从正面说："紧张了一天，现在真轻松。"遇到困难的事情，不要说："我不行。"而应说："我经过努力一定能行。"

(3)注意发现人和事物的闪光点。任何人都有优点和缺点，任何事物都有正面和反面，任何一个社会都有好事和坏事，就像我们这个世界有白天和黑夜一样，因此，在生活中注意称赞别人的优点，注意欣赏事物的美丽，而不是抱怨别人的不好或环境的恶劣，不要总是盯着别人的缺点和事物的阴暗面,心态自然就会积极起来。拿破仑·希尔曾说:“如果你常流泪,你就看不见星光。对人生和大自然的一切美好的东西,我们要心存感激,那样人生就会显得美好许多。”

(4)学会称赞。心理学家威廉姆·杰尔士说过:“人生最深切的需求就是渴望别人的欣赏。”在人与人的交往中,适当地赞美对方,会增强这种和谐、温暖和美好的感情。在生活和工作中,以鼓励代替批评,以真诚的赞美来启迪人们内在的动力,自觉地克服缺点,弥补不足,这会比责怪和埋怨有效得多。这样将会使人们都怀着一种积极的心态,创造出一种和谐的气氛,而有利于生活的幸福和事业的成功。

(5)学会微笑。微笑是一种含意深远的身体语言,微笑意味着“你好,朋友!我喜欢你,我愿意见到你,和你在一起我感到愉快”。微笑可以鼓励对方,可以融化彼此之间的陌生和隔阂。当然,这种微笑必须是真诚的、发自内心的。正如英国谚语所说:“一副好的面孔就是一封介绍信。”如果我们想要发展良好的人际关系,建立积极心态,那么我们就要学会微笑。

【心智训练】

活动一:改变态度

今天下雨了,道路非常拥挤,出租车司机很着急,有的人甚至急得破口大骂。这时你要怎么改变态度呢?

活动二:宽容过去

对于过去的痛苦记忆,放在心里只会更加痛苦,现在就把它说出来或写下来吧。

活动三:关注现在

一个人被老虎追赶,他拼命地跑,一不小心掉下悬崖,他眼疾手快抓住了一根藤条,身体悬挂在空中。他抬头向上看,老虎在上边盯着他;他往下看,万丈深渊在等着他;他往中间看,突然发现藤条旁有一个熟透了的草莓。现在这个人有上去、下去、吃草莓三种选择,你们说他选择什么比较好呢?

活动四:筹备未来

曾经的成败得失已经成为过去，而未来却有无限的可能。展望未来，准备很关键。遥想自己的未来，你将怎样做好准备好呢?

【心灵启示】

改变态度，改变人生完全守则(A to Z):

A.保留点时间给自己。(Allow time for yourself.)

B.和别人分享你成功的果实，使他人也能从中受益。(Benefit others from your successes.)

C.攀向成功的最高峰。(Climb the highest pinnacle of success.)

D.将每天的时间分段利用，以获得胜利。(Divide your day and conquer.)

E.赋予自己和他人智慧。(Endow yourself and others with wisdom.)

F.宽恕，遗忘，并继续迈进。(Forgive, forget and move forward.)

G.往双赢的方向前进。(Go in the direction of win-win)

H.帮助别人胜利。(Help others win.)

I.每天都做出一些改变。(Initiate some change each day.)

J.把握机会，改善你的人生。(Jump at the chance to improve your life.)

K.要知道和善之心是我们这个星球的必需品。(Know that kindness is a necessity on our planet.)

L.活在当下，今天就是今天，不是明天的预演。(Live today as today, not a rehearsal for tomorrow.)

M.尽力达到你最大限度的能力，而且熟练到你能掌握自如。(Master the highest levels of capacity and control so they come naturally.)

N.以赞美滋养他人。(Nourish others with praise.)

O.每天都有规律地工作与休息。(Oscillate between work and rest every day.)

P.乐善好施。(Play the hand you are dealt.)

Q.在谈论别人时，问问自己动机是什么。(Question your motives when dealing with others.)

R.挑战你的亲密关系。(Risk intimacy.)

S.时常微笑。(Smile often.)

T.每天都把你的成功记录下来。(Tally your successes each day.)

U.施展你所有才能。(Utilize all your talent.)

V.观想自己的成功。(Visualize your success.)

W.努力克服生活中的压力。(Work with the stress in your life.)

X.探索所有为别人服务的成功之道。(Explore all avenues of successful service to others.)

Y.向改变的最佳方式称臣。(Yield to the best way to change.)

Z.每天一开始就精力充沛地展开繁杂的工作。(Zip through boring work at the beginning of the day.)

六 “心存感恩”主题班会

【心事链接】

链接一

美国前总统罗斯福家失盗,被偷走了许多东西,一位朋友闻讯后,忙写信安慰他,劝他不必太在意。罗斯福给朋友写了一封回信:“亲爱的朋友,谢谢你来信安慰我,我现在很平安。感谢上帝:因为第一,贼偷去的是我的东西,而没有伤害我的生命;第二,贼只偷去我部分东西,而不是全部;第三,最值得庆幸的是,做贼的是他,而不是我。”

链接二

一个生活贫困的男孩为了积攒学费,挨家挨户地推销商品。傍晚时,他感到疲惫万分,饥饿难挨,而他推销得却很不顺利,以至于他有些绝望。这时,他十分饿,他敲开一扇门,希望主人能给他一杯水。开门的是一位美丽的年轻女子,她却给了他一杯浓浓的热牛奶,令男孩感激万分。许多年后,男孩成了一位著名的外科大夫。曾给他恩惠的女子,因为病情严重,当地的大夫都束手无策,便被转到了那位著名的外科大夫所在的医院。外科大夫为妇女做完手术后,惊喜地发现那位妇女正是多年前在他饥寒交迫时，热情地给过他帮助的年轻女子。当年正是那杯热牛奶使他又鼓足了信心，完成了学业。那位妇女想这次手术费用一定很贵，但当她鼓起勇气看费用单时惊喜地发现，手术费单上有一行字：手术费——一杯牛奶。

【心理宝典】

古人说：滴水之恩，须当涌泉相报。感恩，是我们中华民族的优良传统，“感”即感谢、感激。“恩”即恩德、恩惠。感恩就是感激别人对自己的恩德，是对有助于自己生存和发展的所有人或物产生的感谢之意、感激之情、报答之行的一种发自内心的报偿性心理活动，是对自然、社会和他人给自己的恩惠和方便由衷地认可，并真诚回报的一种认识、情感和行为，是人发自内心的一种情绪和感受。

在人的一生中，随时都会产生令人动容的感恩的事：父母的养育之恩，师长的教诲之恩，朋友的帮助之恩，社会的关爱之恩，祖国的呵护之恩……这些都需要我们用心去体会，尽力去回报的，即使无以为报，也应该铭记在心。

拥有一颗感恩的心，对别人、对环境就会少一份挑剔，多一份欣赏和感激，生活在一个感恩的世界，我们的人生也会变得更加美好。人生在世，不可能一帆风顺，在失败、困难面前是一味埋怨生活，消沉、萎靡不振，还是对生活满怀感恩，乐观面对？链接一中美国前总统罗斯福就是一个感恩生活的典型例子，对任何人来说，失盗绝对是件不幸的事，而罗斯福却在这件不幸的事中找出了三条感恩的理由。

在曲折坎坷的人生道路上，你不知会遇到多少艰难险阻、挫折和失败。在危困时刻，有人向你伸出温暖的双手，化解生活的困顿；为你指点迷津，让你明确前进的方向；甚至用双手托你一把，让你攀上人生的高峰……在他们的帮助下当你最终战胜了苦难，扬帆远航，驶向光明幸福的彼岸时能不心存感激吗？能不思回报吗？链接二中的那个男孩在困顿时由于年轻女子给他的那杯热牛奶使他看到了人间的真情，让他重新鼓足了信心，最终完成了学业。当成为了一名著名的外科大夫时，他并没有忘记这位妇女曾经给予他的帮助，而是用实际行动践行了“滴水之恩涌泉相报”的道理。

在水中放进一块小小的明矾，就能沉淀所有的渣滓；如果在我们的心中培植一颗感恩的心，则可以沉淀许多的浮躁、不安，消解许多的不满与不幸。只有懂得感恩的人，才会懂得尊重他人，才会懂得回报父母，才会懂得报答学校、社会和国家。学会感恩，感恩一切使你成长的人和物！

(1)感恩父母。中国有句古语：“百善孝为先。”从“呱呱”坠地到哺育我们长大成人，父母付出了无数的心血与汗水，父母的关心和爱护是最博大最无私的，父母的养育之恩是永远也诉说不完的。孝敬父母是各种美德中占第一位的，古代就有“子路借米，黄香温席”的佳传。一个人如果都不知道孝敬父母，就很难想象他会爱别人。

(2)感恩他人。个人不仅应该孝敬父母，尊敬师长，而且对于曾经帮助过自己的人，也应该发自内心的感激，而不应该忘恩负义。某市5名受助大学生受助一年多，没有主动给资助者打过一次电话、写过一封信，更没有一句感谢的话，这些受助大学生的冷漠，逐渐让资助者寒心，最终被取消继续受助的资格。在生活中我们应该感恩帮助你的人，因为他们帮你渡过难关；感恩教育你的人，因为他们开化你的蒙昧；感恩伤害你的人，因为他磨炼了你的心志；感恩欺骗你的人，因为他增进了你的智慧；感恩遗弃你的人，因为他教会了你独立。

(3)感恩祖国和社会。翻开历史长卷，我们看到了“精忠报国”的岳飞，看到了“振兴中华”的孙中山，看到了“为中华之崛起而读书”的周恩来。明清思想家顾炎武也说：“天下兴亡，匹夫有责。”沐浴着祖国的阳光雨露，我们健康快乐地成长，所以我们要感恩祖国让我们享有安宁生活，感恩社会为我们提供茁壮成长的锻炼机会。

(4)感恩自然。当你沐浴在阳光雨露之中，当你流连于青山绿水之中，当你散步在满天繁星之下，当你憩息在绿树花丛之中……我想，没有一个人会不为大自然创作出这样的杰作而感到惊叹。大自然给了我们清新的空气，纯净的水源，人类的一切生产生活资料来源于大自然。她为我们提供了赖以生存的物质基础，并且又以她的宁静安详滋润着我们的心灵。所以我们要用一颗感恩的心来回报大自然。

聋哑盲人海伦·凯勒在她的自传中这样写道：“我感谢大自然给予我

温暖的阳光，我感谢父母给予我敏感的触觉，我感谢我的老师给予我美妙的知识……”这样一位重度残疾的少女，怀着感恩的心面对原本不公的天赋，她甚至感谢上天给予她的不幸，因为正是不幸使她比健康的人更加坚强。最后她克服了重重困难，奇迹般地成为了一名伟大的文学家。

学会感恩，让心灵不再蒙尘；学会感恩，让无以为报的付出永铭于心。当一个人懂得感恩时，在生活中便会将感恩化作一种充满爱心的行动。从成长的角度来看，心理学家们普遍认同这样一个规律：心改变，态度就跟着改变；态度改变，习惯就跟着改变；习惯改变，性格就跟着改变；性格改变，人生就跟着改变。愿感恩的心能够改变我们的态度，真挚的态度改变我们的习惯，良好的习惯改变我们的性格，拥有健康的性格将会收获灿烂的人生！

【心智训练】

活动：开展“感恩的心”系列活动

(1)感恩父母。送父母一句温馨的祝福；给父母讲一个开心的小故事；给父母亲手制作一件生日礼物；给父母捶捶背，打一盆水，洗洗脚；为家里做做家务等。

(2)感恩老师。给老师写一封信；和老师谈一次心；给老师做一张贺卡；给班级建设提一个建议；自己向老师表一个决心。

(3)感恩同学。开展“我为同学做件事”活动，每人为同学做一件事，增进同学友谊。

(4)感恩祖国。举办“我爱祖国”主题演讲比赛。

(5)举办一次“感恩的心”主题班会，谈谈通过以上活动自己获得的感受。

【心灵启示】

保持感恩之心的几点小建议：

(1)每天清晨醒来时，心想：“我真是个幸运的人！今天又能安然地起床，我应该好好珍惜崭新的一天，去扩展自己的内心，把自己对生活的热情传给他人。我要常怀善心，积极地帮助别人，而不要对别人恶言相向。”

(2)当你想表达谢意时,尽快通过卡片、书信、电话、E-mail等方式,让别人感受到你的谢意。

(3)在适当的时候,对你父母、与你共处了很长时间的朋友,来一个小小的拥抱,这胜过一切语言。

(4)没有任何利己的目的,为他人做一件好事,只需要是一件小小的事,如倒杯茶水。行动胜于话语,说声“谢谢”不如做一件小事来回报他人。

(5)不需要多么昂贵,也许一个小小的礼物就足够表达你的感恩了。

(6)列一份感恩清单,写上你对他人的感受,为什么喜欢他(她),或者他(她)帮助了你哪些地方而让你深怀感激。

(7)在与朋友和家人交谈时或者在博客上公开地表达你对他人的感谢。

(8)给他们意外惊喜,有时小小的惊喜可以让人感到快乐和幸福。

(9)对不幸也心怀感恩,即便生活误解了你,使你遭遇挫折与打击,你也要怀有感恩,因为天无绝人之路,只要你去发现,总能发现生活中的感动。

七 “生命的意义”主题班会

【心事链接】

镜头一

《斑羚飞渡》是我们初二语文下册的课文,文中描写的是一群被逼至绝境的斑羚,为了赢得种群的生存机会,用牺牲一半挽救另一半的方法摆脱困境的壮举。因为每一只获得新生的斑羚,都是以另一只的斑羚身体为跳板完成飞渡的。“每一只年轻斑羚的成功飞渡,都意味着有一只老年斑羚摔得粉身碎骨。”“没有拥挤,没有争夺。秩序井然,快速飞渡。”没有一只老年斑羚从注定死亡的那拨偷偷溜到新生的那拨去,它们的心里很坦然,很踏实:为了下一代,它们有了坚定的勇气,可以无悔地牺牲自己来完成这一幕悲壮的斑羚飞渡。伤心崖上,只剩下那只临危不乱的领导者和一道见证过死亡的彩虹。“镰刀头羊孤零零地站在山峰上”，静静地，一切都变得平静了。它坚定地眺望远方……只见它迈着坚定的步伐，走向那道绚丽的彩虹。

镜头二

2008年汶川地震，夺去无数生命，也留给我们无限生命震撼……一位死去多时的女老师趴在瓦砾上，头朝着门的方向，双手紧紧地各拉着一个年幼的生命……一位死去多时的妈妈双膝跪地，整个上身向前匍匐着，双手扶地支撑着身体，有些像古人行跪拜礼，救援人员在她的身体下发现了一个用被子裹着的三四个月大的婴儿，婴儿毫发未伤，旁边的手机上有一条写好的短信：宝贝如果你还活着，一定要记住我爱你……

镜头三

在北京南三环主路上，一只被撞死的小狗身边围着三个伙伴，过往的司机都惊呆了，本来匆忙赶路的车，开过三只小狗身边时有的纷纷绕行，有的干脆停下，还有两辆车因躲闪不及而追尾……在一个自然保护区，当一只母猴带着孩子玩耍发现偷猎者的猎枪时，它举起手拍拍自己的胸口，将胸膛对准枪口，然后缓缓将小猴举过头顶……

【心理宝典】

无论是斑羚的飞渡、小狗的友谊、还是猴妈妈的壮举……那都是和地震中的老师、妈妈一样伟大，到底是什么力量在支持着她们，使她们能够这样从容地面对死亡？那是一种为了种族的延续而甘愿牺牲自己的伟大精神！是一种用生命为下一代搭起一条生存之路的精神！她们向我们展示的是生命的价值和意义，让我们在泪流中体味生命。

作为一名中学生，我们是否了解生命的意义呢？实际上我们所知晓的“生命”是一种有限性的存在，那什么是生命的有限性呢？我们可以从以下三个方面体验生命的有限性：

其一，人的寿命的限度，这是最大的有限。不论你是乞丐，还是富翁，都要经历生老病死。

其二，人生际遇的不可控制性。疾病、天然与人为的灾难、各种偶然事件都可能使我们个体生命变得更加有限。

其三,人生经历的不可逆性。生命过程只有一次,不能重新开始。人类面对死亡时的逃生本领在某种程度上更为脆弱,甚至一个小小的病菌都能置人死地。面对层出不穷的生命威胁,医学的发展并没有让人类在死亡面前昂起高傲的头颅,反而在各种疾病的威胁中,人类的肉体更加卑微,生命也因此更加脆弱。同人类肉体的脆弱性相比,精神的脆弱更为明显。哀莫大于心死,精神的空虚和崩溃往往会直接导致生命体的陨落。面对越来越多的自杀者人群,人类的生命变得更加卑微。

什么是生命的意义呢?我们可以这样问,例如:"我为何在此?""什么是生命?""生命的真谛是什么?"在我们人类历史长河中,生命也是哲学、科学以及神学一直所思索的主题。前人在不同的文化环境与意识形态背景下也给出了很多多元化的答案。阿尔贝·加缪指出,作为一个存在的人,人类用生命的价值和意义来说服自己:人的存在不是荒诞的。

科学家假设生命的意义是可决定的,通过了解宇宙运作的规则,人类是可以了解生命的意义的,但不能解析生命潜在价值的所在。社会心理学家宣称,人类天生地对死亡产生本能的恐惧,因此,它会促使我们对逃离死亡做出心理提醒,从而做出生命价值选择。

其实,"人生的成功"不只是拥有所需的金钱,舒适的生活,还包括身体健康、家庭幸福和生活愉快。世界上有一些东西是金钱、名利所买不到的,是凌驾于金钱、名利之上的,那就是健康人格、亲情和快乐。谁也不可取缔,这该是"生命的成就"。

任何人都会变老,但不一定每个人都会长大。因此,我们作为成长中的中学生一定要先学会做人,然后学会做事:对人真诚、认真做事,宽人严己地处事。

在我们的学习生活中,在达到平衡两种"双赢"之前,不妨采用"知识的良心"去判断。努力奋斗中就不要太计较得失,那样我们在得失面前就不会惊慌失措。我们也不要轻言气馁,不妨思考"吃亏就是讨便宜"的哲学;在"吃亏"中积累了许多失败的教训,从学习教训中得到资源就是"经验",走错路、失败的经验多了,迈向"生命的成就"的出路还远吗?

心理学家弗兰克尔强调,要想成为一个真正的成功者,仅仅靠自我实现或机能成熟与充分发挥是不够的,人们还必须超越自我,把自己同某个人、某种理想或某件工作紧密联系起来，这样才能摆脱自我的羁绊，找到人生的真正价值或意义。

关于“自我超脱者”的心理特征，弗兰克尔指出，从大的方面看，主要包括这样的特点：他们在选择自己行动的方向上是自由的；他们对自己的生活负责；他们不是被自己之外的力量所决定的；他们缔造了适合自己的有意义的生活；他们有意识地控制自己的生活；他们能够表现出创造、体验和态度的价值；他们超越了对自我的关心。除了这些主要的特点之外，自我超脱者还具有下列具体特征：

(1)他们是定向于未来的。弗兰克尔认为，自我超脱者的动机指向，是要达到各种具体目标。假如缺乏明确的奋斗目标，人生就会黯然失色。对自我超脱者来说，尤其是这样。

(2)他们能专注于工作。弗兰克尔也十分强调献身于事业的精神对心理健康的重要性。他认为，这是发现人生意义的根本途径。工作对于人之所以重要，并不在于工作本身的特点或内容，而在于人们完成工作的方式和态度。也就是说，是否专注于工作，是一个人个性是否健康的深刻反映。所以，对我们来说，学习不仅是为了升学、就业，也是健康生命的体现。

【心智训练】

活动一：议一议

搜一搜在我们身边发生的体现生命价值的感人故事，大家谈谈感想。以下几个话题可供参考：

(1)生命与健康、安全。

(2)生命与成长、价值、关怀。

(3)关注生命现象，讨论如何理解生命的存在？

活动二：比一比

在班级开展一个以“生命”为话题的辩论赛。让自己体味生命的价值，懂得珍惜生命，让自己有限的生命更有价值。活动的主题可以围绕以下内容展开：

(1)科学理解生理、心理发展的规律，正确认识生命现象和生命的意义,学会欣赏、热爱自己的生命和对他人生命的尊重、关怀和欣赏。

(2)提高自我的生命质量,完善健康的人格,激励自己树立科学的生命观和积极的人生观。

(3)感悟生命的顽强,追求自身生命价值的实现,培养自我奋发向上的人生信念。

(4)建立生命的终极关怀意识,树立远大理想,建立起以生命为主体的生命与自我、生命与自然、生命与社会的和谐关系的意识,学会相处。

(5)学会捍卫生命尊严、激扬生命智慧、关怀生命世界。

【心灵启示】

名人名言

子在川上曰:逝者如斯夫,不舍昼夜。

——《论语·子罕》

君不见,黄河之水天上来,奔流到海不复回;君不见,高堂明镜悲白发,朝如青丝暮成雪。

——李白《将进酒》

人不过是自然界中有思想的脆弱的芦苇,作为万物之灵的人类在面对死亡时,所表现的脆弱并不比世间任何其他生物少多少。

——巴斯卡

生命的意义既不能模仿也不能引进,它只能由每个人在各自不同的存在环境中寻找和发现。人类的目标不是寻求心理或灵魂的安宁,而是在现实到理想的健康奋斗中体验生命的意义。生命的意义来自于个人在与责任相连的自由中运用有意识和无意识的人类精神力量。

——弗兰克尔

生命是一支越燃越亮的蜡烛,是一份来自上帝的礼物,是一笔留给后代的遗产。

——怀特曼

生命是真实的，生命是诚挚的，坟墓不是他的终点。

——朗费罗

生命因种种经验而千锤百炼。

——蒙森

生命在于矛盾，在于运动，一旦矛盾消除，运动停止，生命也就结束了。

——歌德

生命之箭一经射出就永不停止，永远追逐着那逃避它的目标。

——罗曼·罗兰